JN059104

日本の児童相談所

子ども家庭支援の現在・過去・未来

編 著

川松 亮
久保 樹里
菅野 道英
田崎 みどり
田中 哲
長田 淳子
中村 みどり
浜田 真樹

明石書店

はじめに

　児童福祉司としての個人的経験ですが、以下のような体験をしたことがあります。

　A君はある出来事をきっかけに、それまで生活してきた施設をあとにしなければならなくなりました。A君と面接して、これからのことを話し合うこととなった私は、どのように話を進めていけばよいのか言葉を探りながら、A君の気持ちにできるだけ添おうとして対面しました。伏し目がちの表情で言葉少ないA君の様子に、私の面接が彼にどのようなものを残すことになったのか、しばらく気持ちが晴れませんでした。その後、A君が納得したとの連絡を施設職員から受けた時に言われた言葉は、私の心に今も残り続けています。「僕もあのような児童福祉司になりたい」と。その後に仕事で悩んだ時に、この言葉は私の背中を押してくれることになりました。

　児童相談所の職員は、子どもと家族のつらい状況に寄り添いながら、その話を聴かせていただき、何とか前向きに暮らしを紡ぐことができるように、子どもと家族を応援します。その過程では子どもや家族の涙を目にすることもたびたびあります。支援は思い通りには進まないことが多く、粘り強く働きかけたり、変わらない状況に耐えたりすることを求められる取り組みですが、少しでも光が見えてきた時には、子どもや家族と喜びを共にすることもできます。子どもの幸せについて深く考えることのできるこの仕事は、なんとやりがいがあるのだろうと思うことはしばしばです。

　子どもの幸せを真ん中に据えて、家族や地域関係者の皆さんと歩みを共にする児童相談所の仕事は、いつの時代も大切な役割を担ってきました。しかし、現在の児童相談所をめぐる状況は厳しさを増しています。子ども虐待への対応が求められ、その件数が対応力を超えて増大する一方で、困難な事例への対応も増加し、児童相談所職員の疲弊は深まっています。また、児童相談所が十分な対応を行えないままに重大な事態に至った事例を通して、社会からの児童相談所に対する視線も批判の度合いを増し、児童相談所職員をさらに苦境に立たせています。相次ぐ法律の改正や厚生労働省からの通知の発出など、児童相談所の対応力を強化

する取り組みに児童相談所現場は翻弄され、人員不足の中で業務ばかりが増大する傾向にあります。近年の人員配置増によって体制の強化が図られていますが、そのことは一方で経験年数の短い職員の増加をもたらし、児童相談所にとって、その養成はさらなる課題となっています。

こうした困難な状況の中にあっても、子どもの福祉を実現するため児童相談所が果たすべき責務を確実に遂行していくことが求められ、多くの職員が苦労しながら日々の取り組みを進めています。こうした現場の児童相談所職員が希望を持って元気にソーシャルワークを展開できることが、ひいては日本に暮らす子どもの幸せにつながります。そのために、児童相談所の意義と機能を改めて確認し、児童相談所職員を社会全体で応援したい、それが本書を刊行する目的です。

本書は各界の8人からなる編集委員会を構成し、議論をもとに構成を検討しました。児童相談所の現在の取り組みの特徴や創意工夫したさまざまな取り組みを取り上げ、またこれまでの児童相談所の歴史を俯瞰し、そして、これからの児童相談所を展望する論考を集めて構成しました。編集委員会で確認した編集方針は次の10点です。

❶子どもの育ちを応援するために、子どもを中心にしながら、家族を支援する姿勢を重視する。

❷相談者との関係性を丁寧に構築して、子どもや家族と協働する姿勢を大切にする。

❸虐待対応に限定せず、幅広い児童相談所の取り組みを取り上げる。

❹児童相談所の歴史を振り返り、児童相談所の取り組みの中で大切にしてきたものを明らかにする。児童相談所職員がさまざまに努力してきた軌跡をたどる。

❺各地域における特徴ある児童相談所の取り組みや工夫を取り上げる。

❻児童相談所が現在置かれている状況を客観的に描く。

❼社会に対して、児童相談所の役割と現状を発信できる内容にする。

❽これからの児童相談所のあり方を展望するためにいくつかの方向性を提示する。

❾児童相談所は批判を受けることも多く、現場職員は厳しい勤務に追われて疲弊している状況にあるが、児童相談所の魅力を伝え、働きたいと思ってもらえる人が増えるような内容、現在現場で苦労している職

員が元気になれるような内容にする。

❿さまざまな領域の方からの原稿や、子どもの声・現場の声を取り入れた立体的な構成にする。

　以上のような編集方針を掲げて、全国のさまざまなお立場の皆さまに執筆をお願いしました。ご執筆にご協力いただいた皆さまに、この場をお借りしてお礼を申し上げます。

　第1章では児童相談所の取り組みを子どもの権利保障と成長発達の権利の観点から全体的にとらえ、第2章では児童相談所の主な相談内容について取り上げました。また、第3章では近年の子ども虐待対応の取り組みを取り上げ、第4章では児童相談所による子どもと家族への支援方法について具体的に取り上げました。第5章は地域関係機関との協働について関係機関の方も含めて執筆いただき、第6章では社会的養護との協働について取り上げました。第7章は戦後の児童相談所の歴史をいくつかのエピソードから振り返るとともに、地域的な特徴のある取り組みについて触れました。第8章はこれからの児童相談所の取り組みを展望するためにいくつかの方向性を提示しようと考えました。全体として児童相談所の白書的な内容になっていると考えます。

　本書を編集している間に児童福祉法改正案が国会に上程され、2022年6月に成立しました。児童相談所はさらに新たな展開を始めようとしています。その内容は子ども虐待の予防に資するような在宅での子育て支援の拡充が1つのポイントになっていると考えます。子どもと家族の福祉の領域は、絶えず新しい動きが取り込まれ進展し続けています。また、今回の児童福祉法改正による司法関与の漸進が児童相談所現場をどう変化させていくのかもこれからの注目すべきポイントです。

　児童相談所が新たな歩みを始めようとしているこの時期に本書を刊行することとなりました。本書が社会における児童相談所の理解を進めるとともに、児童相談所現場のみなさんの参考となり、その取り組みを一歩でも前に進めることにつながればこれに勝る喜びはありません。皆さんと共に児童相談所の未来を語り合うために、本書の扉を開けたいと思います。

編者を代表して　川松 亮

第3章
子ども虐待への取り組み

第4章
子ども・保護者・家族を支援する

第5章
地域の支援者と協働する

第6章
社会的養護と協働する

第7章
児童相談所がたどってきた歴史

第8章
これからの児童相談所を展望する

プロローグ──児童相談所って？

　「児童相談所の本を出したいのです。一緒にやりませんか？」というお誘いを受け、「概説的なものではなくて、現場が課題に対していろいろな工夫をして、支援を実施していることを知ってもらう。その魅力を伝える」という趣旨に賛同して、企画の片棒を担がせてもらうこととした。そうすると、なんと冒頭で「思いをぶちまけてほしい」と、プロローグを担当することになった。

◆シーラカンス

　私が児童相談所に勤め始めたのは、40年以上さかのぼる、1979年、県内2ヵ所目の児童相談所が設置されるタイミングだった。心理判定員（今は児童心理司）として仕事を始めたが、滋賀県の児童相談所に心理判定員は、7名しかいなかった。専門職採用ということもあり、どういうめぐりあわせか、人事異動の狭間に落ち、定年退職まで、児童心理司、児童福祉司、スーパーバイザー、管理職と38年間、ずっと児童相談所に勤めることになった。そんな私が児童相談所のことを語ると、「昔は良かった」と良き時代を懐かしむ昔話のように受け取られる。児童相談所の使命は、今も昔も変わっていない。目の前の困難に対応しつつ、仲間と共に、より良い支援、方法を模索してきた者として、児童相談所の職員として、知っておいてほしいとの思いでいろいろ書くことにする。

◆どこにお勤めですか？

　「どこにお勤めですか？」初対面の当たり障りのない会話。就職した当時は、「児童相談所です」と答えても、「？？？」とすぐにイメージできなくて、「子どもに関わるあらゆる相談に応じるところです」と答えていた。先輩職員からは、「ジソウはメジャーになったらあかんのよ」「知られないところで、子どもの育ちと家族の応援をしていくところ」と教えられていた。児童虐待が社会的な課題になるまでは、密やかに子どもの育ちを保護者と共に支援していた。

今は、「大変なところにお勤めですね。ご苦労さまです」といった応答があるが、よほどのことでなければ、それ以上、話は深まらない。確かに、児童虐待をめぐるさまざまな事件、報道によって、困難な課題に対応する職場というイメージが定着した印象があるが、その全容は知られていない。

◆課題解決のために支援を工夫する

私が働き始めた頃の主な業務は、「障害の早期発見と早期療育」であった。乳幼児健診の充実と発達保障のための療育にどのように取り組むのか。親子に定期的に通ってもらって、市町村の保健師や障害児保育の担当保育士と具体的な支援のプログラムを作り上げていった。そうしたノウハウを一緒に取り組んでいた市町村が主体となって療育に取り組めるようにサポートしていくのも大切な業務であった。このようにその時代の子どもにまつわる課題に取り組んでシステム作りをしてきた。

次に業務の中心となったのは「不登校児童への支援」だった。不登校相談の増加とともにそれまで実施してきたカウンセリングや遊戯療法といった個別の支援に加え、学校以外に通える場所を用意し、グループワークをしたり、キャンプをしたり、当時新しい治療法として紹介された家族療法を取り入れていった。それぞれの地域で相談支援の試行錯誤、工夫が繰り返され、情報発信も盛んであったので、効果的な支援を教えてもらいに出張して学び、取り入れ、さらに工夫をしていった。こうした取り組みの中から、学校に行って学びを深めていくことだけが、唯一、大人になる道筋ではなく、多様な道筋があり、子どもの個性にあった体験をいかに保障していくのか、適応指導教室やフリースクールなどの取り組みへとつながっていった。

◆社会システムへの働きかけ

児童相談所の業務は、個々の子どもの育ちについての相談・支援に取り組みながら、先に述べたように社会に対してもシステム作りや変更の働きかけを行ってきた。その中でも印象に残っているのは、不登校児の支援に関わっていて、大きな障壁として、登校日数が足りずに「原級留置」という対応が普通に取られていたことがあった。子どもが児童相談所との関わりの中で、ひきこもり状態から外

に動き出した時に卒業までに何年もかかってしまうことで意欲が減退するということがあった。この原級留置などの進級に関して、校園長会議の場に上司が出向いて「3年生までは進級させてほしい」というお願いをした記憶がある。学校も子どもが外に向かって動き出すことを評価して、児童相談所へ通所した日数だけでなく、放課後登校や長期休みの時に職員室のお手伝いに行ったりするのを登校日数にカウントして、「登校日数を稼ぐ」工夫もされた。

　この不登校児への取り組みの中で、学校との協働の必要性が課題となった。それまでは、安定した支援関係を築くうえで、相談内容の守秘は不可欠なものとしており、児童相談所に相談されていることを学校が知らないということは普通にあった。不登校児への支援の事業を進める中で、子どもの支援、保護者の支援、学校の支援という3本の柱を立てて実施していくことになった。毎週1回の子どもたちのグループワーク、月2回の保護者グループ、そして、月1回の担任の教諭のグループと学校との密な情報交換による連携協働に取り組んでいった。

　ベースに個別の相談支援を置きながらも、必要に応じて関係機関と連携してより良い支援システムを構築していくことも児童相談所の1つの使命としてある。

◆介入的支援

　支援方法、支援のシステム、さまざまな工夫をしつつ、業務にあたっていくうえでのぶれない立ち位置として、より良い子どもの未来を保障することがある。

　研修の講師をする時、「私たちが児童虐待に介入する目的」としてこんなスライドで話をしている。

　「子どもの命を守る」これはとても大切であり、最優先の課題である。ただ、権限を用いた強制介入、親子分離は手段であって目的ではない。子どもは、発達していく過程で大人になった時に社会に適応的に生きていくために、備えておく必要がある知識やソーシャルスキルなどがあり、それらを適切に獲得する必要がある。しかし、虐待環境では、自尊感情や自己効力感を育むことができず、ゆがんだ物事の

捉え方、対応方法を身につけてしまうことになる。そのような育ちをすると、大人になった時の社会生活の質が悪くなり、生きにくさを感じてしまい、苦労することになる。そのような事態を避けるため、現在の生活の安全だけでなく、未来の生きやすさを保障するために、今の養育を見直してみませんかと保護者に働きかけていくことだと説明している。

　これは、児童虐待だけでなく、あらゆる子どもの相談に共通するもので、目の前にある困難な状況を少しでも改善することは、とても大切なことではあるが、その改善が目的ではなく、「子どもの良好な育ちをいかに保障する」のか、子どもが発達課題を適切にクリアして、社会に適応的なものの見方や対応方法をとれるような体験を保障していくことが児童相談所の責務である。このような信念を児童家庭相談に関わる人がぶれない軸として持ってほしいと考えている。

◆関係性の階層構造

　課題のある親子関係に変化をもたらすためには、ゴールを設定して、その親子の持ち味を生かして、そこにたどり着くために「いかに良好な関わりを増やしていくのか」を明らかにして、家族と協働して取り組んでいくことが大切である。

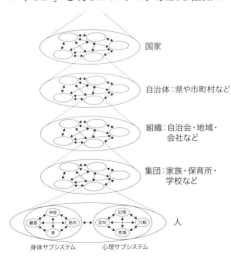

図　生体システム構造
出典：遊佐（1984）「生体システム論の7つのレベル」をもとに筆者作成。

これは、家族と支援者の関係だけでなく、支援者とスーパーバイザー、スーパーバイザーと管理職、というように上位のシステムとの関係においても同様である。問題を指摘して叱責するだけ、言い換えれば虐待環境では、萎縮して守りに入るだけで、能動的なアクションは望めないのである。

　関係性は組織内だけにとどまらず、機関同士の関係（児童相談所と市町村…）や、機関と上位組織（児童相談所、県庁、厚生労働省

…）、社会との関係性と階層的に影響しあうことになる。

　児童相談所は家族の話に耳を傾け、家族の変化のために何が必要かをアセスメントして支援するように、各階層間でも、現場の声を中心に現状を分析して良好な支援が実施されるためには何が必要か、どのような制度やスキルが必要なのかをサポーティブに検討していく必要がある。

◆児童相談所職員に望むこと

　現職であった頃、そして現場を離れてから考えたことなどを取り留めなく述べてきたのではあるが、本書には、現在の児童相談所を多角的に理解するエッセンスと、今を理解するための歴史と、これからの児童相談所についての多くの知見が盛り込まれている。その内容に圧倒されることなく、子どもたちのいい育ちのために、何ができるかを探り、良いお手伝いができるように工夫を重ねていってほしい。現場での工夫が、家族と支援者だけでなく、社会にも役立つものとしてきた児童相談所職員のプライドを育み続けてほしいと思う。　　　　　　　（菅野道英）

引用・参考文献
遊佐安一郎（1984）『家族療法入門──システムズ・アプローチの理論と実際』星和書店

＊

第 **1** 章

子どもの育つ
権利を守る

　本章では、児童相談所が守ろうとしている子どもたちのことを考える。私たちの関心の中心に子どものことを据え、それを動かないようにしておきたいためである。

　子ども期の最大の特徴は育ちゆく存在である点にある。その育ちを大人たちが協働して保障していくことで、私たちの社会は成り立っている。育ちを経た子どもたちが、やがてこの社会に参入し、その社会を形成しながら、自ら子どもを育てる存在となっていくという循環なしには、私たちの社会が持続的に立ちゆくことはあり得ないからである。

　この育ちが保障されることは、生きる権利と並んで子どもの最も重要な権利なのだが、子どもたちはこの権利を社会に対して声高に主張することはない。つまり子どもの権利は、子どもをどのような存在であるとして関わっていこうとするかという、大人の側の問題であり、子どものために協働するためのキーワードなのである。

　そして子どもの育ちを社会全体で確保するためには、関わる者たちの間で考え方が共有されていることが必要で、この点で子どもの「権利」と「育ち」をどのように考えるかという問題は不可分なのである。

　そこで本章では、子どもの権利とは、それを守るとは、発達とはどういうことかを、本書全体で共有される出発点として提示し、その土俵のうえでさまざまな立ち位置で児童相談所と関わりを持ち続けてきた人々の経験を語ってもらうという構成をとることにした。後の章で展開される議論の下敷きとして読まれることを期待している。

　執筆者たちの語りからは、子どもが権利主体であるという事実や、それを守ろうとする作業は、社会的養育を経験し、現在は自らその後子どもたちの関わり手となっている人たち、取材する側からの視点を持つ人、一次保護中の子どもたちの権利擁護に取り組む人、社会的養護・社会的養育の下に生活する子どもたちの育ちに関わり続けてきた人、所長として児童相談所の運営に携わってきた人などの目にはどのように映り、そこにはどのような問題や可能性を読み取ることができるのかが浮かび上がってくるにちがいない。

子どもの権利擁護と児童相談所

◆子どもの権利擁護に関する最近の流れ

　「子どもの権利擁護」は、最近の児童福祉を表象するキーワードの1つである。2016（平成28）年の児童福祉法改正では、子どもが、子どもの権利条約の精神に則り、適切な養育を受け、心身の健やかな成長発達や自立等を保障されるといった権利を有することが明示された。子どもの権利擁護に関する議論は、この規定を受けて加速してきたものといえる。

　2016（平成28）年の児童福祉法改正を受けて、国は、「新しい社会的養育ビジョン」（2017年）で、児童福祉審議会が子どもの権利擁護の審査を行うしくみを提案した。さらに、都道府県社会的養育推進計画においても、「当事者である子どもの権利擁護の取組（意見聴取・アドボカシー）」について記載することが求められた。

　また、厚生労働省が2019年から開催した「子どもの権利擁護に関するワーキングチーム」では、子どもの意見表明を支援する仕組みのありかたや子どもの権利を擁護する仕組みのありかたについて、2021年5月に「とりまとめ」を発出した。

　さらに、厚生労働省の社会的養育専門委員会が2022年2月に取りまとめた報告書において、①児童相談所が一時保護や施設入所措置等を行う場合には、子どもの年齢等に応じて、決定がなされる前に子どもの意見を聴取し、これを勘案しなければならないこと、②施設においては自立支援計画等を策定する際に子どもの意見を聴く機会を確保すべきこと、及び③意見表明支援が行われる体制整備を努力義務化することが提言されたことを受け、新たに「意見表明支援事業」を行うこと等を盛りこんだ児童福祉法改正案が、2022（令和4）年6月に成立した。

　最近の動きの特徴として、2点を指摘しておく。1つめは、権利擁護の中でも主として「意見を表明する権利、手続に参加する権利」に重点が置かれていること。2つめは、特に社会的養育の下にある子どもの権利擁護をまず促進しようと

されていること、である。後者は、上記「とりまとめ」にもあるとおり（4頁）、本来はすべての子どもにとって必要であることは認識しつつも、まずは、児童相談所が関わる子どもにおける課題が最も大きいと考えられることから、手始めに着手すべきと考えられたものと理解できる。

◆権利擁護はなぜ必要か

さて、そもそも、「子どもの権利」とは何か。この点はかなり多義的に語られているように思われることから、ここで根本について確認しておく。

まず、子どもも大人と同様、基本的人権を有する。権利には強いものも弱いものもあるが、憲法上の人権と呼ばれるものはその中でも最も強い。そして、子どもにも人権がある以上、それに対する制約は最小限でなければならない。これが大原則である。

しかし、子どもはいまだ成長の途上にあり、成人とは異なって成熟した判断能力があるとはいえないから、上記に加えて、子どもの健全な発達を保護する観点から大人が後見的な立場に立って制約を課すことが一定程度認められる（これを「限定的なパターナリスティックな制約」と呼ぶことがある）。もっとも、この制約も、あくまで子どもを保護するための必要最小限のものでなければならない。

この観点から見直すと、児童相談所の業務には子どもの権利制約に該当する場面がかなり多いことに気づく。例えば、一時保護により子どもは一時保護所（等）で生活せねばならなくなる（居住・移転の自由の制約）し、自由に通学することもできなくなるのが一般的である（教育を受ける権利の制約）。一時保護所のみならず、施設（や里親宅）に行けば、その施設（里親宅）の生活上のルールがあり、自分の希望だけを通すことはできない。

こういった事象は、これまでは、やむを得ないものとして安易に許容されてきた面があることを否定できない。しかし、果たして、そういった制約は本当に正当化できるものであったのだろうか。これが、現在の権利擁護の議論の根底にある考え方である（なお、一時保護についての司法審査も、同じ文脈で理解することができる）。これを上記の一般論に当てはめると、子どもの健全な発達を保護するための必要最小限の制約といえるか、という問題であるといえる。

このような動きの中で、特に指摘されているのが、子どもの主体性に関する課

題である。例えば、一時保護にせよ施設入所等にせよ、子どもは自分がこの先どうしたいか（どうされたいか）について自ら決めることはできない。このこと自体は、上記の「限定されたパターナリスティックな制約」として説明できるが、子どもが意見を言う機会さえないままで支援方針が決まっていくことは、単に手続面のみならず、実質面でも相当とはいえないのではないか。こういった観点から、子どもの権利条約が定める「参加する権利」の具体的な表れとして、子どもの意見表明権が着目されてきたものと理解できる。

◆児童相談所（職員）の役割

　このような中で、子どもの権利擁護に関して児童相談所に求められる役割は何か。筆者は、児童相談所が子どもの権利擁護のための「最後の砦」にならねばならないと考えている。なぜなら、トートロジーのようであるが、児童相談所こそは、子ども（の権利）を守るための組織であり、それを実現する責務と強大な権限を有している組織であって、そのために最も多くの情報が集まる機関であるからである。

　児童相談所は、困難な状況にある子どもについて、本人や周辺の人から話を聞き、関係機関に問い合わせを行い、協力を要請し、時によっては親を説得して、子どもにとって最善の支援方針を検討し、それを実現していく。児童相談所は、多くの情報を踏まえ、子どもにとって最善の支援方針を最終的に決める。そのため、児童相談所自体が、子どもの権利の擁護者としての自覚を持つことは極めて重要である。

　他方で、児童相談所の決定が独善に陥ることは避けなければならない。児童相談所の権限が強大であることを明確に認識し、その権限行使が過度の権利制約に至っていないかを常にチェックすることが求められる。そのために必要なことは、児童相談所が、自らの業務には子どもの権利を侵害する側面があることを自覚することと、他者の意見に耳を傾けること、であろう。そして、この「他者」には、子ども自身も当然含まれる。

　子どもの支援方針は大人が責任を持って決定すべきである（当該子どもの意見にのみ依拠して支援方針を決定することは、児童相談所の職務懈怠である）。他方で、子どもの意見に真摯に耳を傾けることは必須である。その前提として、大人が予

定している支援方針について子どもに丁寧に説明することも必須である。そのようにしていけば、措置についての子どもの納得度が高まることも期待できる。

　むろん、児童相談所が採ろうとしている措置が、子どもの希望と合致しないという事態は当然生ずる。そのようなときは、子どもに対する適切な説明が一層求められる。その説明においては、その権利制約が必要なものであることと、それは最小限のものであることが説明されなければならない。

　また、今後、子どものアドボケイトをはじめ、子どもの意見表明支援のしくみが次々と新設されていくと見込まれる。そうすると、児童相談所には、種々の立場の大人からの、または大人を通じた異論も多く届けられることになる。そのときに児童相談所に求められるのは、異論に耳を傾けることを厭わない姿勢である。異論は真摯に受け止めたうえで、従前の児童相談所の方針に変更すべき点がないかを検討していくことになる。この検討を行う場面では、従前の児童相談所の方針がきちんと立てられたものであるかが問われることになるであろう。子どもの権利を過剰に制約するものであるという異論に対して、その制約が子どもの最善の利益のため必要最小限のものであることがきちんと説明できなければならない。その説明ができないのであれば、既存方針は撤回されなければならないだろう。

　このような検討ができてこそ、児童相談所が子どもの権利擁護のための「最後の砦」といえることになるであろう。　　　　　　　　　　　　　（浜田真樹）

子どもの育ちを支えるために

◆ **はじめに――子どもの育ちとはどういうことか**

　ここでは、子どもの育ちを発達ないし成長とあえて峻別せず、さらに身体的発達・知的発達と心の（心理・社会的な）発達とをあえて扱い分けずに、そのような多様な側面が一体となった子どもの全人的な"育ち"を考えていくことにする。

　端的にいえば、子どもは育ちゆく存在である。したがって、われわれ子どもに関わるすべての大人たちの役割は、育ちを支えることに尽きている。子どもの育ちは、その推進力の多くを子ども自身に潜在する発達する力に依存している。この潜在力そのものに対して、われわれは介入ができないが、育ちの過程の障害的要素を排除することは、育ちの支援の重要な部分をなすはずである。

　育ちが立ち上がる条件としての家庭は、最も基礎的な環境であるため、家庭の安定は子どもの育ちに直結している。しかし、不安定な家庭に生まれた子どもたちに、健康な育ちの機会が永遠に失われるわけではない。人の育ちとその育ちを抱える家庭とを、周囲のコミュニティが幾重にも支えているからである。

　元来、人間の子どもは自ら育つ力を獲得する前に出生してしまうので、母親のみの自力で子どもを養育することはほぼ不可能に近く、子育てはコミュニティとの協働作業だったのである。

　ところで、子どもたちの発達のゴールを心理・社会的な自立とするならば、子どもたちは発達した結果として大人たちの仲間入りをするという構図も成立する。大人たちは、子どもを存在させ、育ちを支えると同時に、子どもたちを構成員として迎え入れる存在でもあることになり、育ちの過程は、われわれが子どもをメンバーとして迎え入れるまでの過程でもあることになる。

◆ **子どもの権利としての育ち**

　子どもの権利条約は子どもの育ちを次のように考える。

　「すべての子どもの命が守られ、もって生まれた能力を十分に伸ばして成長で

きるよう、医療、教育、生活への支援などを受けることが保障されます」（第6条・ユニセフ訳）

すなわちここでは、子どもの育ちは、生命と同等に子どもの固有の権利である点で、子どもの生命が守られることと同等の関心が、子どもの成長が守られることに対しても向けられなければならないことが強調して述べられているのである。

また、その内容は第27条で「身体的、精神的、道徳的及び社会的な発達」（政府訳）と規定される。つまり、子どもの心の発達までが視野に入れられた、全人的な育ちについて述べられていることが明らかにされていて、冒頭に書いた子どもの育ち観とも符合する。

つまり、子どもの育ちの権利を十全に保障しようとする時、それは、育ちの基盤である家庭が支えられる権利であり、育ちの場である居場所が与えられる権利であり、育ちに重要な意味を持つ他者と出会うことができる権利であり、社会に喜んで迎え入れられる権利であることになる。また、外傷的な体験が育ちに大きく影響を及ぼすことが明らかであることを考えれば、外傷的な体験から守られる権利であるということができる。

◆育ちが支えられていない状況

育ちを子どもたちが自立して一般社会に参入するまでの長いプロセスと考え、その視点から現在子どもが置かれている状況を概観してみると、“育つ”という子どもにとって極めて重要なこの権利は、十分に守られてはいないように見える。

子どもたちが表出するさまざまな行動上の問題は、彼らの育ちを支えられないことの表出であると考えることができる。愛着障害とは、幼児期の発達基盤である家庭が、順調な愛着行動の形成やその後の対人関係の発達を許さなかったということであろう。発達障害そのものは、何らかの中枢的な素因によって発達に不均衡が生じ、その不均衡が何らかの生活困難を生じた場合にのみ障害の名が与えられる。つまり生活困難を生じうるような生活環境との相互関係は常に問題になり、十分に支えられた“育ち”においては、かなり大きな偏りもその子どもの存在様式の一部として周囲からも受容されることが起こりうるのである。そして愛着障害と発達障害という両者が相互にハイリスクであり、重複も多いことが臨床的にはよく知られている。社会的な行動規範の獲得が問題になるようなこうした

問題は。初期発達に影響が大きい家庭環境や、早い時期に関わりを持つコミュニティの子どもを抱える力量に大きく依存していると考えられるのである。

　初期発達の達成において満足が得られにくい子どもたちにとっての大きな障壁は、いうまでもなく集団適応である。社会そのものは教育機関（この場合は保育所も含め、幼稚園・学校）への参加と集団適応を当然のこととして求めるのに反し、これに「行き渋る」子どもたちが相当数発生し、その一部は不登園・不登校という全国的に酷似した状態像に陥るのである。この意味するところは、子どもが集合的な場における適応の形（居場所）を見つけにくくなっていることであり、それが偶発的な要因ではなく、少なくともわが国内では普遍的な要因に由来すると考えられることである。

　そしてこの集団適応困難と表裏の関係にあるものが、子ども集団内での相互疎外（親和性の低さ）やその顕在型である"いじめ"であると考えられる。その意味するところは、子どもたちが内発的なバランス感覚によって自分たちの肯定感を育成し、社会的な交渉力を獲得するためのコミュニティを形成することが難しくなりつつあるという事実である。子どもたちの相互疎外的な関係性は、当然のことながら登校渋りにとっても発達障害・愛着障害にとっても、間違いなく発生や顕在化のリスク要因である。また子どもたちの相互親和性の低さに表れるような他者への不寛容を、「自己受容の困難による肯定感の低下が、反転して外部に向けられたもの」と考えるならば、いじめに加担する彼らもまた、健康な育ちから逸脱していることを表白していることになるのである。

　学童期までには大きな問題を見せずに成長し、自立のハードルである社会が見えてくると、そこへの参入を前にして動揺し始める子どもたちがいて、その表現型はじつに多彩である。社会を障壁と感じる子どもたちは、権力に対する攻撃性（反抗）で対応し、自分の可能性に失望した子どもたちは自分のための努力課題をひたすら回避する。大人による疎外を感じる子どもたちは、大人が決して受け入れようとしない行動に走ろうとする（それは大人たちからは非行と呼ばれるだろう）し、自分のあり方に問題の根本を見てしまう青年たちは、自傷行動で自分を罰しようとしたり、薬物やネットやゲームの世界への逃避を試みたり、社会へと踏み出す見込みを全く持とうとせずに引きこもる。やや粗雑に見える括りかもしれないが、これらの逸脱行動はすべて育ちの最終局面において、社会と関わろう

とする時に生じる彼らの混乱と当惑をそれぞれのやり方で表現していると考えられるのである。その時に生じるという表記は誤解を招くかもしれない。正確には、その時に至って始めて意識され、表出されるようになった育ちの困難こそが問題であるに違いない。

　こうした育ちの困難は、一部の子どもたちによってのみ表出されるとはいえ、「大多数の子どもは発達障害でも不登校でもいじめっ子でもないではないか」という指摘が反証になるわけではない。問題は子どもの数の現象にもかかわらず、また社会によるありとあらゆる防止策にもかかわらず、こうした育ちの障害をきたす子どもたちの数が減少せず、むしろ着実に増加しているという点にある。
　つまりここには"育ち"という、子どもの重要な権利が守られていない状況にあることを読み取るべきなのである。

◆育ちとコミュニティ
　このような"育ちの困難"の要因は、当然のことながら権利主体である子どもたちに求めることはできない。家庭環境の影響は大きいが、家庭の状況と子どもの育ちの関係は個別的な事態なので、時代に反映するような要因ではあり得ない。
　そこで、子どもを取りまくコミュニティの質的な変化に注目してみることにする。子どもの"育ち"の中で、コミュニティは本来、家庭での養育のサポートシステムとして機能し、子どもたちが安全に関われる外部環境を提供し、自立に向けた成長を重要な意味を持つ他者として補強し、自立を目前にした青年たちが彼らの蓄えた力を検証するという、かなり大きな役割を持ち、したがってその機能の変容は、子どもたちの"育ち"に影響を及ぼさないはずがないからである。
　個々の子どもは、同時に多様なコミュニティの構成員でありうる。コミュニティというものを、何か大切なものを共有することによってつながる人々と考えれば、その「大切なもの」の多様さにしたがって、規模も形態も多様なコミュニティが存在しうることになる。子どもたちにとってとりわけ重要なのは、そこに属する子どもの"育ち"そのものが「大切なもの」と不可分に結びついているコミュニティであることになる。
　例えば地域コミュニティは、そこに住まう人々が地域の子どもの育ちを大切な

ことだと考えるならば、子どもにとっては重要な育ちのコミュニティなのだが、現代においては地域コミュニティの、育ちのコミュニティとしての性格は非常に希薄になっている状況がある。親族コミュニティや職業コミュニティにおいても同様のことが言えるだろう。こうした既存のコミュニティが、軒並み子どもの育ちに関わりを持ちにくくなっているのである。

　近代的な生活様式が、コミュニティに帰属することを志向しなくなっていることが大きく影響している。ところが子どもたちの"育ち"にとっては、コミュニティの存在が不可欠であることは時代にかかわらず変わらないので、子どもたちの発達の機会は大きく制約されることになる。

　こうした状況の中、注目されるのは学校というコミュニティの役割である。近代的な制度としての学校は、子どもの育ちを平等に保障するものとして導入され、明治維新以降の日本が急速な近代化をする過程で、あるいは第二次世界大戦後の日本が急速な復興を遂げる過程で、重要な役割を果たし続けてきたことは間違いない。

　現代、子どもたちの"育ち"のコミュニティの役割は、この教育システムに全面集約されている感があり、その分学校の役割が不自然なまでに肥大していると考えられる。不登校に際して生じる子どもたちの学校への抵抗感も、またその際の大人たちの焦燥感も、この不自然なまでの肥大に根拠がある。

◆育ちを支える作業と児童相談所

　児童相談所のことを考えるために論を進めるうちにだいぶ回り道をしてしまったが、このように子どもの"育ち"の権利が保障されない状況が一般であるような事態が生起しており、そのような子どもたちの権利回復の拠点としての機能を持ちうる機構があるとしたら、児童相談所をおいて他にあり得ないのである。

　例えば、子どもの虐待に関して、現在の児童相談所は保護と措置のエージェントとして独自の機能を持っている。その役割は年ごとに大きくなり、それ以外の子どもたちへの関与の仕方の影が薄くみえるほどだ。しかし子どもの虐待への抑止的な関与が、本来はコミュニティの役割であったことを考えれば、コミュニティを基盤にした虐待防止の拠点でもありうることが、もっと注目されてもいいのではないだろうか。

　また登校困難やいじめへの対応は、専らそれが顕在化する現場である学校に委ねられてきた。しかし、そのいずれもが子どもの権利を大きく侵害する状況であるという見地から、単に再登校支援・いじめ抑止にとどまらない施策が必要となっている。子どもコミュニティの質をどのように支えられるのかは難しい課題であればこそ、学校のみに全面委託してしまうのではなく、社会的な取り組みが必要であり、それを牽引する役割を組織的に取りうるとしたら児童相談所をおいてないように思われる。

　非行に関しても、発見・補導・矯正などは警察や司法の役割なのかもしれないが、そこに育ちの困難状況を見るかぎり、それとは異なる方向からの介入を必要としているのである。子どもたちにとっては現在、「児童相談所に行く」は社会の監督下に入ることしか意味していない。これが、本人にとっても周囲にとっても「そうなったには何かの理由があるに違いないので、それを確かめに行く」という意味に転じていけるようなメッセージを児童相談所から発信していけるといいのではないだろうか。

◆おわりに

　ここまで、育ちの権利という発想を軸に、その擁護のために児童相談所が取り得る役割についての考察を試みた。

　子どもの"育ち"は管理したり支配したりすることはできない。現在はまだ現実的ではないのかもしれないが、権利の侵害状況の克服のためには、どのように能動的に子どもの権利を守っていくのかという発想が必要であるように思われるのである。

（田中 哲）

03 子どもにとって児童相談所とは❶ ──子どもの声を聴く

◆私と児童相談所職員との出会い

1994年、日本が国連児童の権利に関する条約を批准し、おとなたちが子どもの権利について理解し、「子どもの意見」をどのように聴くのかを考えざるを得ない状況になったのではと思う。また、1995年には、大阪府では、全国に先駆けて子どもの権利ノート（以下、権利ノート）が作成され、児童養護施設で生活している子どもたちに配付されることとなった。

次項でもエピソードとして触れているが、権利ノートが配付された当時、私は、大阪府の児童養護施設で生活する小学生で、児童相談所のケースワーカーが権利ノートについて説明するために来てくれたことを今でも覚えている。子どもにとって、「児童相談所」は重要な機関だと感じられる出来事だった。

この経験は、自分たちの意見をおとなに伝えることの意義を感じるきっかけとなった。しかし、多くの意見に対するおとなからの回答は、「施設は集団やからしかたがない」といったものだった。意見を出す意義を感じ、おとなにたくさん伝えようとしたが、施設で生活しているからこそ、「できない」ことがあることの壁を何度も実感することとなった。私は、心の中で「施設だからできない理由を説明してほしい」と思っていた。また、「意見箱」が設置され、児童会等では意見を出す場があるにもかかわらず、ずっと私の思い（気持ち）を聴いてほしいと感じてきた。

このような私自身の経験はずいぶん前になるのだが、今、社会的養護で生活している（以下、インケア）子どもや社会的養護経験者（以下、経験者）はどう感じているだろうか。インケアの子どもたちの声や経験者の声を紹介しながら、「子どもにとって児童相談所とは」を考えていきたい。

◆Children's Views & Voices の取り組み

私の人生の転機となり、現在、インケアの子どもの声や経験者の声を聴くこと

ができているのは、Children's Views & Voices（以下、CVV）の活動が大きく影響している。以下、簡単にCVVについて紹介したい。

　CVVを設立するに至った背景として、当時大阪の児童福祉関係者（児童相談所職員、施設職員等）がカナダの子どもの権利を学ぶ取り組みが行われていたことに影響を受けている。その事業の一環で、カナダのインケアの子どもたちと関西の施設の子どもたちを交流させようといった取り組みがなされていた。

　私が高校生の頃、この交流事業に参加したことをきっかけに、翌年カナダでの交流事業に参加することとなった。カナダでは、子どもたちがおとなに対して、自分の意見を述べ、その意見をおとなが聴くという環境がすでに整えられていることに衝撃を受けた。「児童養護施設をもっとよくしたい」「経験しているからこそ伝えられることがある」との思いで、2001年カナダ・オンタリオ州を訪ねたメンバーと共にCVVを発足させた。

　今振り返ると、互いの経験を話し、共感し合える時間と仲間がいること、そしてその活動をサポートしてくれる施設職員や児童相談所の職員の方々がいたことが活動の励みとなっていたと感じる。そして、日本でも、子どもの意見を聴くおとながいる環境を整えることが、2001年からの私の問題意識になっている。

CVVの活動内容
○みんなの会　児童養護施設等で生活している中高校生を対象にした活動。
○よりみち堂　月1回平日の夜に実施。eトコ（居住と交流・家族体験サポート施設）との共同で実施。
○ユースプロジェクト　社会に出た後の「孤独感」を軽減し、また安心して話せる「場」を提供
○講演・出版・ブログ発信
○CVV学習会

◆インケアの子どもの声
　子どもの権利擁護ワーキング[*1]による子どもヒアリングの関係で、社会的養護下で生活している子どもたちの声を聴く機会を得た。その中で、子どもたちが児

童相談所職員への思いを多く語ってくれている。その一部を下記に紹介したい。

- ・一時保護所で生活している子どもの声を聴いてほしい。
- ・一時保護所の先生ともっと話をしたい。
- ・児童福祉司・児童心理司ともっと話したい。
- ・児相の担当ケースワーカーについては、ほとんど意見を聴かれたことがない。（担当者が）変わりすぎて分からない。
- ・コロナになってからケースワーカーが来なくなった。
- ・今後のことがわからないから心配。友達や先生に会いたい。
- ・ケースワーカーや児童心理司は他の子どもにも忙しく対応しているので、迷惑をかけないようにあまり意見を伝えないようにしている。
- ・一時保護所の担当職員や児童心理司が話を聴いてくれたが、ここに来る前は誰にも話していなかった。信用できるおとながいない。
- ・児童心理司のサポートも心の支え。
- ・児童心理司と看護師は話を聴いてくれる。
- ・児相の担当が代わった時に一から説明しないといけない。ちょっとした引継ぎがされていない。

（厚生労働省子どもの権利擁護ワーキング「子どもからの意見聴取 実施概要」抜粋）

　上記のヒアリングの際、多くの子どもたちが、不安感や孤独感を感じていることを目の当たりにしてきた。また、子どもたちは、おとなとの対話を強く求めていることが伝わってきた。特に、一時保護をされた子どもたちにとって拠り所となっているのが、児童福祉司や児童心理司であることがうかがえた。改めて、子どもたちの声をしっかり聴くことや聴いた声を関係者に届ける必要性を痛感した出来事だった。

＊1　子どもの権利擁護に関するワーキングチームとは、子どもの権利擁護の在り方等について検討することを目的に、厚生労働省によって主催された検討会である。2019年12月以降、全11回にわたり開催され、関係団体や子どもからの意見聴取も実施された。

◆経験者の声

　過去に社会的養護を経験した若者の思いはどうだろうか。すでにケアを離れている若者たちが児童相談所についての思いを振り返っている「声」からも、日々の実践につなげられることがあるのではないだろうか。CVVに参加する経験者の思いを紹介する。

CVVに参加する経験者の語り

　児童相談所のイメージは、無って感じ。関わりがほとんどなかった。中3の時、月1回行っていたということしか覚えてない。小さい頃から施設にいたから。心理検査でわざと変な絵をかいた。話を聞いてもらえたらと思ったが、何もなかった。すごく関わってくれる人がいたらよかったな。話を引き出そうとしてほしかった。話したかった。誰でもいい話しかけてほしかった。性被害を受けていることを気づいてほしかった。自分でも気づけなかった。

CVVに参加する経験者の児童相談所へのイメージ

・接点がない。1年に1回会いにくる人。
・児童福祉司に話すと施設職員に言われるのが嫌だった。
・小学生の時、親にいつ会えるのか聞きたかったが、聞けなかった。
・親と自分の間に立ってくれる人。
・問題の多かった子が優先されていて、会いたいと言っても会えなかった。
・自分の思いを聴いてくれ、将来のことを一緒に考えてくれた。
・一時保護所のイメージが強い。閉鎖的で外の世界がわからない。夜早く寝ないといけなかったが、夜が怖かった。
・一時保護所で時間通りに決まったことをしないといけなかった。

　経験者の語りから見えてくることは、意見をしっかり聴いてくれたことが良い経験につながっているということである。一方で、もっと頻繁に会いに来てほしいという思いも多く、子ども視点から見える今後の児童相談所の課題だと考える。

◆実践に生かせるヒント

　現在、フォスタリング機関の職員として働く中で、児童相談所の職員と協働する機会が多くある。子どものこと、親子のことについて「葛藤しながら」働いている職員の方々に出会ってきた。一方で、そういった職員の思いは、子どもに伝わっていないと感じることも多く、互いの思いをつなげる取り組みが必要ではないかと考えるようになってきた。

　これまで紹介した子どもや経験者の声から、実践に生かせるヒントを下記に提案したい。

○子どもの声を聴く時間を積極的に持っているか。

　「さみしい」「これからどうなるの」「友達や親に会いたい」といった気持ちに寄り添った関わりが重要。特に一時保護をされている子どもの声を聴く時間を頻回に持つ。

○子どもが理解しやすい言葉で丁寧に説明を行っているか。

　子どもにとって見通しが持てないことで不安感が増していることもある。これからどうなるのか、親と生活できない理由などについて、丁寧な説明を行っていくことが重要。

○おとなが孤立感を感じていないか。

　あなたの同僚や上司は、頼りにできる心強い存在だろうか。悩みや喜びを分かち合う仲間がいることは、おとなにとっても子どもにとっても重要である。

　子どもの権利擁護の最前線に立つ、児童相談所の職員の皆さんが、葛藤しながらも前向きでやりがいを感じられるよう応援したい。　　　　　　　　（中村みどり）

04 子どもにとって児童相談所とは❷
──社会的養護経験者による対談

> 中村みどり　乳児院と児童養護施設を経験。現在は里親支援団体に勤務、社会的養護の経験者の居場所活動団体CVV（Children's Views & Voices）を立ち上げる。
>
> 畑山麗衣　乳児院、児童養護施設、ファミリーホーム、週末里親を経験。現在はファミリーホームの補助員、里親・里子をサポートするNPOの相談員として働く。日米の当事者団体インターナショナル・フォスターケア・アライアンス（IFCA）のユースとして活動している。

久保（聞き手）　今日は社会的養護の経験を持ち、支援者としても働きながら、当事者団体活動もされているという多種の側面をお持ちのおふたりに「児童相談所（以下、児相）」について語っていただきたいと思います。

中村　施設にいた時は児相とは接点が本当になくて、誰が担当なのかも全然知らなかったんです。ただ私が小学生の頃に、施設に児相の方がやってきて権利ノートについて説明される機会があって、何か聞きたいこととかお願いごととかがあれば言ってねという時間があったんです。その時に仲良しの子には、ずっと親の面会がなかったので、3人ぐらいで児相の職員に「この子のお母さんを探してあげてください」と言いに行ったんです。そのあと本当にお母さんが見つかって、その子は家に帰ることになるんです。なので、「なんか児相ってすごいな」という経験があって。その時に、児相の人というのは親と関わる人なんだということが印象として残っています。

畑山　私も児相のワーカーとの関わりというのがほとんど記憶にないというか、毎回担当の方が替わられて、名前だけ聞く、その人が自分にとって何をしてくれる人なのかというのがわからないままに過ごしていました。でも、児相というのは何かをしたら呼ばれる場所みたいな印象もあったので、なるべく行きたくない所ではありました。安心して行ける場所という思いはあまりなかったと思います。

久保 おふたりのお話は元児相職員の私としては結構耳が痛い内容でした。畑山さん、児相に行くこともあったと思うんですが、その時のことをお話ししてくださいますか。

畑山 わからない中で児相で絵を描かされて、「家を描いてみましょう、人を描いてみましょう」と言われて、描いてるところをチェックされているようで、私の何を見てるんだろうと思っていました。うまく描かないといけないのかなとか、黒をいっぱいで描いたらいけないのかなとか。防衛反応じゃないですけど、そういったのを感じていた記憶はあります。

久保 なるほど。では、今思うにその時、どんなふうだったらよかったですか?

畑山 自分が児相に行くのではなくて、生活している場所に同じ人が来てくれて。普段の生活を見てくれて、普段のことを聞いてくれたら、「あ、また来てくれた。自分の話聞いてくれる人なんだ」という安心はあったかもしれないです。毎回、初対面の担当の人に自分のことを一から話して…でも、こちらが何も知らないと思ってるのに、児相の人って何か自分の情報を知ってたりするじゃないですか、もちろん知ってるのは当たり前なんですけども。それは子どもにとっては怖い感覚だと思うんです。だからこそ同じ人が自分の生活の場所に話をしにきてくれたら、印象も変わってくるのかなと思います。そして、ターニングポイントというか、高校を選ぶや奨学金のことで困った時なんかに、「困った時には、この人が来てくれる」とか、「助けてくれる」というのがあったらよかったなと思います。自分が自立する時も特に担当の人には会うこともなかったので。

中村 私は厚生労働省の子どもの権利擁護に関するワーキングチームの委員として参加していて、子どもたちの権利擁護のための仕組みについて検討してきました。その中で、社会的養護下で生活している子どもたちにヒアリングをしました。子どもたちが言っていたことは、やはりもっと児相の担当の人に会いたい、もっと話を聴いてほしいということでした。特に一時保護された子どもたちは、そういう思いが強いと思います。それが、なかなか会えないとなると、「もういい」「来なくていい」となるんだと思います。児相の職員は、子どもにとって重要な存在で、子どもたちも児相に期待しているけど、そこが今は十分にマッチしていないんだろうと思います。

久保 児相は子どもの権利擁護機関として最前線で活躍するというところは、児

童福祉司になった時に叩き込まれるわけですけれども、子どもの立場に立って、子どもの権利をどうやって守るのかを考えることが重要ですね。

畑山　今、子どもたちをサポートする側になって、子どもたちから聴く声として1つは子どもたちは担当者を選べないというところ。高年齢児の女の子だったら、男性のケースワーカーにすごく気を遣うとか、女性のケースワーカーがいいんだけどという時になかなか選択できないところは、仕方がないというところなのかもしれないですけれど。もう1つが、一時保護所に関しては長期入所している子どもたち、特に高年齢児の子たちは増えてきている印象があります。支援する側としては長期入所しているからなるべく早くどこか施設や里親に措置を決めようとされるけれども、子どもからすると、もう少し丁寧に自分の措置先を決めてほしかった、決める時に今、空きがあるからというような動きではなくて自分に選択権がほしかったとか。職員は、子どもたちの声を聴いておられると言われるかもしれないですけども、もしかしたら聞き方だったり、子どもたちが選択する材料がないのかもしれないし、もっと子どもたちに寄り添って話を聴いてほしいと思います。

久保　子どもの知る権利や意見表明権について注目されています。中村さんも活動の中で感じられていることについてお話しください。

中村　子どもに権利を伝えるだけではなく、権利を守るための仕組みを考えるうえで、今の取り組みを子どもたちはどう見ているのかが重要だと思っています。今までも例えば意見箱を設置するとか、子どもの権利ノートを子どもに渡すという取り組みがされていますが、子どもたちに話を聴くと「権利ノートなんて知らん」「見たことない」という声が聴かれました。自治体としては、ノートは作っているのですが、子どもに届いていないということや、意見箱も「意見を入れても変わらない」という子どもたちの思いがあって、取り組みが形骸化しているようなところがみられました。子どもが選択するとか、子どもが意見を聴かれる経験によって、子どもの人生に子ども自身が参加できるようになっていくと思います。そういった仕組みや取り組みが必要で、そのためには、児相の職員の関わりというのがとても重要です。先ほど久保さんがおっしゃった子どもの権利擁護をする機関、子どもの権利を守る機関、それが児相の土台の部分になるんじゃないかと感じています。

久保　児童相談所は今、経験年数が少ない人たちも増えていて、そのスキルを上げることが課題の1つです。ツールの活用というのも必要だと思ってるんですが、おふたりの活動で作られたものを紹介していただけますか。

畑山　『これから新しい生活が始まるあなたのために　聞きたい・知りたい・伝えたい』という一時保護から社会的養護に移る移行期にある子どもたちのための絵本を作りました。米国の当事者団体フォスタークラブというところが作成した冊子を基に日本版を作成しました。家庭で大人の顔色や空気を読んできた子どもたちは、社会的養護に来ても、大人に聞いてもいいのかなとか、どう思われるんか

『これから新しい生活が始まるあなたのために　聞きたい・知りたい・伝えたい』（IFCA、2021年）

なとか、聞けないこととかが本当にたくさんあるんです。そんな子どもたちが安心して大人と対話ができるためのツールです。例えば、なぜ今、一時保護所で自分は生活しているんだろうとか、児相とはどういう人がいるのか、自分にとって何をしてくれるところなのかという説明がされていたりとか、自分自身が社会的養護で生活しているのはあなたのせいではなくて、家族にこういった理由があったりするんだよというのが書かれています。これから生活する場所を知ろうというワークがあったりとか。また、自分が社会的養護で生活している間、家族は何をしてるのかというページもあります。支援者の方がなるべく子どもたちを傷つけないようにと言いづらいことも、子どもたちには知る権利があって、知りたいと思っています。このツールを使って、支援者の方も子どもたちにどうやって伝えたらいいかについて考えてほしいと思います。大人と一緒に子どもたちがワークしながら自分のことや家族のこと、次に生活するところのことなどを整理していって、安心して次の生活を送っていけるようになってほしいと思っています。

中村　私は福岡市の子どもの権利ノートの改訂に携わっていました。権利ノートは、日々の生活の中で私の権利ってなんだろうかとか、自分の家族のこととか生い立ちとか、そういうことを知りたいと思ったら、聞いてもいいんだよというこ

『あなたによりそう こどものけんりノート』（福岡市の子どもの権利ノート、2021年）

とを伝えられるような内容を取り入れています。もう1つ工夫したのがデザインです。デザイナーの方に加わってもらい、色とか、書体とか、子どもたちの意見を反映させて作っています。改訂版は子どもたちの声をたくさん聞きながら作ったのですが、その中で大人と子どもが対話する時間というのがとても少ないということを感じたんです。もちろん私も仕事で児相の職員と関わっているので、お忙しいのはわかっているんですが、やはり子どもは大人のサポートを必要としていますから、しっかり話をする時間を取ってほしいです。

久保 なるほど。どちらも出来上がりが楽しみですね。おふたりのお話を聞いていると、当事者の視点とそして支援者の視点の両方から、子どもたちの側に立って、間をつないでいただいてる感じが伝わってきました。児相の仕事は、子どもたちの人生に関わる大事な仕事ですが、子どもたちの成長を見ていけるとか、いろんな人と関われるとか、実は結構楽しい部分もあると思うので、このようなツールの活用や当事者の方の意見を聴くことによって、仕事の幅が広がってくるように私は思いました。最後に児相職員にメッセージをお願いします。

畑山 丁寧に関わってくださっている児相職員の担当の子どもは、何かあったら児相の職員を呼んで、というふうに言ってきます。何かあった時に、生活からちょっと離れた人にヘルプを出せるというのは子どもにとってはすごく重要だと思うんです。安心できるというか。そんなふうに児相の職員に担ってもらっているということは、子どもだけじゃなくて里親も含め、施設の職員にとっても、ありがたい存在だと思うんです。児相はすごく重要な役割を果たしてる場所であって、私は子どもたちに児相の職員に一回自分のことを聴いてもらっておいでとも言えたりするんです。また、チーム養育と言われますが、里親にとってもそうです。力を合わせて子どもたちの成長を見守って支えていただきたいという思いがあり

ます。だからこそ頻繁に職員が替わっていくのではなく、子どもたちをずっと見守り続けられるような仕組みも今後つくっていっていただきたいと思います。

久保　仕組みも大事ですね。中村さん、お願いします。

中村　1994年に子どもの権利条約を日本が批准し、児相も施設も里親も子どもの権利っていうよくわからないものに向かい合わざるを得なくなった。そこで、一生懸命子どもの権利を学び、それをどうやって子どもに伝えていくかという取り組みが日本全国で行われたと思うんです。それは今も言えると思うんです。法律が変わったりとか、新しいものに対峙していかなくてはいけない。児相の職員になってすぐの方も、またキャリアのある方も含めなんですけど、日本の児相の歴史の積み重ねがある中で、今があるというところを知ってほしい。新しいものに対応していくためのアクションはいつでもできるし、1人ではできなくてもチームでアクションを起こしていく。子どもの幸せのために自分たちができることはなんだろうかと。私は最初にお話ししたように、同じ施設の仲間の親が見つかった時に児相、すごい！と思ったんです。そのすごいと思える子どもたちが増えるといいかなって思っています。今、1人で辛い思いをされている職員の方もいるかもしれないので、ぜひチームというイメージでお仕事をしていただけると、頑張ろうという気持ちになれるのではと思います。

久保　子どもの権利を中心に児相の根幹の部分のお話をおふたりからうかがえたように思います。児相だけで抱えろというものではなくて、社会の中の子どもとしてみんなで育てていく。インフォーマルな方々も含めて子どもたちをたくさんの機関と人で支えていくというネットワークがつくっていければ随分変わっていくのではないか、とおふたりからの熱いメッセージを聞いて、あらためて感じました。ありがとうございました。

（構成＝久保樹里）

マスコミから見た児童相談所

◆**虐待　子どもの権利を守る視点から考える**

　深刻な児童虐待死事件が相次ぎ、児童相談所（以下、児相）や自治体の対応には厳しい目が向けられている。千葉県野田市の虐待死事件では、子どもがSOSを発しながらも、守ってもらえず、子どもの声が聞かれていない状況が浮き彫りになった。子どもの権利擁護の仕組みが変わろうとしているが、取材してきた児相や子どもの当事者などから、子どもの声を聞き、向き合うことについて考えたい。

　私が初めて児相を取材したのは2010年、記者になって3年目の頃だった。当時赴任していた千葉県内の児相で、子どもを一時保護する期間が長期化していることについて職員に聞いた。

　その児相の一時保護所では、子どもは支援方針が決まるまでの間、学校に通えず、外と連絡もとれない。さらに、集団生活での厳しいルールの中で自由にできることも少なく、生活していた。家庭から引き離す一時保護の期間を短くできないのか聞くと、職員は厳しい表情だった。「保護を解除して子の安全が守られるのか、施設や里親に委託すべきか、親への面談や調査などで判断材料を集めるには時間が必要。子どもがいたくないのもわかるが、子どもを守るためです」。

　親と対立しても子どもを保護し、家庭が改善するよう支援もするという、相反する難しい役割を担いながら、対応するケースは増え続ける。子どもを委託する施設や里親の受け皿も不足していた。子どもの支援方針は、子どもの権利の保障とはほど遠いと感じた。

　それから約10年後の2019年1月、千葉県野田市で、父親による暴力を学校のアンケートで訴えていた小学4年生の女の子が亡くなる事件が起こった。父の求めを断れずに女の子が書いたアンケートを見せた学校の対応や、一時保護した際に性的虐待が疑われ、PTSD（心的外傷後ストレス障害）と医師が診断して家族との同居は困難だと見られたにもかかわらず、一時保護が解除されていたことが批

判を受けた。県の第三者委員会の検証でも指摘された。女の子からの訴えや兆候があったにもかかわらず、命を救えなかった経緯に衝撃を受けた。

◆自分の意見を聞かれていないと感じる子ども

　事件以外でも、子どもの声が届いていないと感じることがある。

　以前話を聞いた大学生の男性は、ひとり親家庭で母に精神疾患があるため、家事や子育てができず、男性はネグレクトの状況にあった。

　小学生の頃、児童相談所の職員が家に来て、一時保護された。だが、「自分がどうしたいのかは聞かれなかった」という。男性にとってはその生活が「普通」だった。「なぜ家を出ないといけなかったのかも、説明がなかった」。

　一時保護所での日々は管理的で、個人の持ち物も制限され、つらさを感じた。家庭に戻った後も「大人は自分や母のことをわかってくれない」との思いが残った。その後、母の看病や生活で困った時も、公的な機関に相談する気にはなれなかったという。

　子どもはいつまで一時保護所にいるのか知らされることも少ない。さらに、多くの場合で子どもは学校に通い続けられなくなる。突然、親と引き離され、家庭ではない環境で別の子どもたちと共に生活しなければならなくなる。そこで子どもが感じる不安やストレスは計り知れない。知る権利、学ぶ権利、子どもの育つ権利が損なわれていると感じる。

　大学生の男性は一時保護所にいた間、早く家に帰りたかったが、「自分の意見は聞いてくれないだろう」と思っていた。話しやすい人もいたが、厳しい態度で接する職員とは話すと緊張し、思ったことは言えなかったという。

　親と離れた後も、自分はどこで暮らすのか、どうしたいのか、児相職員には話しづらかったという経験も聞いた。

　親からの虐待が理由で、幼い頃に一時保護され、児童養護施設を経て里親のもとで育った男性は、年に数回、児相職員と面談があったという。ただ、担当職員は2、3年で変わり、ほとんど話したことのない人に本音は話せなかった。「子どもの意思を聞く仕組みを整える必要がある」と話す。

　子どもの一時保護や里親、施設に委託する時、子どもから意見を聞く仕組みを整備することが盛りこまれた改正児童福祉法が2022年6月、国会で成立した。

子どもの意思表明を支える、思いを代弁する子どもの「アドボケイト」(意見表明支援員)配置を促すよう、厚労省の有識者会議が2021年5月に提言していた。

　子どもが自分の考えを整理し、伝える支援や、本人に代わって発言するのが子どもアドボケイトの役割だ。子どもの権利保障のため、児相や施設から独立した立場で、子どもの側に立ち、子どもが安心して話せることが重要だ。

　各地でアドボケイトの仕組みや支援者の育成が進みつつあるが、これまで第三者を通じて子どもの意見を聞く取り組みは少なかった。2017年度の子ども・子育て支援推進調査研究事業報告の一時保護所へのアンケート(89ヵ所回答、回収率65.4%)では、子どもの不安や悩みの把握方法について、「職員、担当弁護士以外の第三者を通じて把握」していたのは3.4%だった(複数回答)。

　どこで暮らしたいかといった意向や、一時保護所や施設、里親などのもとで暮らす中での困り事まで、子どもはさまざまな思いを持っていても、大人には言いづらい、どのように話せばいいのかわからないなど心細さを感じている。

　制度のユーザー(クライアント)である子どもにアドボカシーの仕組みを知ってもらうことが大切だ。子どものアドボカシーを支援する民間団体の中には、施設にいたり、児相が関わったりする子どもに向けて、困った時にアドボケイトに話ができること、子どもには意見を表す、聴いてもらう権利があることなど具体例を示し、やさしい言葉やイラスト、動画などで紹介しているところもある。

　アドボケイトの養成講座を受けた人が一時保護所や児童養護施設などを訪問する大分県や、研修を受けた弁護士と一時保護された子が面談する取り組みを始めた兵庫県など、先駆的な例もある。各地で体制がつくられる必要がある。

◆ヤングケアラーと子どもの権利

　子どもの権利や課題を考えた時、家族を世話する子「ヤングケアラー」の存在や課題に向き合う重要性が増している。

　ヤングケアラーの法令上の定義はないが、厚生労働省は大人に代わり、「家事や家族の世話、介護、感情面のサポートなどを行っている18歳未満の子」とみなしている。厚労省は2021年4月、初めて中高生に聞いた実態調査結果を公表し、公立の中学2年、全日制高校2年のおよそ20人に1人がヤングケアラーだったことがわかった。

　2022年4月に公表された新たな調査では、小学6年（公立）の約15人に1人、大学3年の約16人に1人が家族のケアをしていることがわかった。18歳以上は進学や就職とケアが重なり、「若者ケアラー」と呼ばれる。

　2019年度の厚労省のヤングケアラーの調査研究では、全国の要保護児童対策地域協議会（要対協）にアンケート（有効回答数707件、回答率40.6％）し、ヤングケアラーの概念について、「認識している」と答えたのが46.7％だった。そのうち、ヤングケアラーと思われる子を把握していると答えたのは30.1％だった。2020年度の同調査研究でも同様のアンケート（要対協の有効回答数923件、回収率53.0％）があり、ヤングケアラーの概念の認知度は76.5％まで上昇し、ヤングケアラーと思われる子を把握しているのはなお30.6％だった。「手伝い」の域を超えるほど時間を割き、責任を伴うケアの役割は子どもの生活に深刻な影響が出る。

　子どもが困っていても周りが気づかず、「言ってもわかってもらえない」と相談をあきらめる子もいる。家族の病気や障害を知られたくない子も、日常的に家族を世話するのが「あたり前」で手伝いの範囲を超えている自覚がない子もいる。子どもがヤングケアラーになる家庭は、家族の病気や障害、子育ての困難、さらに貧困など課題が重なる場合もある。周囲が早期に気づき、福祉や教育など分野を超えて連携する必要がある。

◆親へのサポート

　子育てで頼れる人がいない、経済的な余裕がないなど、親自身が社会で孤立することはもはや珍しくない。追い詰められれば、子への暴力に向かってしまうこともある。

　それを食い止めるために児相が関わるが、児相という機関への親の抵抗感は強く、子育ての不安やしんどさに寄り添う支援が可能な自治体の役割は重要だ。ケースごとに適切、迅速に関わる連携が必要だと感じる。

　親や大人からの暴力や暴言、自分の存在を否定されるような経験で子どもが受ける心身の傷の深さや命を奪われる無念さは言い尽くせない。子どもの権利を守る覚悟をもって、子どもと向き合う大人が少しでも増えていくこと、子育ての困難を抱える家庭を支えていける社会になることを願う。　　　　　（畑山敦子）

06 一時保護所における子どもの権利擁護

◆一時保護による権利制約・子どもの意見表明

　児童福祉法33条では、「児童相談所長は、必要があると認めるときは、児童の安全を迅速に確保し適切な保護を図るため、又は児童の心身の状況、その置かれている環境その他の状況を把握するため、児童の一時保護を行うことができる」と定められている。虐待その他の事情によって上記の要件を満たす場合には、子どもは児童相談所によって一時保護され、当面の間、一時保護所での生活を余儀なくされることとなる。

　このように、一時保護は、子どもを生命・身体の危険から保護し、あるいは、身体的・心理的苦痛を伴う生活環境から保護することを目的として行われる。よって、児童相談所にとって、一時保護を躊躇なく行わなければならないケースが多数存在することは、言うまでもない。

　しかしながら、子どもが両親と共に生活すること、あるいは、従来の環境にて安定した生活を継続することは、子どもの「最善の利益」の中核をなす要素として評価されるべきものである。

　よって、一時保護は、子どもの負担あるいは権利制約ともなりかねない手段であることを念頭に置き、実施の必要性・相当性が十分に検討されたうえで実施されなければならない。必要に応じて躊躇なき一時保護が求められる一方で、必要性の乏しい一時保護が実施され、子どもの権利・利益が逆に害されてしまうような事態が生じることは許されない。

　そして、「子どもの権利・利益」は、支援者が自らの価値観にのみ基づいて一方的に"押しつける"のではなく、権利主体である子ども本人に自らの意見を表明する機会を確保し、その意見を重要な考慮要素として念頭に置いた上で検討されなければならない。

　岡山県では、このような問題意識に基づき、一時保護中の子どもに対する意見聴取の取組みを実施している。以下、上記取組みの内容について述べる。

◆岡山県での取組み

岡山県では、一時保護中の子どもに対して、その子どもと面識のない弁護士5名が、週に一度、交代で意見の聴取を実施している。

概要は、以下のとおりである。

子どもへの事前説明事項

・この調査は、あなたを含む一時保護所で生活している子どもたちから、一時保護所での生活についての意見を聞くものである。
・調査結果については、今後の制度作り等を検討するための材料として使用（学会等での発表、公刊物への掲載）させて欲しい。ただし、名前や住所等が明らかになることのないよう匿名化する。
・質問をするのは、児童相談所の担当者や一時保護所の職員ではなく、"弁護士"という法律の専門家である。
・児童相談所、一時保護所の担当者等に秘密にしてほしいことがあれば、秘密にすることができる。
・反対に、担当者等に積極的に伝えてほしいことがあれば、伝えることもできる。
・述べてくれた意見は今後の一時保護所の運営や制度作り等の参考にするが、必ずしも意見がそのまま実現されるわけではない。
・調査への協力は任意であり（あなたには、意見を表明する義務があるのではなく、意見を表明する権利がある。よって、この権利を行使しないこともあなたの自由）、答えたくない質問には答える必要はない。
・途中でやめたくなったら、いつでも調査を中止できる。

主な質問事項

・来所経緯に関する説明を受けたか否か。
・児童相談所が認識する来所理由に対する意見。
　例）児相担当者から虐待があったと言われたが、自分としては、そのような事実は存在しないと考えている。
・一時保護所での生活の良い点／悪い点。
・上記の「悪い点」に関して、児相担当者や一時保護所職員から何らかの説明を

受けたか否か。

例）自由に外出できない理由についての説明の有無。

・一時保護所での生活に関する意見。

・一時保護に対する意見（同意／不同意）。

・一時保護所に来るとき、児相担当者から、「いつまで一時保護所にいることに
　なるのか」「どのような条件が揃えば家に帰れるのか、あるいは、施設に移れ
　るのか」等、今後の見通しについて、説明を受けたか。

・保護期間の見通しや、家に帰れる／施設に行く等の重要な方針について、説明
　を受けているか。これら方針に変更があった場合、随時説明を受けているか。

・児相の担当者は、適時に会いに来て、あなたの意見等を聞いてくれているか。

・あなたは、今後も一時保護所にいたいと思っているか。それとも早く家に帰り
　たい／施設へ行きたいと思っているか。

・一時保護所から家に帰った後の生活について、一時保護所に来る前とどのよう
　に変わっているか、説明を受けたか。児童養護施設等に行く予定の場合には、
　その施設等がどのような場所で、一時保護所とどのような点が異なっている
　のか、説明を受けたか。

◆子どもの反応・一時保護所の改善

　一時保護所での生活に関し、子どもからは、概ね肯定的な意見が表明された。

　一方で、一時保護所におけるルールに対する否定的な意見も見受けられた。筆
者にとって最も印象深い事例が、「黒染めの強制」である。岡山県の一時保護所
においては、入所時に子どもが染髪している場合に、いわゆる黒染めの同意を求
め、黒染めを拒絶する子どもに対しては、個別処遇（他の入所児との交流を許容せ
ず、単独での生活を行わせること）を実施していた。

　聴取の対象となった子どもからは、

・長期間1人で生活することは辛いので不本意ながら黒染めに同意せざるを得な
　かった

・友達と、卒業式に一緒の髪型で揃って出席しようと約束している。今黒染めを
　してしまうと、髪の毛が傷んで切らざるを得ず、約束を守れなくなる。よっ

て、個別処遇は非常に辛いが、断固として黒染めは拒否している

・そもそも、保護所の中で金髪の子どもを見て自分も金髪にしたいと思っても、染めることなどできない。何のためにこのようなルールがあるのか分からない

等の意見が述べられた。

　一方、上記のルールが設定された理由について、児童相談所・一時保護所に尋ねたところ、「伝統的に、非行が伝播する等の表現がなされているが、実際に茶髪・金髪等々が"伝播"するのかと尋ねられると、実感はない」との返答がなされた。

　以上を踏まえて、弁護士、児童相談所・一時保護所担当者にて協議を行い、岡山県の一時保護所において、「黒染めの強制」ルールは撤廃された。現時点では、茶色、金色その他の色に染髪している子どもであっても、他の子どもと共同で生活している。「黒染めの強制」ルールの撤廃後、相当の期間が経過しているが、現時点において、非行あるいは茶髪・金髪が伝播した、との実例は報告されていない。

　このように、一時保護所という特殊な環境下においては、存在意義が不明確であるにもかかわらず、支援に当たる職員等にとって「当然のこと」となってしまっているために、必要性の有無・程度を検証されることなく存続してしまっているルール等が存在する。「黒染めの強制」ルールは、頭髪に関する子どもの自己決定権を制約するものである以上、当該ルールを存続させるのであれば、何らかの具体的な必要性が認められなければならないはずであった。

　この「黒染めの強制」ルールの撤廃は、岡山県の取組みを通じて、子ども自身の意見が無用なルール（より仰々しい表現をすれば、不当な人権制約）を是正した、1つの代表的な事例であると考えている。

◆ 「権利擁護」の意味合いについて

　一時保護中の子どもたちは、我々おとなが想像する以上に、自身の現状を客観的に把握し、支援者の言動を冷静に評価していると感じた。筆者が聴取を担当した限りではあるが、荒唐無稽な意見や独善的な意見を述べる子どもは、1人たり

とも存在しなかった。

　児童福祉に関しては、あらゆる局面において「権利擁護」の四文字が声高に叫ばれているが、権利主体である子どもの意見を聴かずして、「権利」を「擁護」することなど、およそ不可能であろう。

　「一時保護所における権利擁護」を実現するためには、一時保護所で生活する子どもたちが何を求めているのか、一方で、どのような事項については納得のうえで制約に服しているのかを聴取することが、第一歩と考えている。少なくとも、支援者側の都合に基づく"お仕着せ"の権利擁護施策に満足することのないよう、自戒を込めつつ本稿の執筆に当たった次第である。　　　　　　　　　　（奥野哲也）

07 社会的養護における 子どもの権利擁護と児童相談所

◆児童保護とチャイルドプロテクション

自治体に設けられた検討会[*1]の場で、「児童虐待への対応では、児童保護（チャイルド・プロテクション）が重要で、ソーシャルワークと混同してはならない」とするプレゼンテーションがあった。筆者には、納得できなかった。理由は次の4点である。

1　多様な児童虐待の実態を無視して一様に保護者との敵対を煽れば、支援は成り立たず、結果として子どもを護れない。

2　ソーシャルワークを、「本人（当事者。この場合は保護者）の希望ないし同意を前提として、福祉サービス等を提供すること」としか捉えていないと思われた。

3　保護者から子どもを分離して課題を示し変化を求める。それができなければ、親子関係をも消滅させる。このようなやり方を採ってきた米国でさえ、予後の悪さや弊害を踏まえ、「支援重視」へ舵が切られた。それが踏まえられていない。

4　日本では、明治から昭和初期にかけて女性や子どもの身売りや劣悪な労働が社会問題となった。これに対して、救済しようとする「児童保護運動」や「廃娼運動」が展開された。この「用語」との間で混乱が起こる。

◆児童福祉と社会的養護

戦前の児童保護に対して、第二次世界大戦後には、児童福祉という概念の下で施策が進められた。その一部が社会的養護である。社会的養護とは、何らかの理由で親・保護者が、子どもへの養育責任を果たせなくなった時に、社会の責任において、保護者とともに子どもを「養い」「護る」ことである。在宅での支援を

---

*1　東京都児童福祉審議会専門部会（新たな児童相談の在り方に関する検討）第1回会議（2020年7月31日）及び第2回会議（同年8月28日）の配付資料・議事録参照。

含めた捉え方が広義の社会的養護であり、代替養育のみに限定した捉え方が狭義の社会的養護である（「社会的養育の推進に向けて」厚生労働省ホームページ参照）。

◆社会的養護と社会的養育

　近年「社会的養育」という用語が使われるようになった。この用語と社会的養護の意味するものは、どう違うのか？　第49回社会保障審議会児童部会（2021年6月9日開催。議事録参照）に委員として出席した際に質問してみた。この時の厚労省の回答を踏まえ、筆者は、社会的養育と社会的養護との関係と社会的養育の意義を次のようにまとめる。

1　「社会的養育」と広義の「社会的養護」の意味する範囲は、概ね一致している。しかし同一ではない。

2　「社会的養育」とは、在宅支援や退所後の支援を含む広義の社会的養護を飛躍的に拡充しようとするものであり、子どもの最善の利益を考慮して、保護者とともに、すべての子どもの権利を守る国と地方公共団体と国民の努力義務を指し示そうとする考え方である。

◆家庭養育優先の原則

　社会的養育という考え方は、2016年に改正された児童福祉法の総則に記述されている。このうち、「国及び地方公共団体の責務」として追加された第3条の2と第3条の3が極めて重要である。この2つの条文がなければ、同時に追加された「児童の保護者は、児童を心身ともに健やかに育成することについて第一義的責任を負う」という第2条第2項は、単なる「保護者責任の強調」の意味でしかなくなってしまう。

　なお、第3条の2が示す内容は、「家庭養育優先の原則」と表現されるが、これについてもしばしば誤解が生じるので注意したい。

　家庭養育優先の原則とは、代替養護において「家庭養護」（里親、ファミリーホーム）を優先し、それが難しい場合や適当でない場合には「家庭的養護」（小規模で地域に分散した施設養護）とするという意味ではない。むしろ、包括的な支援を展開し、子どもと親が地域で尊厳をもって共に暮らし続けることを支援することを優先し、それが困難な場合に限り、前述したような代替養育を活用とすると

したものである。

　これらの条文は、2009年に採択された「代替養育の国連指針」に沿ったもので、この指針は、保護者と共に暮らす地域生活との分断をできるだけ小さくし、かつ、できる限り短期間で終えることが望ましく、代替養育そのものについても「連続性」を保障したものとしなければならないと明示している。

◆近年の社会的養護のニーズとこれへの対応

　1945年の敗戦とその後の混乱した時期に「親を失った」子どものニーズと21世紀も20年以上を経た現在の子どものニーズとは明らかに違うものとなっている。当時も今も衣食住と人と人との交流を中核とした手厚いケアが最も重要なのは変わらない。しかし、保護者を含めた子どもたちを取り囲むさまざまな環境に働きかけ、子どもたちと環境との接点に関与し、彼らの暮らしと人生を見据えたニーズに応えるために包括的で重層的な支援を行うことが今日では、非常に重要になっている。言い換えれば、ケアとソーシャルワークを一体的に提供することが不可欠となっている。

　この前提に立てば、社会的養護（狭義）の担い手と、児童相談所や市町村、その他のさまざまな機関とが力を合わせ、子どもたちの幸せの実現のために、共に働くという「あり方」が求められるのは当然のことである。児童相談所の側にしても、自らが「措置」（児童福祉法第27条。特に第1項3号・2項・4項）を行うという特別な立ち位置にある（最終的な責任を負わなければならない）にしても、子どもを中心として共にその利益の実現のために協働する支援チームの一員として行動しなければならないことを意識すべきである。

◆措置の受託義務と里親（養育）支援

　他の社会福祉領域においては、サービスの提供者と受給者とが直接契約することが一般的となった。しかし、社会的養護においては、原則として措置制度が維持されている。それは、親子の利益が一致しないことが少なくないことを受けて親が子に代わって契約者になることが好ましくないこと、また、ここまで述べてきたように公的責任による支援の提供が強く意識されてきたためだと考えられる。しかし、だからといって措置の実施者が、与えられている権限を一方的に行使し

て良いわけではない。子どもの意向の尊重は当然のこと、「親権者の意に反して…とることができない」（児童福祉法第27条第4項）とされているように、保護者の意向も大切にしなければならない。

この措置制度のもとでは、乳児院や児童養護施設等の児童福祉施設には「受託義務」が課せられている（児童福祉法第46条の2）。しかし、これも、あくまでも高い公共性と公的責任が適切に果たされるための規定であり、都道府県（児童相談所）が当該施設の実情を無視して、受け入れ等を強要できるようなものではない。また、その委託が同じ条文のもとでなされながら、里親には受託義務がなく、さらに委託を行う都道府県は、里親を支援しなければならないとされている（同第11条）ことを意識したい。

里親は、私人でありながら公的な養育を担う。別の言い方をすれば、里親は、子どもを自身の最も私的な領域である「家庭」に迎え入れて、都道府県知事に代わって公的責任を果たす。これは、里親は、福祉サービスの提供者でありながら、支援を受ける対象者でもあるということである。これらを踏まえれば次のことが重要である。

児童相談所の側も代替養育を提供する側も、自分の側から見える「景色」だけに頼って「子どものために」というべきではない。「子どものために」は、対話しながら一緒に目指すものであって、その実現のために設けられた養育の担い手と児童相談所との特別な関係は、互いへの尊重なくしては機能しないものである。

◆養育の不調と被措置児童等虐待

養育の不調は必ず起こるものである。極めて順調な場合でも、子どもたちは、それまでの環境から切り離されて、新しい環境への適応を強いられる。同様に受け入れる側にも大きな緊張が伴う。これは、子どもがいない里親の場合でも、実子がいる里親の場合でも、たくさんの子どもたちを受入れて来たベテラン里親の場合でも、多人数養育を前提とするファミリーホームの場合でも、乳児院や児童養護施設の場合でも、生活指導や心理治療や療育を行うことを前提とする児童自立支援施設や児童心理治療施設、障害児入所施設の場合でも同様である。常にベストコンディションで居続けられるはずはない。新しく加わったメンバーが、他の子どもたちや養育の場の全体に与える影響はとても大きい。

　子どもを含めてすべての人間は、日々内的な環境（心と身体）と外的な環境（自分以外のすべてのもの）から刺激を受ける。そのため、良・不良の波があることは避けがたい。子ども本人も、子どもに関わる人たちも、その良・不良に対処することで、自ら成長し、あるいは成長を助ける。

　措置者である児童相談所は、そのことを前提として、里親や児童福祉施設に伴走しなければならない。また代替養育を担う里親や児童福祉施設も、同じ前提のもとで措置者である児童相談所の関与を受け入れなければならない。

　「措置者には本当のことは話せない」ということは、実態としてはあるものの、制度的には認められない。互いに自己の関わりを点検するとともに、時として生じる互いへの負の感情や不信を意識的に取り扱い、少なくとも、その連鎖や拡大に加担しないようにしなければならない。また、それが生じてしまった時に、子どもや養育者が問題を抱え込んで孤立することを防止する仕組みや取組みをあらかじめ築いておくことが必要である。

　残念ながら、どうしても養育を継続できなくなることや里親家庭や児童福祉施設の生活が「崩壊してしまう」ことがある。その最も悲惨なものが「被措置児童等虐待」（児童福祉法第33条の10〜同第33の17）の発生である。保護者や地域から離れなければならなかった子どもたちが、さらなる悲しみの体験を加えることはあってはならない。被措置児童等虐待の発生は、養育を担う人々をも深く傷つける。養育を担う者と措置者である児童相談所は力を合わせて、なんとしても防がなければならない。

◆自立支援とケアリーバーへの支援

　かねてから、新たな入所や委託から2〜3年が過ぎると状況が固定化してしまい家庭引取りが難しくなり、代替養育が長期化すると言われてきた。5年ごとに行われている厚生労働省の「児童養護施設入所児童等調査」からは、今もその傾向が変わっていないことがわかる。入所あるいは委託がなされる児童については児童ごとに、「児童自立支援計画」（児童福祉施設の設備及び運営に関する基準第24条の2他）を作成し、これを防ぐことになっている。児童自立支援計画は適宜あるいは定期的に再アセスメントを行い、その見直しを続けることとなっている。

　しかし、このような前提とはなっていても、18歳前後まで入所や委託が続き、

施設や里親のもとから社会へ巣立ち、社会一般の平均的な年齢からすれば早すぎる「自立」を求められるというパターンは変わっていない。

しかも、2021年に結果が公表された厚生労働省委託研究「児童養護施設等への入所措置や里親委託等が解除された者の実態把握に関する全国調査」によれば、当事者が退所後に困っていることの第1位は「生活費や学費のこと」、第2位は「将来のこと」、第3位は「仕事のこと」であったという。この3つは、この国の多くの若者が困っていることやこの国のすべての世代の困りごとと一致している。

社会的養護の出身者であるとないにかかわらず「暮らしを支えることが第一」である。そのうえで、「つながりの乏しさ」や「経験不足」「トラウマを抱える」等といった、社会的養護出身者の多くが抱えるニーズに応じるための支援との両輪で、支援の充実を図り、その仕組みを整えることが重要である。

この調査によれは、社会的養護を経験し、15歳以降にそこを離れた当事者の内の半数以上（一時保護を除く児童相談所が60.4％、施設等での生活が75.7％、退所に向けたサポートが67.1％）が、自分が受けた支援について「良かった」ないし「まあ良かった」と回答したという。特に、児童相談所の関わりに対する評価は、大方の予想よりははるかに良かったといえる。しかし、児童相談所は、えりを正しさらに高い「当事者」からの評価を得られるための努力を、養育を担う里親や施設の方々とともに続けなければならない。

◆当事者参画と意思決定支援

この調査の優れているところは、その結果のみではなく、その実施のプロセスにある。報告書には、準備からとりまとめの作業の各段階に、社会的養護を受けた経験がある若者たちが参画したことが記されている。

当事者抜きには当事者のことを決めない。障害者福祉では、そのことがずっと強調されてきた。同様のことを児童の権利に関する条約は、第12条によって、すべての子どもたちに保障している。残念ながら、「子どもの最善の利益」は角度によって見え方が違ってしまうものだ。子ども自身が、またその保護者が、出来る限り子どもの幸せを第一として意思決定できるように支援する。すべての支援者がその視点で立場や役割を超えて力を合わせる。そこにこそ建設的な対話と真の一致が生まれる可能性がある。

（宮島 清）

子どもの権利を守るための
児童相談所運営

◆ はじめに——所長室がない児童相談所

　2003年3月、福岡市が新たに開設するこども総合相談センター（福岡市児童相談所・愛称「えがお館」）所長に就任が決まり、ほぼ内装工事の終わっていた施設の見学に招かれた。ガランとした大きなフロアの一画が、所長の座る席だと説明を受けた。

　「えっ、所長室がないんだ」と心の中でつぶやいたものの、表情には出さないようにした。前職のわずか10人ばかりの職員の精神保健福祉センターでさえ、所長室があったのに。しかし、当時の私は、この所長の席のレイアウトが、後々、重要な意味を持つことを知る由もなかった。

　筆者に与えられたテーマを書くにあたって、まず、思い浮かんだのは、このレイアウトだった。

◆ 職員の「やりがい」と「異動希望」

　大方の児童相談所現場では、毎年11月頃になると、職員の「勤務評定」というのがある。所長が、課長や係長、係員の勤務ぶりを評価するのが本来の目的であるが、私にとっては、所長である自分が部下から評価される機会のように感じていた。「やりがい」欄に低い評価をつける人や異動希望欄にチェックを付ける人が多いというのは、職場の雰囲気として一番まずい状態である。モチベーションが低い職場では、難しい問題を多く抱えている子どもや保護者に、適切な支援や対応ができるはずがない。どうしたら、児童相談所という職場にやりがいを感じて、長くこの職場で働きたい、キャリアを積みたいと多くの職員に思ってもらえるのか。

◆ 「氷山の一角」モデル

　ここ数年の児童相談所においては、激増する虐待通告に対して、とおりいっぺ

んの注意喚起や警告を行い、あとは関係機関見守りという管理的な対応が増えているように思える。本来の児童相談所の支援とは、通告理由や来所理由に対して、「社会診断、心理診断、医学診断、行動診断、その他の診断をもとに、総合的なアセスメント（総合診断）に基づいて援助方針が作成される」と児童相談所運営指針に書かれている。イメージとしては、通告理由や来所理由という海面上に表れている氷山の一角だけで判断するのではなく、海面下に隠れた問題を十分把握するための、観察力、面接力、そして、アセスメント力が、児童福祉司、児童心理司、一時保護所職員、電話相談員などすべての職員に求められる。本当に必要な情報は、チェックシートを埋めることでは得られるはずもなく、対象者との間の関係性の深まりの中でしか得ることはできない。

　一方、子どもや保護者は、さまざまな行動や感情を表出してくるが、これらに巻き込まれないように、この海面下に隠れている問題を把握できるためには、よほど職員の柔軟な脳と心がないと難しい。硬直した脳と心では、硬直した子どもや保護者との間の関係性はほぐれず、そこからは海面下の問題は見えない。よく「虐待リスクを見逃した」といったコメントを新聞やネットで見かけるが、リスクは表面に見えているものではなく、対象者との間での関係性の中で、見えてくるものである。ついでに言うと、ストレングスも関係性の中でしか見えない。

◆硬くなる脳と心

　次々と新規の通告が寄せられるにもかかわらず、目の前のケースは終わるどころかこじれていたりすると、ストレスが溜まる一方の職員の脳も心も硬くなる。特に、保護者からの長く続く攻撃と、保護した子どもの繰り返される問題行動は、骨身にこたえる。マスコミ報道、厚労省からの通知文、議会での質問など、児童相談所には外部からのプレッシャーが絶えず押し寄せてくる。そうすると、所長や管理職の脳や心も硬くなる。一時保護所がいっぱいになってくると、児童相談所全体に緊迫感が漂い、どうしてもギスギスしてくる。

　児童相談所は、柔軟な脳と心を維持するのが難しい職場だ。硬くなった脳と心では、アセスメントは表面的なものとなり、支援内容は子どもや保護者のニーズとかけ離れたものになる。その結果として、支援の中断、問題の再発、再保護、措置変更など、もっと大変な状況を招いてしまう。

　日常的なストレスと激務の中で、脳と心は硬くなり、やがて心はすり減り、やりがい感を失くした職員は、3月の異動発表を指折り数えることになる。

◆ワンチームの雰囲気

　保護者からの攻撃や子どもの行動化、増加し続ける虐待通告、マスコミ報道や厚労省からの通知文、これらはuncontrollable（制御不能）なものだ。変えられるのは、一人ひとりの職員の脳や心を柔らかく保てるような、外圧に対して柔軟性を失わないような組織にすること、そのためには、まず、職員集団のチームワークが重要である。難しいこじれたケースを抱えた職員が、1人で抱え込まないで済むような、幾重にも層になったサポート、アドバイス、スーパーバイズで成り立つ、ワンチームの感覚。

　ある日のえがお館の風景。夜になって、一時保護所を抜け出して、事務所の横の廊下で「部屋には戻らない」と言い張って動こうとしない子どもがいる。担当の職員と係長が説得にかかり、その側には、子どもが暴力をふるった時に、制止できるよう同じ係の係員が遠目に見ている。課長や所長は事務室で待機しながら、時々、廊下に出ては様子を確認する。ついつい、帰りそびれた他の係の職員もいざという時のために、溜まっている児童記録を自席で書きながら待機している。別の島では、ちょうど、職権一時保護を終えた職員が帰ってきた。労をねぎらいながら、所長として保護の様子の報告を聴き、今後の対応について作戦を練る。庶務の島では、予算編成のための資料作りに忙しい。それぞれの島で、それぞれが別々の仕事をしていても、ワンチームの雰囲気がある。所長もワンチームの一員になるためには所長室は要らない。

◆「対話型」援助方針会議

　私は援助方針会議が大好きである。どんなに時間がかかろうと、朝から夜遅くまでかかろうと、担当者の汗と涙の結晶である援助方針会議の資料を、みんなで議論するのはとても楽しい。担当ラインでない他の係長や課長、保健師や弁護士が、それぞれの専門性と経験を持って、提出資料とその説明に突っ込みを入れてくる。精神科医であり所長でもある私も、さまざまに突っ込みを入れる。ここで書くところの「突っ込み」とは、批判的なものではない。「ジェノグラムのこの

人はどう思っているの」「で、主治医は何て言ってるの」「乳幼児期はどこで誰と
どんなふうな生活をしていたの」「保護所で暴れないのはどんな時」等など、口
調を柔らかく、対話風の雰囲気が維持できるよう質問する。「海面下の氷山」の
在りようや、一時保護に至るまでの家族や子どものヒストリー（ストーリー）を、
出席者が全員共有できるよう探っていき、最終的に合意された総合的なアセスメ
ントに基づいた援助方針を見出すことができると最高である。後述するが、アセ
スメントはできたが、それに合致した社会資源がないこともしばしばであるが。

◆双方向コミュニケーション

　「対話型」援助方針会議と同じように、児童相談所の事務室内でも、係員と
スーパーバイザーである係長が、また、係や課を超えて、職種の垣根を超えて、
お互いが相談しあう、助け合う、支え合う雰囲気ができているのを見るのも、と
ても楽しい。所長室のない、精神科医の所長のところにも、日常的にケースの相
談に来てくれるのも嬉しいことである。なるべく敷居を高くせず、いつでもウエ
ルカムな雰囲気を醸し出しているつもりである。弁護士の課長のところには行列
こそできないが、気軽に相談ができている。世間一般において、精神科医や弁護
士というのは、そう簡単に相談しやすい職種ではないらしいが、いつでも必要な
時に相談ができるのは、児童相談所に常勤の精神科医や弁護士がいるからである。
ついでに付け加えると、外部の人材であるが、大学の法医学の教授にも気軽に相
談に行ける。外傷の写真を入手できると、担当児童福祉司は、電話で在不在の確
認をして、「今から行ってきまーす」と言って出かける。法医学の医師も敷居が
低いのはとてもありがたい（母子保健推進会議 2020）。

　職員相互のコミュニケーション、専門性を持った職員や外部専門家へのアクセ
スのしやすさが保障されているということは、先が見えない不安を抱えなくて済
み、職員のメンタルヘルスに有効である。「このアザは、なぜできたんだろう」
と素人が集まってどんなに頭をひねっても不安は払拭できないのだから。

　こうして、児童相談所の多様な職種・職員が、それぞれの専門性と経験に基づ
いて、お互いに質問したり助言したりという、日常的な双方向の活発なコミュニ
ケーションが、担当者の自由で柔軟な発想を導くと私は思う。所長も、その双方
向コミュニケーションの1つの駒である。決して、鶴の一声にならないように自

戒してきたつもりである。何も会議だけが、コミュニケーションの場ではない。担当者からの報告（悪い知らせもあれば、良い知らせもある）、普段の何気ない会話、夜間や休日の時間外に出勤してくる職員から聴く愚痴話、こんなことが隔たりなく、職位を超えて行われることも大事なことだ。

◆一時保護所の４コマ漫画

　一時保護所は児童相談所の重要なセクションであるが、一時保護所が児童福祉司や所長のいる事務室と別フロアや別の建物だったりすると、ワンチームの雰囲気になりにくい。一時保護所の定員を超える状態が続いたり、一時保護所でのトラブルが続くと、お互いのコミュニケーションは険悪になる。週に1回の受理会議の折に、ここ1週間の一時保護所の様子が書面と口頭で報告されるが、それでも、リアルな姿は伝わりにくい。子どものつぶやく一言、子どもと職員の何気ない会話、こんな中に重要な情報があるのだが。

　私よりも1年早く退職した一時保護所の係長は、時々、4コマ漫画を届けてくれていた。ここに描かれているのは、定時に報告される一時保護所報告とは異なった視点からの物語である。これも、重要なコミュニケーションだった。児童相談所組織の中で一時保護所だけが取り残されないためには、こんなコミュニケーションの工夫も必要なのかもしれない。最近、この4コマ漫画に味わい深い文章を添えた1冊の本が出版された（赤木 2021）。一時保護所にやって来た子どもたちを、宝石のように描いていた一時保護所の係長は、私にとって宝石のような存在である。

◆危機の時

　双方向のコミュニケーションが一方向になる時も、長い児童相談所長人生の中で、数度はあった。

　重大事件や不祥事などが発生すると、所長や管理職は、本庁、マスコミや議会対応で、相当神経がすり減っていく。実は、職員も同様に大きく傷つきすり減っていて、みんなが窒息状況になってしまっているのであるが、外部向けのマネジメントに気を取られて、職員への心配りや気遣いまで余裕がなくなる。後になって、職員はそんなふうに感じていたのか、と知らされることもあった。児童相談

所にとっての危機の時、どうしたらよかったのか、今でも答えは見つからない。1つ言えるのは、窒息している組織に対して、外からの清々しい風を通してくれるような人、の存在が良かったのではないかと思う。

◆「ショチョー、なんとかしてくださいよ」

　職員がケースワークを行っていく中で、大きなストレスを感じるのは、使える社会資源が乏しいことである。一時保護所がいっぱい、適切な措置先がない、在宅支援のメニューが少ない、市区町村とうまくいっていない、医療機関と話が噛み合わない、他の県の児童相談所がケース移管を受けてくれない、予算がない、人手がない、法制度の不備がある、これらの「無い無い尽くし」ではモチベーションが下がらざるを得ない。そして、意見が自由に言える組織にすればする程、こういった現場の意見は自ずと所長の耳に入る。

　「施設から受け入れを断られた」「問題を繰り返すので措置変更を求められている」「もっと里親はいないのですか」「一時保護所の定員を増やさないともうやっていけません」。ここでは書けないような生々しい声は山のように、直接間接に所長のところに寄せられる。本庁は距離的に遠いので、不満の矛先は管理職や所長になる。「ショチョー、なんとかしてくださいよ」。

　職員も板挟みになって辛い立場に立たされるが、その辛さが所長のところに四方八方から押し寄せてくる。なんとかしなければと思うが、私は精神科医であって、課題を施策に転換させるという行政事務職の手腕は全然足りなかった。板挟みのバトンリレーである。

　そのうちに、そんな新米の所長を見かねたのか、周囲のプロの行政事務職員が、色々と手助けしてくれるようになる。実にこの2人3脚が重要である。専門職の児童相談所長の重要な役割は、現場の困り感をニーズとして（それはとりもなおさず、子どもや保護者のニーズでもある）本庁に正確に伝え、施策として実現させることである。どういった施策が必要なのか、必要とされている背景、コストとベネフィット、国内外の動向を本庁の行政事務職員が理解できるように説明すること。さらには、現場と本庁の橋渡しができる児童相談所経験を持つ職員を本庁内に増やしていくことも所長の重要な役割である。

　こうして、所長在籍期間の間に、プロの行政事務職員とタッグを組みながら、

不足していた社会資源の改革や開拓を行ってきた（藤林 2017、藤林 2021）。彼ら彼女らは、財政、人事、議会、首長に、どのタイミングでどのように説明すれば実現するのか熟知している、頼もしいパートナーであった。

◆声のバトンリレー

　そうしているうちに、本庁でも施策として展開できない課題に直面してくる。幸い、私は、2015年度から社会保障審議会児童部会の委員に任命いただく機会を得た。これを言ってくださいと、子ども、社会的養護経験者、施設職員、里親、児童相談所職員、本庁職員から依頼される。そして、専門委員会の委員として、現場で発生しているニーズを思いの丈、粘り強く何度も同じことを発言してきた。そのうちのいくつかは実現してきたが、未だ、実現できていないものもある。時には、マスコミの取材にも積極的に応じてきた。少しでも現場の声を社会に発信することが、責務であるという思いからである。

　児童相談所の所長というのは、子どもや保護者、現場の職員の切実な声を、代弁者として自治体や国、社会に届ける役割があるのだ。

◆残した課題

　18年間の児童相談所所長経験をもとに文章をつづってきた。実は、この間にし残したことはいくつもあって、その1つが、在宅支援の問題である。子どもの福祉を担うソーシャルワークは、もっぱら介入や保護を担う児童相談所と、在宅支援のメインプレーヤーの市町村・児童家庭支援センターが両輪であることに、今頃になって気がついた。そして、関係機関、NPOや民間機関が活躍するコミュニティケア。サッカーの試合で例えると、失点されないように、ゴールキーパーや後衛にばかり気を取られていたように思う。もっと、前衛で攻めることも必要だ。本書の続編として「在宅支援と子どもの福祉」がいつの日か出版されることを期待する。

（藤林武史）

第1章　引用・参考文献

赤木ひとみ（2021）『ジソウで見つけた宝石たち』風媒社

母子保健推進会議（2020）「子ども・子育て支援推進調査研究事業　児童虐待対応における法医学との連携強化に関する研究」53 〜 53頁

藤林武史編（2017）『児童相談所改革と協働の道のり』明石書店

藤林武史（2021）「児童相談所改革をがんばる」『精神療法』46（5）、金剛出版

国連総会採択決議（2009）「64/142. 児童の代替的養護に関する指針」https://www.mhlw.go.jp/stf/shingi/2r98520000018h6g-att/2r98520000018hly.pdf

厚生労働省委託研究（2021）「児童養護施設等への入所措置や里親委託等が解除された者の実態把握に関する全国調査」（三菱UFJリサーチ＆コンサルティング、令和3年3月）

厚生労働省子ども家庭局家庭福祉課（2022）「社会的養育の推進に向けて」（令和4年3月）https://www.mhlw.go.jp/content/000833294.pdf

宮島清（2019）「社会的養護・里親制度の視点から」『法律のひろば』2019年10月号（特集：児童虐待防止対策──体制と連携の強化に向けて）ぎょうせい

児童相談所の基礎知識❶

児童相談所は
どんな仕事をしているところなのか

児童相談所の法的根拠と運営ガイドライン

　児童相談所は児童福祉法第12条に基づいて設置された行政機関であり、具体的な業務内容は同法第11条に定められている。その設置主体は、都道府県、政令指定都市、児童相談所設置市（政令で指定された市や特別区）であり、2021年4月1日現在、74自治体が225ヵ所の児童相談所を設置している。

　児童相談所の運営は、厚生労働省が通知している児童相談所運営指針をもとに行われているが、その具体的な運用は自治体によって異なっている。

児童相談所の役割

　児童相談所は原則として18歳未満の子どもを対象としており、児童相談所運営指針では、児童相談所の設置目的として、「子どもに関する家庭その他からの相談に応じ、子どもが有する問題又は子どもの真のニーズ、子どもの置かれた環境の状況等を的確に捉え、個々の子どもや家庭に適切な援助を行い、もって子どもの福祉を図るとともに、その権利を擁護すること」を主たる目的とすると記されている。このように、子どもに関するさまざまな相談を家庭や関係機関から受けて、何が問題になっているのかをアセスメント（診断・評価）し、子どもや家族と共に考えながら問題の解決を図るのが児童相談所である。そして、その中核理念は子どもの権利擁護である。また、同指針では「常に子どもの最善の利益を優先して考慮し、援助活動を展開していくこと」を求めている。

　現在わが国の子ども家庭相談は、市区町村（子ども家庭相談部門）と都道府県（児童相談所）との二層制によって行われているが、それぞれの役割機能について、2016年児童福祉法改正で以下のように定められた。すなわち、市区町村は「子どもの身近な場所における子どもの福祉に関する支援等に係る業務を適切に行うこととする」こととされ、それに対して児童相談所は「市町村に対する必要な助言及び適切な援助を行うとともに、専門的な知識及び技術並びに各市町村の区域を超えた広域的な対応が必要な業務として、子どもの福祉に関する業務を適切に行うこととする」とされたのである。

児童相談所が持つ機能

　児童相談所運営指針では、児童相談所の基本機能として4つの機能が記載されている。筆頭にあげられているのが市町村援助機能である。続いて相談機能があげられている。これは、「子どもに関する家庭その他からの相談のうち、専門的な知識及び技術を必要

とするものについて、必要に応じて子どもの家庭、地域状況、生活歴や発達、性格、行動等について専門的な角度から総合的に調査、診断、判定（総合診断）し、それに基づいて援助指針（援助方針）を定め、自ら又は関係機関等を活用し一貫した子どもの援助を行う機能」と説明されている。専門的な相談機能がもとめられていることになる。

　3番目にあげられているのが一時保護機能である。児童相談所長が子どもを一時保護する権限を有することは、他の相談機関と児童相談所とを分ける大きな特徴といえる。児童福祉法第33条はその目的を、「児童の安全を迅速に確保し適切な保護を図るため、又は児童の心身の状況、その置かれている環境その他の状況を把握する」ためとしている。なお、同法第12条の4では、「児童相談所には、必要に応じ、児童を一時保護する施設を設けなければならない」と定められている。2021年4月1日現在、全国に145ヵ所の一時保護所が設置されている。

　そして4番目の機能が措置機能である。これには里親への委託措置や児童福祉施設への入所措置だけではなく、在宅での家庭訪問や児童相談所への通所による指導あるいは児童家庭支援センター等の他の機関に委託して在宅で指導する措置も含まれる。

　このほか、親権者の親権喪失、親権停止若しくは管理権喪失の審判の請求や未成年後見人選任及び解任の請求等を家庭裁判所に対して行うといった民法上の権限も児童相談所長は有する。これらの機能を的確に果たすことを児童相談所は社会的に要請されているのである。

児童相談所の相談種類

　児童相談所が対応する相談の種類を児童相談所運営指針では表1のように分類している。

表1　児童相談所の相談種類

相談種類	相談内容例
養護相談	保護者の家出、失踪、死亡、入院等による養育困難、虐待、養子縁組等に関する相談
保健相談	未熟児、疾患等に関する相談
障害相談	言語発達・知的障害・発達障害・重症心身障害等に関する相談
非行相談	ぐ犯行為、触法行為、問題行動のある子ども等に関する相談
育成相談	家庭内のしつけ、不登校、進学適性等に関する相談
その他の相談	里親に関する相談、いじめに関する相談など上記の種別に含まれない相談

出典：児童相談所運営指針をもとに筆者作成。

（川松 亮）

＊

第2章

児童相談所の
相談内容と取り組み

　児童相談所の業務範囲は幅広い。子どもに関するあらゆる問題について、家庭や関係機関からの相談に応じるのが児童相談所である。1947年の児童福祉法制定以降70年以上の児童相談所の歴史の中では、その時々の時代状況を反映して、戦災孤児、非行、障害、不登校と相談の主たる対象が移り変わってきた。現在は虐待相談の比率が高まっている。児童相談所はその時々の日本の子どもが抱える課題に先駆的に取り組んできた行政機関だと言えよう。これらの相談の中で培われてきた考え方や技術は、児童相談所の財産として現在に蓄積されている。

　この章では、そうした蓄積の上に立って、現在行っている相談対応の考え方や手法について、相談種類ごとの対応のポイントや特に留意する必要のある課題に対して、児童相談所職員がどのような工夫をしながら取り組んでいるかを述べている。

　児童相談所にはさまざまな職種の職員が在籍している。多岐にわたる相談内容に対して、多様な職種の職員がチームとなり、協議を重ねながら対応を進めている。児童相談所の専門性はまさにこうした他職種のチームによって維持されているのである。その組織運営のしかたは、自治体によってさまざまであり、地域の事情を加味しながらそれぞれに創意工夫を重ねて児童相談所業務を行っている。市区町村の子ども家庭相談の体制や地域の支援資源の整備状況は異なり、それらとの関係性で児童相談所の組織運営のあり方も違ってくる。

　現在の児童相談所は虐待相談の初動対応に忙殺されている現状があって、本来の支援の手法を活かした対応が十分に行えない悩みを抱えている。基本的な人員配置の低さがその傾向をさらに助長してきた。体制の強化を図りながら、本来の支援機関としての機能を十分に発揮できるように取り組みを見直していくことが求められている。

　今後はヤングケアラーへの支援や自立年齢が高年齢化していることに対する対応、虐待予防のための地域の取り組みとの協働など、取り組みの幅をさらに広げるための検討も必要になるだろう。児童相談所のこれからを考えるために、現在の取り組みについて本章を通じて知っていただきたい。

01 養護相談と養育支援の ソーシャルワーク

◆養護問題は児童相談所の相談の核心

　子育ての困難に深く関わってきた児童相談所において、養護相談はすべての相談対応の基本となる相談類型である。養護問題は要保護児童に関する相談であり、要保護児童とは「保護者のない児童又は保護者に監護させることが不適当であると認められる児童」（児童福祉法第6条の3第8項）のことである。保護者が適切な養育を行えない状況で、子どもの安定した成長発達が保障されない場合に、保護者を支えながら、あるいは保護者に代わって子どもの養育を支援することが必要になってくる。それが養護相談であり、そのために、子育て支援の幅広い取り組みと協働をしたり、社会的養護の担い手（里親や児童福祉施設）と協働することとなる。とりわけ社会的養護関係者とは、不可分のパートナーとして互いに補い合いながら取り組みを進めてきたのが養護相談である。

◆養護問題の背景

　養護問題が生じる背景には、家庭の経済的困窮やそれに関連した保護者の就労の不安定さ、あるいは保護者の精神的な問題など複雑な要因が存在する。これらが世代を超えて受け継がれてきている家庭に多く出会う。さらには、住居環境の不十分さ、保護者のアルコールなどへの依存問題、子どもや家族の疾患や障害、父母間の不和やDV、転居を繰り返すなどの困難が折り重なっている場合もある。加えて、ひとり親家庭であることや非血縁の親子関係が含まれること、外国にルーツがあることなどからくる不利が、困難をさらに深めている事例にも出会う。さまざまな生きにくさを家族が抱えながら、必死に暮らしをつなごうとしてもなかなかうまくいかず、子どもと向き合うゆとりを失っている家庭が多いのである。

　これらの問題は、日本の社会構造が生み出してきた社会的課題であり、その家族だけの責任ではない。あらゆる家庭に通底する問題の集約的な表れと言うことができよう。とりわけ日本の社会が伝統的に抱えてきた貧困問題を基底としてい

る場合が多く、養護問題への取り組みは、社会の課題を見つめ直し、社会を変革することにつながる取り組みであるとも考えることができる。このような養護問題は、児童相談所の相談対応の核心と言えるものであり、他のすべての相談類型においても共通する相談対応の基本的な姿勢を有しているものと考える。なお、虐待相談は養護相談に含まれており、相談の入り口での対応方法が異なるとはいえ、基本的な相談対応の考え方は共通するものである。

◆養護問題への対応方法

　養護相談のきっかけは、保護者自身からの養育相談を端緒とする場合と、親族や学校など周囲からの相談を端緒とする場合がある。養護相談の1つである虐待相談では、保護者に相談意欲がないまま、第三者から通告または相談される形で始まる場合が多い。

　養護相談への対応方法で中心になるのは、家庭訪問を軸とした子どもや保護者との面接である。とりわけ家庭訪問という家族の生活の場を通して得られる情報は何よりも大切だ。そして子どもや家族の心情にどれだけ触れ、話を聴き、そのつらさに共感し、共に解決の方向性を探れるのかがソーシャルワークの質を左右する。あわせて、子どもや家族の養育状況・養育環境に関する情報をどれだけ広く深く集めるかも肝要となる。そのために、子どもと家族が関わるさまざまな関係者と協力関係を作り、丁寧な情報共有をしながら支援のあり方を共に考えるように努めている。また、親族との関係づくりにより、家庭へのサポートが可能なのかどうかを探ることも大切となる。

◆在宅支援と社会的養護における支援

　在宅で支援を継続する場合に、地域の養育支援サービスをマネジメントして家庭を支えることとなるが、地域の資源の多寡や関係機関の理解度などに応じて対応が異なってくる。こうした地域の状況を踏まえながらソーシャルワークを進めていくことが必要になる。地域の各種資源や関係機関に対する知識と深い理解が児童相談所には求められる。そして家族とそれらの支援とをつなぐことで、支援の場を形成していくコーディネート力が重要になる。加えて、不足している地域の支援資源を地域関係機関と共に創り出していくソーシャルアクションも求めら

れる。

　里親委託や施設入所といった社会的養護につなげる場合は、子どもと家族にその必要性とこれからの見通しを丁寧に伝えて方向性を共有するための対話を行う。子どもと家族の関係性をアセスメントして、親子関係を再構築する支援が求められるが、それは「親子の絆をつなぎ直す支援」とも言えよう。家庭復帰が可能な場合は、そのための条件整備を模索する。また家族と離れて暮らしながらも、家族関係を再構築して自立を目指す事例もあり、長期的な展望の下に支援方針を絶えず見直していく作業が求められる。

　社会的養護から家庭に復帰したのちの生活の安定を図るための支援は、地域での支援者との共同作業となり、児童相談所がリスクを正確に把握しながら支援方針を立て、継続して関与しながら地域の支援ネットワークを構築していく作業を行う。社会的養護から自立を果たしていく子どもたちの、その後の生活を想定した支援の構築も忘れてはならない。

◆粘り強い養育支援

　養育環境を整備するためには家庭をさまざまな支援につなげなければならない。福祉事務所に家族と同行して生活保護の相談につなげたり、病院に同行して治療につなげたり、自宅の清掃を手伝いに行ったり、通いの場を一緒に探したり、いずれにせよ養護相談は児童相談所に座っていては支援ができない。靴をすり減らして出かけていくことが大切になる。ソーシャルワークはソーシャル「ウォーク」である。

　養護相談は息の長い取り組みである。一気に解決に向かうということは少なく、紆余曲折を経て推移していく。家族関係は容易に変化し、思わぬ事態が起こることも多い。児童相談所はそうした事態に臨機応変に対応しながらも、忍耐強く粘り強い支援を継続することが求められる。養護問題が世代を超えて再生産されないように、子どもと家族への支援を丁寧に継続していくのである。

◆子どもを中心に家族の歴史を聴く

　養護相談の中心にはいつも子どもがいなければならない。子どもの幸せを実現していくために、家族を支援する。そして子どもと家族の状態の構造的な理解に

基づいて、支援のポイントを見出していくこととなる。しかし、時には保護者の意向に振り回されるという事態が起こってしまうことがあるため、子どもの思いや希望が絶えず中心に置かれ、考慮されているかどうかが問われる。児童相談所はこの点をとりわけ重視して、日頃の取り組みを見直さなければならないだろう。

　家族を支援するためには、子どもと家族の暮らしぶりをつぶさに理解することが必要である。子どもと家族はこれまでの人生行路の中で、さまざまなライフイベントに出会い、その時々の思いを抱きながら対応してきた生活史を持っている。私たち支援者はそのことを丁寧に聴き取り教えていただくことが大切になる。子どもと家族が苦労しながら頑張ってきたことへのねぎらいも大切だろう。そのことを通して、支援のポイントが見出せることにもつながる。したがって支援者に求められるのは、子どもと家族への関心を持ち、わかろうとする姿勢である。そして仮説を持ち、支援を行いながら仮説を修正していかねばならない。

◆オーダーメイドの支援

　このようにして行われる支援は、おそらく誰がやっても同じ支援にはならないだろう。子どもや家族と支援者との間には相互の相談関係が形成され、それが支援関係の中に織り込まれていく。「あの児童福祉司さんがそう言うのだから、少し頑張ってみよう」といった関係性が大切になり、その関係は支援者が異なれば変わってくる。そして、1つ1つの子どもと家族の状況はそれぞれに異なり、1つとして同じ事例はない。したがって、支援はいつもオーダーメイドである。この相談関係を丁寧に築いていくことが大切になる。

　養護相談への対応は、つまり「おせっかい」を繰り出すことではないかと思う。そのためにさまざまなアイデアに気づくことも必要だ。相談につながる子どもと家族は、つながりを失い人を頼ることができない状態に陥っている場合が多い。家族の機能は地域の支援者たちがさまざまな方法で補完することができるので、家族だけでなんとかしようとせずに頼ってほしい。そのことを丁寧に伝えていきたい。たくさんの困難を抱える中でも、子どもと家族が何とか前向きな暮らしを営んでいくことができるように、私たちは支援を継続したい。　　　　　（川松　亮）

障害相談における対応と工夫

◆児童相談所における障害相談

　児童相談所における知的障害や発達障害等の相談は、子どもの生育歴や精神発達、日常生活の状況等について調査・診断・判定を行い、必要な援助に結びつけることである（厚生労働省 2021）。具体的には療育手帳の申請に伴う判定や、障害児入所施設への措置や利用契約に関する相談等である。このような相談では、障害福祉の制度やサービスの対象に該当するか否かの判断が求められ、その結果を本人や保護者に伝えなければならない。つまり「障害の告知」を担うことになる。この「障害の告知」には2つの難しい側面がある。1つは伝えられる側（子ども本人や保護者）の要因であり、もう1つは伝える側（援助者）の心構えなどに関係している。

◆伝えられる側の難しさ

　伝えられる側の難しさとは、障害の受けとめに関することである。生まれながらにして障害のある子どもは、障害のあることが通常の状態である。そのために自身の障害への気づきは他児との比較、つまり他の子どもと同じように「できないこと」を意識する年齢になって、はじめて障害に向き合うことになる。そして、この気づきのきっかけとなるのが、「できないこと」に対する他児のからかいや、いじめなどの場合もある。これらの体験は傷つきやフラストレーションの蓄積をもたらし、衝動性や攻撃性を高めてしまう。また「できない」という無力感は他者との交流を乏しくしてしまう。これらからの回復には、本人へのケアだけではなく、家庭や学校が安心できる場所となるためのサポートも必要である。このように「障害の告知」の難しさの1つは本人だけではない、保護者、学校の先生や他児などへの働きかけが必要なところにある。

　障害の受けとめの難しさは、子ども本人だけではなくその保護者にもある。保護者が診断名や障害の種類・重症度などの知識をどのくらい有しているか。また

保護者自身のストレス耐性や、家族の親密さ、地域の支援などが、「障害の告知」に伴うショックとその回復に影響する。ある母親は医師から診断を告げられ詳細な説明を受けたが、ショックを受けひどく落ち込まれた。しかし、その後に福祉事務所の家庭相談員に、診断を告げられた時の感情や気持ちを話すことによって落ち着きを取り戻された。このエピソードは、「障害の告知」は一人の専門家が1回で終えるものではなく、さまざまな援助者がその時々に応じて連携して行うことの大切さを示している。

◆伝える側の難しさ

　伝える側の難しさには、援助者が当事者や保護者に「障害」を伝えることへの「ためらい」がある。この援助者が抱く「ためらい」は、相手に多大なショックを与えてしまうことへの不安やおそれと関連している。そのために、援助者の結果説明が要領を得ない曖昧なものとなり、保護者の中には「詳しく説明してもらえなかった」「はっきりせず、よくわからなかった」と言われることがある。ある母親は次のように振り返られた。

　「これまで何度も『様子をみましょう』と言われてきました。『もうすぐ言葉が出るだろう』との期待と不安が入り混じった子育てでした」。また小学校入学を控えた母親は、「いつまで様子をみるんですか」といらだちをあらわにされた。このような発言から、保護者にとってつらく厳しいことであっても、援助者には知能検査や発達検査の結果から導かれた所見を明確に伝える心構え、責任が求められている。

　伝える側の難しさのもう1つは、援助者のコミュニケーションスキルにある。説明責任を果たしながらも、事務的でない相談援助のコミュニケーション・スキルを有しているか、その力量が問われる。ここでは説明の工夫や対応を検討するための叩き台としての例をあげる。

　まず説明を行う前に、伝えられる側である保護者の構えや枠組みを把握する必要がある。相手の構えや枠組に合わない結果説明は、関心を持って聴いてもらえない。また、専門的な言葉を用いた説明や、援助者側の思いが強すぎる場合は空回りの面接になってしまうのである。相手の構えや枠組みを把握するために、次のような問いかけを端緒としてはどうだろうか。

　「お子さんとの面接の様子や発達検査の結果をお話しする前に、お母さんにお尋ねしたいことがあります。よろしいでしょうか。○○君はもうすぐ5歳になりますね。○○君の普段の様子や、これまで育ててこられた経験から、お母さんは○○君の発達を何歳くらいと思ってらっしゃいますか？」

　保護者の答えによって、結果説明の内容や順序を組み立てなければならない。「わかりません」という答えには、子どもの発達状況に向き合いたくないという思いがあるかもしれない。他方、具体的な年齢を言われた場合は、そのように思った理由やエピソードを尋ねることによって、保護者自身のこれまでの子育てをねぎらい、その工夫や対応から助言へとつなげることができる。

◆丁寧で柔軟な説明

　ほとんどの保護者にとって心理検査は未知のものであり、知能検査や発達検査の説明は保護者の不安軽減に役立つと考える。次の例は発達検査の構成や配列を説明したものの一部である。

　「○○君が取り組んでくれた発達検査は、多くの問題が年齢にそった難易度の順で並べられています。同年齢の子どもの約半数が正答できる問題をその年齢の検査項目として作られています。例えば3歳の問題は2歳の子どもには難しく、4歳になるとほとんどが正答できるようになります」

　障害の制度やサービスに該当する場合、「発達の遅れ」「発達遅滞」などの言葉を用いて説明されるが、これらの言葉は変化が期待できない固定したニュアンスを与える。そのために結果説明の際には、「ゆっくりした発達」という表現を用いて、次のように説明した。

　「子どもの発達は、生まれて1年経てば2～3歩けるようになり、もう1年経って2歳になると、ちょっとした椅子から飛び降りれるようになります。このように1年経てば1年の伸びがみられるのが通常の発達とされています。面接や検査を通してわかったことは、○○君は1年に8、9ヵ月のゆっくりした発達なんです」

　そして、これからの子育てを考えるために次のように尋ねた。

　「○○君はゆっくりですが着実に発達していますね。これまで色々と工夫されて子育てされたと思います。お母さんやご家族は、どのような子育てをされたのか教えて下さい。そのお話から、これからの子育てのヒントを一緒に考えたいの

ですが、いかがでしょうか」

　このように子育てを振り返ってもらい、それをねぎらい、少しでも「障害の告知」に伴うショックがやわらぐ、よりそうコミュニケーションが望まれる。

◆組織体制の整備、充実があってこその「障害の告知」

　自らの実践を振り返っての考えや説明例を紹介した。これらに批判的な検討を加えることによって、自らの「障害の告知」に関わる実践力を一層高めていただきたい。しかし、伝える側の心構えやスキルは援助者個人のみに帰するのではなく、それらを支える児童相談所という組織があって成り立つものである。「障害の告知」という重責を担う職員を育成する体制や、OJTやOff-JTなどの研修制度が十分に整備されていることが前提となる。　　　　　　　　　　（笹川宏樹）

03 非行相談における対応と工夫

◆非行相談の現状

　児童相談所が対応する非行相談は、年少児による万引き相談から14歳未満の子どもによる重大事件対応までさまざまである。少年非行の刑法犯等認知件数（刑法犯、危険運転致死傷及び過失運転致死傷等の検挙人員）は（触法少年を含む）、戦後最も多かった1983（昭和58）年の約31万7000件に対して、2019（令和元）年には約3万7000件となっており、件数は約10分の1に減少してきている。また、児童相談所の非行相談も、1961（昭和36）年の約6万7000件に対して、2019（令和元）年には約1万3000件となっており、件数では4分の1に減少している（図1）。

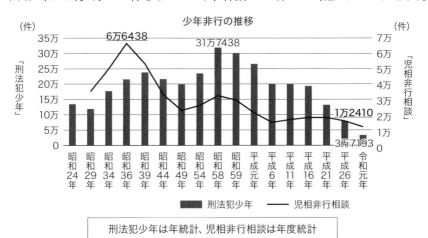

図1　刑法犯・触法少年と児相非行相談の推移
出典：刑法犯少年・触法少年は（年統計）令和2年度『犯罪白書』／児相非行相談は（年度統計）厚生労働省「福祉行政報告例」をもとに筆者作成。

◆避けて通れない非行相談

　犯罪に関する基本法である刑法において、14歳未満の子どもが犯した犯罪行為は刑事未成年として犯罪行為とならず（刑法第41条）に、触法少年として扱わ

れる。触法少年による事件を警察が認知した場合には、直接家庭裁判所に送致することはできずに、児童相談所に通告または送致されることになる。例えば、殺人事件であっても加害者が14歳未満である場合には、警察官は調査を行い児童相談所に送致し、児童相談所が第一義的に援助方針を検討することになる。一定の重大事件については、児童相談所は原則家庭裁判所に送致しなければならないことが、法律上規定されている（少年法第6条の7 第1項）が、個別の事件ごとに児童福祉法で対応することが適当かどうかを児童相談所が判断することになる。このことを「児童福祉法先議」と言い、14歳未満の子どもが犯した事件については第一義的に児童相談所が福祉的な対応を行うことが適当であるか判断する権限を有し、児童相談所が家庭裁判所に送致した場合に限って、家庭裁判所は触法少年事件を審判することができる旨規定している（少年法第3条第2項）。

　このように少年法体系の中に児童相談所の非行対応が含まれているので、子どもや家庭に身近な市区町村の児童相談体制が充実したとしても、児童相談所の非行相談対応は避けて通ることはできない。

◆非行相談の特徴

　児童相談所が対応している非行相談は、次のような特徴がある。

　非行を犯す子どもの背景に被虐待や不適切養育があり、十分な養育を受けてこなかった子どもたちが多く、子どもたちは大人に対する不信感や反抗心などを抱えていることがある。また、周囲の大人が子どもの行動や考えを理解できずに、子どもとの関係がこじれていることがある。このように、非行を犯してしまう子どもの多くは、不適切な家庭生活の中でやむなく非行を犯している場合がある。具体的には、保護者の虐待から逃れるために家出を繰り返し、空腹からコンビニ等で万引きを行い、繁華街で同じような境遇の子どもたちと出会い不良交友や喧嘩を繰り返していることもある。

　このように、子どもたちの非行がなぜ起きているのか、何を解決することで非行からの改善が図られるのかを考えていくことが必要である。

◆非行相談の年齢構成

　児童相談所の非行相談を年齢別にみると、13歳をピークに山型の分布となっ

ている（図2）。第二次性徴期の子どもは心身共に不安定な状態になり、社会や大人に対しての反抗期が重なり、非行として問題行動が出現しやすくなる。しかし、第二次性徴期の終了とともにこうした非行も終息する傾向があり、この不安定な時期をどのように乗り越えていくかが非行の解決の1つの目安となっている（今より悪くならないように指導していくことも解決策の目安という見方もできる）。

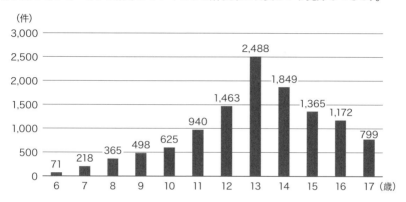

図2　全国児童相談所非行相談受付件数（2019年度）
出典：厚生労働省「福祉行政報告例」をもとに筆者作成。

◆非行を犯した子どもや保護者への指導

　保護者の監護力が乏しく、家庭で生活することで非行が改善しない場合には、児童自立支援施設等の児童福祉施設に一定期間入所させ、保護者にかわり施設職員の生活指導に委ねることもある。しかし、非行相談で対応した多くの子どもたちは在宅での生活を継続しながら、通所や訪問による児童福祉司指導等を行うこが多い（2019年度に児童相談所が非行相談として対応した相談の4％が施設入所、29％が在宅指導である）。指導のポイントは、子どもに対しては、非行による被害者の気持ちや損害を理解させることを前提に、なぜそのような非行を犯してしまったのか、その原因がどこにあるのかを子どもと一緒に考え改善策を検討することである。子どもたちは、学校や地域で「駄目な子ども」「悪い子ども」とのレッテルを貼られ、関わりを避けられ、真摯に向き合ってくれる大人が少ないことで非行がエスカレートしていることがある。児童相談所が、非行の子どもたちと関わる時には、信頼関係を築くことに配慮することが必要であり、児童相談所職

員が子どもに対して、嘘やその場限りのことを言わないことはもちろん、子どもの行動のマイナス面にばかり目を向けるのではなく、プラス面を言葉に出して評価することが重要である。

　例えば、警察からの通告に基づいて呼び出しを行った時には、まずは約束の日時に来所したことを評価することが大切である。子どもは、既に警察や保護者、学校の教員から注意を受けたり叱られている場合が多く、児童相談所に呼び出されることで、再び「叱られたり、注意を受ける」と思い来所する場合が多いが、子どもが来所した時には、非行内容に話が及ぶ前に、約束通りに児童相談所に来所したことを「ほめる」ことから始めることが大切である。こうした対応をきっかけに、子どもたちは「もしかしたら話が聞いてもらえるかもしれない」と児童相談所への来所を肯定的にとらえることもできるようになる場合もあり「話ができる大人」や「信頼できる大人」もいることを、子どもに気付かせることが可能となる場合もある。

　また、保護者への指導では、子どもの非行によって「保護者自身も困り感を持っている」ことを共有することが必要である。保護者も子どもが非行を犯すことで「あの親だから」とか「あの家庭では仕方ない」などと、子どもの非行の原因を理由もなく保護者や家庭のせいにされることがある。保護者は、子どもが非行や犯罪を行うことを望んではいない。こうした保護者の心情を理解し、保護者こそが子どもを非行から立ち直らせるキーパーソンとなりえることを自覚してもらうことが必要である。保護者は少なくとも子どもが成人するまでは関わり、日々の生活を通して子どもの理解者となり援助者となりえるのである。

◆所属機関との連携

　児童相談所が非行相談で関わる子どもたちの多くが小中高生である。必ずしも登校状況が良好な場合だけではなく、怠学傾向の子どもたちもいるが、子どもたちの所属集団である学校と連携を図ることで、非行の改善が図られることもある。

　児童相談所に子どもたちを通所させたり、家庭訪問で指導を行う場合でも、頻度としては月に１〜２回の指導を行っているのが現状である。しかし、所属集団である学校には子どもたちが毎日登校できることになり、そこでの日常的な指導や教員等による声かけや話を聴くことで効果を発揮する場合がある。非行を犯す

子どもたちは、時には校則に違反し、授業を妨害することなどから、学校が排他的になる傾向がある。しかし、子どもたちにとって日常的な居場所としての学校の存在は大きく、繁華街を徘徊するよりも安全な環境にある。そこで児童相談所では、学校と協議を重ねて、子どもたちを受け入れてくれるための条件整備を行うことが必要になる。例えば空き教室を活用し、児童委員や手の空いている教員による補習授業や特別活動を実施し、非行問題を抱える子どもたちを受け入れ、居場所を提供する試みなどを実施している例もある。児童相談所と学校が連携を強化することが必要である。

◆子どもたちの立ち直りを信じて

　子どもたちは人格が発達途上で可塑性に富んでおり、教育可能性が高いので、処罰することを目的とするのではなく、福祉的な指導を行うことで、立ち直らせることが可能であることを意識して、非行を犯した子どもたちを援助していくことが必要である。

（影山 孝）

育成相談における対応と工夫

◆児童相談所における育成相談

2020年度の全国児童相談所の全相談対応件数52万7272件のうち、「育成相談」件数は3万8908件（7.4％）であった。「養護相談（虐待相談を含む）」53.3％、「障害相談」30.8％に次いで3番目である。「非行相談」は2.0％である。児童相談所の昔を知る者にとっては、「育成相談」（ならびに非行相談）の割合の減少ぶりはちょっとした隔世の感がある。虐待相談件数の増大に伴い、児童相談所に求められる役割や期待は様変わりしている。

また、社会全体を見渡せば、育児・しつけの子育て領域をはじめ不登校等に関する相談は、民間・公的機関を含め多岐の広がりを見せており、児童相談所だけが特別な相談機関ではなくなっている。

それでも、児童相談所が子どもの育成で担うべき役割は大きいし、相談に来てよかったと言われる役に立つ存在でありたい。育成相談には、性格行動（反抗、緘黙、夜尿、習癖、自傷行為、家庭内暴力、集団不適応）、不登校（ひきこもり）、適性（学業不振）、育児・しつけ（発達の遅れ、遊び）など多岐の相談が含まれ、いずれも専門的な知識や技法を必要とする。

当事者の意思やニーズもしくは合意によって開始されることが多く、1～数回の面接で終了する比較的軽微な助言指導ケース、および複雑困難な問題を抱える児童や保護者らに継続的にカウンセリング等を行う継続指導ケースがある。児童相談所運営指針には、「適切な助言指導で終結することもあるが、担当教師、施設職員等関係者との適切な連携による援助を必要とする場合には、相互理解を深めるよう留意する」「継続的な援助が必要な場合には、子ども、保護者等に対し問題解決に対する動機づけを十分に行い…」（17頁）など、指導の際の留意を促す指摘（筆者による下線部分）がある。指針にはそれ以上の実践についての言及はないが、筆者の実践の大半はそこに費やされたといっていいくらい重要な指摘が含まれている。

　筆者自身は1995年に児童相談所に転職し、心理判定員として出発し20年間勤務した。その間は家族療法をベースにしたアプローチを中心に相談業務を行った。子どもだけではなく家族を基本システムとし、よりマクロな視点から個人をミクロに見る視点である。対人関係や社会的つながりに焦点を合わせるため、ソーシャルワークにも親和性が高く、児童福祉司と児童心理司とのチームアプローチを可能にするベースと共通言語を提供してくれた。

　なお、児童相談所における家族療法の詳細については（⇒295頁）を参照していただきたい。

◆育成相談における４つの家族療法的視点

　ここでは、育成相談における家族療法的視点を４つに要約して示す。

①子ども個人のみではなく、子どもを含む家族および関係者を対象として、児童相談所組織および担当者を含めた援助システムを形成し、対象者のニーズおよび子ども家庭福祉に資する影響性を発揮する。

②問題を原因－結果の因果関係で捉える直線的見方による原因の断定や「悪者探し」を極力避け、起きている事象間のつながりやパターンを捉える円環的見方を重視する。

③円環的に見ることで、家族間の相互作用や行動の連鎖（関係性、コミュニケーション）に着目し、「不適応・問題のパターン」から「適応・問題の起きていないパターン」へと変化を促し、問題解決を図る。

④子どもや家族との対話のなかでは、ジョイニングおよびリフレーミングを効果的に使い、家族の持つリソースを活用し、家族と共に取り組み、家族をエンパワメントする。

　上述の下線指摘部分を現場で実践するために、上記の視点①～③をベースにして④の技術を磨いてきたというのが筆者の実感である。ジョイニングは対人援助の関係を築くうえですべてに優先されるし、リフレーミングは援助システムの中で肯定的な意味づけを循環させ家族のエンパワメントにつなげるうえで有効かつ不可欠である。関係機関との関わりも同様である。連携をおろそかにした途端に関係の悪化やドロップアウトにつながる。

◆家族療法的視点に基づいた助言指導事例

上記の視点を踏まえ、筆者が以前、発達相談で出会った5歳男児の事例を紹介する（衣斐 1997）。多動・暴言・乱暴など保育所での集団不適応や保護者の不適切な養育を危惧して、保育所が気乗りしない母を説得してようやく実現した相談場面であった。当日、保育所職員3名に連れられ来所した。子どもは入室するや保育者の制止をよそに動き回った。母は、止めることなく眺めるだけで、問いかけにも口数少なくうつむいたままで相談意欲は感じられなかった。

発達検査の結果は軽度の遅れがあり、児童の興奮・多動は同居している内縁男性や母からの体罰的しつけやネグレクトの影響も考えられた。保育所が危惧する親の不適切性を放置するわけにはいかない。そこで、〈家ではパパが強く叱れば言うことを聞くし困ることはないんですね〉と母へのジョイニングを図った。〈それでも、保育所で暴れるし、発達の遅れもあると言われれば、お母さんとしてはやっぱり心配になり、今日は足を運んでくれた〉〈…かといって、私としては仕事でお疲れのお母さん1人にこれ以上○○してくださいとはとても言えない〉〈ここは、ぜひパパの協力がほしい。次回を設定したらパパは来てくれますかね〉という話の流れに、母は顔を上げホッとしたような表情になり、次回の日程を約束して初回の相談を終えた。

母が帰った後、保育所職員には、保育所側が危惧する内容や意向よりも母親側に寄り添った話になったことを詫びつつ、その理由を次のように説明した。私ら大勢に囲まれた母の立場は、孤立無援の心境だったのかもしれず、まずは母のうつむいた視線が上がることに思いを致した働きかけだった。そのうえで母の負荷を減らし本児への対応および置かれた状況を変える方向を共に模索していくのがよいと判断した、ご協力願いたい。この説明に保育者は理解を示し、次回に向けて作戦を練った。

3週間後、内縁男性も加わり、2回目の面接が行われた。子どもは男性の顔色をうかがいながら控えめに動き回った。男性は「ワシには保育所の先生らのように生ぬるいやり方はできないんですわ」と快活に笑った。母は初回時よりも元気そうな顔つきで座っていた。一通り、男性の話を聞いたあと、〈確かに先生らはパパのようにはできないですよね。その分、もしかしたら、子どもは先生らをなめてかかる子になってしまう。それを避けたい。むしろ、先ほどパパにほめても

らって喜んでいたように、ほめることで善悪がわかって行動できる子になってほしい。それは、先生らが得意ですからお任せしたい。その場合も、保育所と家庭のやり方が一致していないと子どもが混乱する。できるだけ共有してやっていけるといいかと思いますが、どうでしょう〉。

この流れに保護者は意外と素直に乗り、保育所からの提案にも耳を傾けた。その半年後に設定した面接に来た母は妊娠しており、その表情は穏やかであった。児童の多動ぶりは続いていたが乱暴さは減っていた。保育所も「おかげさまで母とも話ができるようになっている」とのことだった。

本事例を上記の家族療法的視点で整理すると、まず母、男性、保育所それぞれに対しジョイニングし、誰を責めることなく、援助システムを形成している。男性を同居家族であり母の協力者であると位置づけ、体罰の悪影響についてリフレーミングして伝え、保育所と家族が協働する体制を形成し、子どもの成長を見守り家族がエンパワメントされる成果につながった。

上述の運営指針の下線部分「関係者との適切な連携」「相互理解」「問題解決に対する動機づけ」などのキーワードを、いかに事例との相互性の中に有効に落とし込めるかについては、現場で対応する職員の気合いと技術に委ねられる。もちろん、図らずも相手と対峙する場面での気合いも必要だが、相手のニーズや福祉の実現を願って向かい合う穏やかな気合いこそ大事にしたい。その真摯な積み重ねと自己研鑽の中で技術が身についていく。

本事例におけるやりとりは、緊張しながらも楽しかったという記憶がある。助言指導であれ継続指導であれ、子どもや家族と一緒に取り組む相談業務は、困難さや深刻さの中にも楽しさや遊び心や感動のある協働作業でありたい。そして、その展開にこそ援助者側の柔軟な視点と工夫が求められる。　　　　（衣斐哲臣）

05 児童相談所における 包括的アセスメント

◆推論を含む「包括的アセスメント」

　ソーシャルワークは医学や心理学に比べて実生活との結びつきがより強く、複雑な要因が絡まり合った中で支援を行うため、課題となる出来事の原因を特定の要因と直線的に結びつけることは難しい。むしろ、複数の仮説を持って支援を進めることが一般的であり、客観的な検査や判定に基づく「査定」だけでなく、仮説的な推論や解釈も含んだ「見立て」として「アセスメント」を行っている。また、文脈によっては情報収集を含むこともあるし、支援の見通しを意味する場合もあり、児童福祉領域では広い意味で「アセスメント」という言葉を使っている。広義の「アセスメント」であることをわかりやすくするために、ここでは「包括的アセスメント」という用語を使うこととする。

◆リスクアセスメントとニーズアセスメント

　児童相談所における包括的アセスメントは、大別すると「リスクアセスメント」と「ニーズアセスメント」に分類できる。「リスクアセスメント」は危険防止に主眼を置いたアセスメントのことで、代表的な例は通告を受理した時に行う緊急度の判断である。危機が生じるおそれ（リスク）があるか、現に危機が発生している（クライシス）かについて判断し、リスクがあれば対応策を講じ、危機状況にあれば直ちに介入することで子どもの安全を確保する。

　2種類のアセスメントを山登りに例えると、「リスクアセスメント」は滑落防止で、「ニーズアセスメント」は登頂ルートの探索に似ている。当事者が困っていることを把握し、どのように解決していくか共に考え、新たな洞察や習慣を獲得するための手助けをし、家族が願う姿に到達するよう支援する。「ニーズアセスメント」は、当事者の願いの実現を主眼に置いたアセスメントであり、児童相談所における継続支援は「ニーズアセスメント」に基づいて進められる。

◆リスクアセスメントにおける事実と予測

　リスクのアセスメントにおいて第一に重要なことは、「事実」を具体的に把握することである。報告や通告には、「印象」に基づく説明が多用されている。例えば「母親はお迎えの時に、いつも子どもに荒っぽい声掛けをしています」という報告を聞いて、誰もが同じ情景を想像できるだろうか。たぶん聞いた人によって、イメージが異なるだろう。児童相談所職員が事実と異なる想像をして、誤認に基づく強制介入を行うようなことがあれば大きな問題である。"いつも"とは週に何回か、"荒っぽい"とはどんな口調やセリフなのか、具体的に事実を確認する必要がある。

　次に重要なことは、危機の「予測」である。リスクアセスメントシートに基づく情報収集を行い、それらの情報から危機を予測することが「リスクアセスメント」である。重篤事例の多くで「まさかそんなことはないだろう」と思っていたことが、実際は起きていた。事実情報から予測できる最悪の事態に対して対処できる手段を講じるか、その予測が杞憂であったといえる事実を確認するのがリスクマネジメントである。まず、リスクを予測することが、マネジメントの第一歩である。

◆ニーズの見立てと支援計画

　「ニーズアセスメント」は、当事者の体験や彼らが背負う事情を軸に検討することになるので、支援者主導で進めるリスクマネジメントとはスタンスが異なる。一時的に対立的な局面を経るにせよ、当事者の願いを実現するためのパートナーとして「協働関係」を結ぶことができていると望ましい。

　「ニーズアセスメント」においては、まず児童相談所職員等の支援者の立場で、①心配や問題を感じる「気がかりなこと」をまとめ、次に当事者視点に立って、②当事者が「困っていること」を想像し、③当事者の「強み」、④当事者と支援者の「願い」、⑤共有する「目標」という順に検討を進めると効率がいい。さらに、当事者と共にこの過程を進め、当事者が自分から解決しようと主体的に取り組むことができると、支援の効果が大きくなる。

◆支援者として気がかりなこと

　当事者が周囲との関係を良好に保てなかったり、社会的な規範から逸脱したりすると、周囲から"問題"や"課題"として認識される。"問題"は家族関係、社会生活、金銭面等の領域で発生し、当事者が抱える疾病や遅れ、発達特性や情緒発達の水準など、能力を発揮しにくい事情が背景にある。身体・心理・社会にわたって気がかりなことを広く点検することから、ニーズアセスメントを始める。

◆当事者が困っていること

　"主訴"とされている事柄は、周囲から"問題"と見なされているものであり、本人が困っている、苦しんでいる、辛く感じているのは別の事柄であることが多い。例えば、息子に体罰をふるう父親のケースの主訴は「身体的虐待」となるが、父親が困っていることは息子の万引きという事例である。「身体的虐待」は児童相談所職員にとっての課題であり、当事者が解決したい課題ではない点に注意を要する。当事者の困りごとを把握しなければ、彼らの願いを実現する過程のスタートラインに立つことができず、支援者が設定したゴールを押し付けるようなことになりかねない。体罰と万引きは、この親子が互いに苦しめ合う関係性に陥っていることの現れであり、現れの背景にある親子双方の困りごと、つまりニーズを見立てることから支援過程がスタートする。

◆強みと願い

　課題や困りごとは、そのケースの否定的側面である。特定の側面だけに注目していると一面的な理解に陥りやすいので、多面的にケースを理解するために、肯定的側面に目を向けることも不可欠である。子どもや家族が持つ「強み」として、好きなこと、安心できること、得意なことなどを把握するとともに、普通に問題なくやれていることも拾い上げておく。生い立ちに不利を抱える人が普通にやれているということは、その事柄については能力が高いか、とても頑張っていると考えられるからである。

　「願い」とは、当事者がどうなりたいか、あるいは何を求めているかということである。「願い」を把握するにあたって、注意を要する点がある。期待を裏切られる体験を繰り返した人の中には、本当の「願い」と裏腹の言動をとる癖があ

る人がおり、自分が何を願っているのかわからなくなっていることがある。そのため、表面的な言動に応えていると本当の「願い」から逸れた支援になってしまうおそれがある。時には支援者としては親子がこんなふうに幸せになってもらいたいという意見を投げかけて、当事者が本当に願っていることを見出せるように面接を進められると望ましい。願いの把握に関しては、聴取するというよりも、協働していっしょに見つけ出すという流れになることが多いだろう。

◆方針と目標

当事者の本当の「願い」を把握したら、それが支援の基本方針となる。「方針」とは大まかな方向性のことで、具体的に実現すべき行動を「目標」と呼ぶ。例えば、"職員との愛着関係を育む"は方針で、"イライラしたら職員と手をつなぐ"がそのための目標である。

「目標」は、具体的な行動について肯定文で記述してあると望ましい。「～しなくなる」という否定文を思いついた場合は、「～しない代わりに～をする」と代替行動を目標にするとよい。チーム支援を進めるにあたって、具体的な肯定文を目標に掲げることで、メンバー間のイメージのずれを抑えられるからである。何ができたらOKなのか意思統一ができると、チームの連帯感が高まるだろう。

また、目標を設定する際に、その行動を実際に行う当事者といっしょに、実行できそうな可能性がどの程度あると思うか話し合っておくと、目標を達成できる可能性が高くなる。当事者自身が冷静に自己評価をすることで、現実的な面に思いをめぐらせ、より堅実な実行プロセスをイメージしてもらえるからである。

目標を設定して支援を始めたら、その効果を検証する「再アセスメント」の日を設定する。そのスパンは毎日から数ヵ月後まで、ケースバイケースである。支援を続けるうちにさまざまなズレが生じることは避けがたいので、ささいなズレが大きな食い違いや亀裂に発展する前に、早めに、こまめに軌道修正することができると望ましい。

「再アセスメント」をする際には、「強み」の再点検を必ず行っておきたい。支援の進み具合を確認できるだけでなく、「強み」をたくさん見つけ出す話し合いを通じて、支援チームの中にケースへの期待感が回復し、粘り強く支援をすることが可能になるだろう。

（中垣真通）

アセスメントから支援へ

◆児童相談所におけるアセスメントの課題

　児童相談所は相談機関であり、相談者の事情に耳を傾け、問題を共有し、相談者と共にその解消を考えていくことがその基本的な姿勢である。ただし、児童虐待の対応においては、子どもの心身の安全を保障することが第一に重要な使命である。もちろん、子どもの心身の安全には、虐待による被害から守られることのみならず、自傷・自殺の防止、家庭内暴力や他者への違法行為などによって加害者にならないことも含まれる。児童相談所は、このような安全への脅威、つまりリスクのアセスメントを適切かつ迅速に行い、場合によっては一時保護のような介入を行うことが求められる。危機的場面では、子どもの命を守ることや親子がお互いに傷つけ合わないために、限界設定、つまり介入を行うことがまず必要な支援となる。しかし、介入は、しばしば相談者の意に沿わないことがあり、相談者と児童相談所の間で対立する場合がある。さらに、安全保障のためのリスクアセスメントと介入だけでは、問題となっている状態が改善されるとは限らず、根本的な解決にならない場合が少なくない。相談者と対立せざるを得なくなったとしても、同時に相談者を理解するためのアセスメントを行い協働していかなければ子どもの最善の利益のための支援にはならない。しかし、安全保障のための介入から問題解決のための協働を実現していくことは容易ではない。

　この課題について、ここでは事例を交えながら、児童相談所におけるリスクアセスメントと介入の実際を述べ、さらに相談者理解のためのアセスメントに必要な視点、アセスメントから支援について考察する。

◆児童相談所におけるリスクアセスメントと介入の実際

　児童相談所のアセスメントでは、支援の最優先事項が子どもの安全保障であることから、子どもの安全を脅かすリスクを査定する必要がある。リスクアセスメントのためのアセスメントツールは、多くの自治体で作成されている。共通する

内容として、①虐待の種別とその具体的内容、②子どもの帰宅の意思、保護者への態度、心身の状態や発達状況など、③家族の住居や経済の状態、保護者の育児への意欲、心身の状態、虐待への認識や支援の求め具合などが、査定項目としてあげられている。このような項目を査定し、総合的に判断して子どもの安全保障への介入を決定する。

ここで、リスクアセスメントと介入を行った事例を紹介する。なお、ここでは、事例の提示についての同意を本人および保護者から得たうえで、個人情報保護の観点から、本質を損なわない範囲で事実関係に修正を加えた。Aさんは、小5の男子で母と2人世帯であった。父母は2年前に離婚し別居していた。父から母に対するDVとAさんに対する身体的虐待があったため母が離婚を決めた。Aさんは家庭内で母に反抗し、些細なことで不機嫌になり、物を投げるなど暴れてしまうことを繰り返していた。ある時Aさんが、学校の教師に、母からの身体的虐待と帰宅拒否の意向を訴えたことから、一時保護となった。

一時保護後の調査の結果、母は暴れるAさんを止めるために力ずくで抑え込もうとしており、これがAさんの訴える身体的虐待であることが判明した。学校では入学当初から、Aさんに落ち着きのなさや場にそぐわない言動が見られたため、教師から母に病院受診を勧め、Aさんは注意欠如・多動症（ADHD）と自閉スペクトラム症（ASD）の診断を受けた。また、数年前から、母子で月1回相談機関に通所していた。通所相談では、相談機関の心理士が母にAさんの発達特性を伝え、対応方法を話し合っていた。

母は児童相談所に対して、即時の引き取りを強く求めた。児童相談所は、通所相談を続けているにもかかわらず、Aさんの感情爆発や暴れてしまうこと等が継続していることや家庭での母子のやり取りが暴力的になっていることから、母の意向に反しても一時保護を継続する必要があると判断した。

◆相談者理解のためのアセスメントに求められる視点

アセスメントは、相談相手、つまり対象を理解する試みである。中釜（1999）は、「アセスメントは、優れた点や積極的な価値・意味など、長所（strength）と言われる側面にも目を向けたものでありたい」と述べている。これを踏まえて、Aさんの事例のその後を考える。

　筆者がＡさんから話を聴いたところ、Ａさんが家で暴れるのは、学校でクラスメートとうまくいかない時や母に叱られた時など、特定の状況における反応であることがわかった。筆者はＡさんが暴れる原因は発達障害によるものというアセスメントに疑問を持った。そこで多職種でアセスメントの見直しを試みたところ、児童心理司や児童精神科医から、父からの虐待によるトラウマの影響が指摘された。筆者は児童心理司と協力して、Ａさんに行動とトラウマの関連性についてわかりやすく説明した。するとＡさんはそのことを母にも伝えてほしいと希望した。児童相談所が母に、Ａさんの行動は父からの虐待の影響と考えられると伝えた。母は深く納得した様子で、自分のDV被害について初めて語り、暴れるＡさんを見ると父から受けたDVを思い出し、怖くなってしまうので必死で止めていたと話した。

　児童相談所と母子で、Ａさんが家で暴れてしまうのはトラウマの影響が考えられるというアセスメントを共有したことから、母子と児童相談所の多職種で、Ａさんの安心感を育む取り組みと暴れた時の対応を話し合うことになった。話し合いの結果、Ａさんが不安定になった時には、母がまずは事情を聴くことを心がけ、生じた問題への対応を母子で話し合うことを試してみることとなった。また、Ａさんが家で暴れた時は、近隣に住む祖母に来てもらい、祖母がＡさんの話を聴くこととした。取り組みが具体化し、母子の安全保障も確保できたと判断したことから、Ａさんは家庭引き取りとなった。家庭復帰後、母子は児童相談所への通所を継続し、取り組み状況を確認して必要な修正の話し合いを繰り返したところ、Ａさんが家で暴れることは徐々に少なくなっていった。

　児童相談所は多職種で、Ａさんから語られた問題行動発生のプロセスは、ネガティブな出来事が起きた時に、自分を必死に守ろうとしている試みであるとのアセスメントを行った。Ａさんの行動をトラウマへの対処行動と考えることは、前述した中釜（1999）が指摘する長所（strength）と捉えられる。また、相談者を理解しようとする過程において、面接場面で生じる支援者の「わからない」という感覚の重要性は従来から指摘されている（土居 1992）。筆者がＡさんの行動の原因について感じた疑問は、土居（1992）の指摘する「わからない」という感覚にあたると考えられる。アセスメントは、リスクだけでなく、一人ひとりの相談者がどのような人かをみることが重要であり、そのためには、面接をする中で生

じたわからなさや疑問、つまり、"違和感を大切にすること"が必要である。

◆アセスメントから支援へ

土居（1992）は、効果的なアセスメントについて、「治療者に問題として把握されたものが患者にとっても問題として理解されるのでなければならない」と述べている。つまり、アセスメントは、相談者との対話を通して共有される必要がある。Aさんの事例では、支援者の違和感からアセスメントを見直し、その内容をAさんに伝えた結果、Aさんは自分の行動にトラウマが影響していることについて、母との共有も望むに至った。見直したアセスメントを母とも共有したことにより、母の共感や納得が得られ、母は自身のDV被害について語り、Aさんへの理解を深め、児童相談所と協働し、それがさらなる支援の展開につながったと考えられる。

児童相談所では、安全保障のためリスクアセスメントを行い介入する。介入は時に、相談者と対立する場合もある。さらに、岡村（2002）が、「クライアント（の話）を聴くことがカウンセリング・心理療法のアルファでありオメガである」と述べたように、支援者にとって相談者の話を聴くことの重要性は言うまでもない。支援者は、相談者の話を聴き、生じた違和感を大事にし、アセスメント、つまり理解を可能な範囲で相談者と共有するという積み重ねがより深い支援を促進する。これを実現していくことこそ、児童相談所の専門性である。　（小野寺芳真）

児童相談所内の多職種連携

児童相談所はさまざまな職種の職員が一緒に働いている。児童福祉司、児童心理司、保健師、看護師、医師、弁護士、保育士、一時保護所児童指導員などである。これらの職種が、それぞれの専門性を持ち寄り、連携して力を合わせることで、1人や2人ではできない素晴らしい支援ができることを多く経験してきた。筆者が常勤医師として勤務していた児童相談所で行っていた多職種連携を紹介したい。

◆性的問題行動の対応における多職種連携

児童相談所では日々虐待対応件数が増加し、非行対応等虐待以外の案件に丁寧に対応する余裕がないと感じているかもしれない。しかし性的問題行動は児童相談所に多く相談や通告があり、必須の対応である。以下では、性的問題行動で一般的に受理するケースの対応を例にあげ、どのように多職種で連携しているか紹介する。小学校高学年〜中学生の性的問題行動ケースで、警察に被害届が出て、児童相談所に児童通告があった。性的問題行動ケースを一時保護する場合は、受理会議等で、この子は何のために一時保護が必要かよく検討し、一時保護期間も必要な期間を決めて行う。一時保護を行う必要があるのは、①何度も性的問題行動を繰り返しており、アセスメント期間中にも繰り返す恐れがある場合、②養育者が監護することが難しい場合、③一時保護によって集中的見立てをしたい場合、④被害児がきょうだいや、近隣の子どもや学校の同級生などで、性的問題行動をした子どもを一時的にでも分離すべき場合、である。

◆多職種でのカンファレンスと役割分担

一時保護をする前に、必ず多職種で集まって話し合いをする。児童福祉司、児童心理司、保健師、常勤医師、一時保護所の責任者、一時保護所職員、一時保護所心理士などである。すべての職員がとても忙しいので、話し合いの時間は30

分くらいしか取れないこともある。お昼休みに昼食を食べながら行うこともあるが、必ず行うほうがよい。必ず行うことの必要性をすべての職種の職員がわかっていると、忙しいから開催しないという選択肢はなくなるし、声をかけそびれることもなくなる。話し合いの場では、すでに、児童福祉司が性的問題行動の内容、問題行動を起こした動機などを聞き取っていれば、その内容を共有する。そして今回はなぜ一時保護をするのか、一時保護の目的、一時保護中に行動の制限をする必要があるのか、一時保護の期間、一時保護中の面接等のスケジュールなどを決める。ただ隔離するだけの一時保護にならないように有意義な一時保護にすることを共通の認識とする。

◆職種ごとに役割を決めて、アセスメントを行う

　児童福祉司は「性的問題行動聞き取りシート」を用いた半構造化面接が終わっていなければ、シートに沿って、本人および養育者別々で性的問題行動についての聞き取りを行う。また、学校等関係機関に本人のこれまでの様子、性格行動特性、逸脱行動、交友関係、学習状況、いじめのありなし、医療状況、本人の発言との齟齬について聞き取る。

　児童心理司は心理検査などを通して本人の特性を見立てていく。子どもの理解力や認知特性など物の見方や捉え方、対人面での対応や関係の取り方、感情面の特徴など。また、集中力や失敗や不安への耐性など。家族関係や自己イメージにどんな特徴があるか、基盤となる愛着、安全感、自律性、共感性などの育ちを評価し、弱さや傷つきを見立てる。

　保健師等の医療職は生活リズム、体調、女子には初経の時期、月経周期、最終月経、プライベートルールの理解。男子には精通の時期、マスターベーションの有無、ルールの理解。言葉の意味を知っているか（月経、射精、精通、性交、セックス、オーラルセックス、マスターベーション）、性的な経験の有無（具体的に）、きっかけ、性に関する知識（妊娠、避妊、性感染症）、自分の身体についての思い（自慢、気になるところ）、思春期の心の変化、好きなこと、楽しめること、将来の夢などを聞き取りアセスメントする。

　医師は発達評価（自閉スペクトラム症、ADHD、その他の精神疾患）、被虐待の影響（PTSD症状、抑うつ感や不安感）、アタッチメントの問題（特に虐待を受けた施

設入所児）、家族の評価などを行う。また、保護者などに対して、家族から子どもへの支援が最も効果があること、しっかりと対応すれば予後が良いことなどエビデンスに基づいた情報を提供し、家族をエンパワーする。

　上記のような役割分担で1〜2週間以内にそれぞれがアセスメントを行う。それぞれが行ったアセスメントを持ち寄って再びカンファレンスを行い、多職種でそれぞれのアセスメントを共有し、一時保護解除後の子どもへの支援内容と役割分担を検討し、決める。例えば、毎週親子で来所し、子どもへは児童心理司と、保健師が治療教育と性教育を隔週で行う。その間、養育者へは児童福祉司や医師が、性的問題行動についての心理教育を行ったり、子どもの生活の様子や養育者の不安や疑問点を受けとめ対応するなど。さらに3ヵ月後くらいに、多職種でカンファレンスを行い、支援の進行状況を報告しあい、必要あれば修正する。

　このように多職種で連携すれば、ほぼ見落としなくアセスメントが行えるし、学校など多機関との連携もスムーズに行え、子どもも学校に通いながら児童相談所へ通所し、軽い再発が起きたとしても、すぐにキャッチでき、共有・対応できる。そうしているうちに子どもは正しいことを学習し、性的問題行動の再発もなくなる。

　子どもは可変性があり、良い形のおとなの関わりがあればどんどん良い方向へ成長する。子どもの性的問題行動の再発率は、おとなが適切な関わりをした場合には2〜3％と非常に低いことが米国の調査研究で分かっている。しかし多忙を極める児童福祉司と児童心理司のみで抱え込んで、アセスメントが十分にできないまま再発してしまったケースもいくつも見ている。多職種がそれぞれの専門性を駆使して関わることで、子どもの予後は著しく改善する。これが児童相談所でしかできない、多職種連携の醍醐味である。

　虐待対応件数が全国で20万件を超え、ますます忙しくなっている児童相談所で、ここで述べたような多職種連携は、皆で意識して行わないと忘れがちになり、行われなくなる。そのようにならないための工夫として、対応ガイドラインを作成し、毎年多職種向けに研修を行っている。そこで多職種で連携して対応することの重要性、有効性を説明し、実際の対応につなげている。

◆医療機関からの虐待疑い通告への対応

医療機関から虐待疑いの通告があると、すぐに医療機関にアポイントを取り、外来診察医、入院担当医などに説明を聞きに行く。これから院内虐待防止委員会が行われる場合は委員会に出席させてもらえるように頼む。この時には児童福祉司1人では行かず、虐待初期対応の児童福祉司、児童福祉司のスーパーバイザー、常勤医師、保健師の4者以上で話を聴きに行く。そして聞き漏らしのないように、けがなどについての説明を聴き、わからない点はその場で質問する。最終的に虐待か否かを判断しなければならないのは児童相談所なのでできるだけ多くの情報を収集し、わからない点はその場で聞いて帰る。画像も見せてもらう。その後、虐待か否かのセカンドオピニオンを他の医師に依頼する場合にも児童福祉司、保健師、医師などできるだけ多職種で行き、意見をしっかり聞き取る。これらの積み重ねで、その時にできる限りの正確な判断ができるようになる。

◆性的虐待対応における多職種連携

性的虐待対応における多機関連携は別項（⇒149頁）で述べたが、児童相談所内での多職種連携も極めて重要である。最初に一時保護した時に健診で医師が診察問診し、医師または保健師が最終月経や、最終被害を聞き、被害確認面接が先か、系統的全身診察が先かを判断する。被害確認面接においては児童心理司がどのくらい話のできる子どもか、知的水準を判断し、面接者に伝え、被害確認面接後の子どものフォローも行っている。訴訟になる可能性があれば、児童福祉司が、子どもの代理人弁護士の候補を探し、弁護士から子どもに裁判について説明をしてもらったりする。裁判になった際には子どもの証言の信ぴょう性や、子どもの傷つきの様子などを説明するため、医師が専門家証人として出廷することもある。

日常的に行っている児童相談所内の多職種連携について述べた。多職種で適切な連携をすることで、子どもの予後は大きく良いほうへ変わる。そしてこのような多職種連携ができるには、日頃の多職種のコミュニケーションが欠かせないと感じている。多忙な中ではあるが日頃からコミュニケーションに心がけることで子どもの未来はよい方向に変わっていく。 （田﨑みどり）

08 外国にルーツのある子どもと保護者への支援

外国にルーツのある子どもや保護者の明確な定義はないが、90日を超えて日本に滞在する在留外国人（永住権や特別永住者含む）、両親もしくは両親のどちらかが外国籍である子どもや保護者を多くの場合指す。ここでは、児童相談所の関与が必要となる外国にルーツのある子どもや保護者への対応に関する3つのケース（仮想事例）を紹介し、その特徴や対応について説明する。

◆外国にルーツのある子どもと保護者への支援の実際

〈 〉内はケースの特徴、［ ］内は支援内容を記載した。

[ケース1] 母外国籍、父国籍不明；飛び込み出産とその後の対応

本事例は就労のために来日した外国籍の母が交際していた男性との間に妊娠したものの、妊婦健診未受診で、救急搬送され飛び込み出産となった。母は日本に来て数年しか経っておらず、〈日本語や日本の社会制度に関する知識は乏しく〉、〈近隣に頼れる親族は少なかった〉。父は妊娠発覚後行方不明となった。

こうした事例の場合、［特定妊婦］とされ［保健所・保健師］や［市町村子ども家庭支援拠点・ワーカー］が関与することになり、虐待のおそれがある場合には病院等から児童相談所に通告が寄せられる。児童福祉司は、母の言語に対応した［通訳を依頼］し、［市町村子ども家庭支援拠点・ワーカー］と母面接を行い、今後必要になる［出生届］の提出をはじめとした［育児に関わる支援］について情報提供を行った。また［市町村子ども家庭支援拠点・ワーカー］に各支援を受けられるように同行を依頼。継続的に地域資源を活用した支援につなげる対応が必要となった。

[ケース2] 日本国籍の父からの虐待とDV関係にあった外国籍の母と子への対応

母と子どもは外国で生まれ、仕事を求めて日本に入国。母は日本人男性と結婚し同居することになった。母は放任的な養育スタイルであったが、養父は母に

DVを行い、言うことを聞かない子どもには暴力で教えるしかないと主張し、虐待事例として学校からの通告により児童相談所が関与することになった。子どもは母国語しかできず〈言語面の課題〉や日本の小学校における〈学習面の課題〉、〈友人関係の形成に課題〉を抱えていた。母は養父との関係において、〈永住権がないこと〉や〈離婚に伴う経済的基盤を失う恐れ〉も重なり、〈養育に自信をなくし〉、〈父の養育感が日本において正しい〉と考えていた。

そのため、［母には日本の養育の価値感を伝え、エンパワメント］し、子どもの学校適応や対人面について［学校や市町村子ども家庭支援拠点とカンファレンスを開催］、具体的な配慮として［スクールカウンセラーや学習支援員の配置］、［教員のクラス場面での配慮］を行い、養父の［養育方法を指導］した。また母子の［在留資格の更新］などの手続きについても適時母をサポートした。母はこれまで抑圧されていた関係に気づき、養父との離婚を決意し、母子での生活を開始した。

［ケース3］外国にルーツのある子ども同士の非行

母日本国籍、父外国籍、幼少期を海外で過ごし、離婚に伴い小6時に日本における生活を開始。日本でインターナショナルスクールに所属し、〈家庭では日本語を使用し、学校では母国語を使用〉していた。〈学校の学習に遅れ〉が見られ、遅刻や早退などの〈学校適応が課題〉となり、中学2年時に〈同じ境遇の少年たちと万引きや火遊び〉などを行い虞犯少年として警察から児童相談所に通告がなされた。

子どもには［日本の法律に関する教育］を行い一定の社会的な枠組みを提示、非行の背景に見られた〈母国を離れた葛藤〉〈当時の友人関係の分断に伴う葛藤〉〈日本への適応の困難さ〉〈家族への言語化できない思い〉について、［家族合同面接］を実施。［学校とのカンファレンス］を実施し、母をはじめ関係者も本児の理解を深め対応していくことになった。

◆児童相談所が関与する外国にルーツのある子どもと保護者の特徴と対応

さて、上記の3つのケースに見られたいくつかの特徴と対応について具体的に説明する。

言語や学習上の課題

　外国籍の保護者や外国にルーツのある子どもの多くは、日常的に日本語と母国語の両方を使用しながら生活しており、双方の言語の習得の課題が課せられる（ケース2、3）。また学校からの連絡やさまざまな社会生活上の手続きの多くは日本語で記載された内容であり、保護者の日本語の習得度によって、家庭での適切な対応や学校との連携に支障が生じる場合もある。そのため子どもの教育的な支援だけではなく、その保護者に対する言語や学習の機会を保証するような取り組みも求められる。こうした点は、NPOなどの民間の支援団体との連携が重要な働きかけになる。

文化の違い

　外国にルーツのある保護者の中には、子どもの養育に関する価値観が日本の法律や文化と大きく異なることがある（ケース2）。例えば事例以外にも、ある国では子どもの養育のために体罰を使用することを当然と捉えている場合や学校の成績が重要な価値を占め、強制的に学習させ、親に反発することを絶対に許さないような文化や価値観の中で育ってきた保護者がいる。こうした文化的違いから虐待事例として保護者への指導が必要になるケースが存在することから、日本の文化や法律、具体的な養育方法などについて丁寧に伝えていくことが重要な支援になる。

社会的弱者

　ケース2では、文化の違いに加えて永住権が未取得であることや経済的基盤を失う恐れなどの社会的に弱い立場に置かれた外国籍の母が、父に服従しなければならず虐待が継続していた。こうしたケースの場合、日本の文化にあった養育の価値を伝えることに加えて、母の本来の力が養育の中で生かされるように母を励ますことや社会的立場を安定させるため社会資源とのつなぎが必要になる。

資源・情報の枯渇

　日本語を母国語としない保護者や子どもにとって言語面の課題は社会資源や制度の活用に課題を生じさせる（ケース1）。こうした社会資源へのアクセスにハン

ディがあることを想定して、サービスを紹介するだけではなく、実際の手続きに職員が同行し、他の行政担当者とやりとりを行い、適切なサービスを活用できるまで丁寧に寄り添う支援が求められる（ケース1、2）。

親族の少なさ

　外国にルーツのある子どもの特徴の1つは、頼れる親族が少ないことがあげられる（ケース1）。日本人であっても親族がおらず子育てをしていく状況は、さまざまな困難を抱えやすく不適切な養育に至るリスクを高める。ましてや異国からやってきて、言語の壁や日本の文化や価値とのギャップを抱える中で、頼れる親族がいない状況での生活は困難を抱えることは想像に難しくない。社会資源の活用のみならず心理面でもサポートが求められている。一方で外国にルーツのある子どもやその保護者の中には、同様のコミュニティの中で仲間を作り、助け合いながら生活をしている人たちもいる。そのためインフォーマルなサポート資源の開発やNPOなどの支援団体につなげる働きかけも功を奏することがある。

子ども自身の友人関係の課題

　外国にルーツのある子どものうち、母国で形成してきた友人関係と日本における友人関係の形成の仕方の違いに戸惑うケースも見られる。具体的には、母国を離れた葛藤や当時の友人関係の分断に伴う葛藤を抱えながら同じ境遇の子ども同士のつながりを強くし、反社会的な行動や非行へと発展していくケース（ケース3）、母国における身体接触の多いコミュニケーションを日本で行い周囲から敬遠されてしまい悩んでいるケースなどがあげられる。このように外国にルーツのある子どもの友人関係上の困難さは働きかけの重要な焦点になりうる。

子どものアイデンティティの課題

　幼少期を外国で過ごしてきた子どもの中にはアイデンティティの課題が生じることがある（ケース3）。母国に馴染み愛着を持ってきたものの保護者の事情から日本に転居せざるを得ないケース、幼少期から日本で生活しているものの氏が外国名であることなどに違和感を抱えている子ども、無国籍児童も同様の課題が生じることがある。こうしたアイデンティティの課題が他者との関わりや社会との

つながりを抑制する心理的な規制となっている子どももいることから、心理的な側面と社会的な側面の双方において配慮が必要になる。

◆法的対応

　児童相談所が関与する外国にルーツがある子どもと保護者の中には、不法滞在や在留許可が認められない状況の中で生活している人々、無国籍児童などもいる。こうしたケースの場合には入国管理局や法務局などとのやりとりが発生する場合も多く、児童相談所の児童福祉司のみで対応に当たることは困難になりやすい。そのため法的対応については弁護士と協働して取り組むことが必要な場合も多い。児童福祉に理解のある弁護士と日頃から協働していくことがこうしたケースにおいて重要だろう。

　以上、外国にルーツがある子どもや保護者の抱える課題と児童相談所における具体的対応について述べた。外国にルーツのある子どもや保護者の多くは、言語面の課題を抱えており、母国の文化とのギャップや社会資源へのアクセスに困難が生じがちである。またアイデンティティや友人関係に葛藤を抱えやすい。こうした心理的な障壁と社会的な障壁が相互に影響を与えていることを理解したうえで、適切な社会資源に丁寧につなげる支援が求められる。また、外国にルーツのあることの強み──複数の言語や文化に理解があること、日本だけではなく世界につながりがあることなど──を生かしていく視点も支援の重要な点になるだろう。

（大原天青）

無戸籍の子どもへの対応

◆無戸籍問題とは

家族構成は、児童相談所が把握する子どもの情報のうち、最も基本的なものである。その調査には、通常、戸籍が用いられる。

戸籍は、日本人について、出生、婚姻、養子縁組、死亡などの身分関係を登録・公証する制度で、正確さにおいて世界に類を見ないと言われる。実際、日本人の家族である限り、戸籍が存在しないことはほとんどないし、戸籍に記載された身分関係が実体と違っていることも珍しい。児童相談所では、内縁関係にある家族と接することも多く、家族構成の把握には戸籍以外の情報源も広く用いられるが、それでも、そもそも戸籍に記載されていない子どもや親族と出会うことは稀である。

ところが実際には、日本国籍を保有しているにもかかわらず、何らかの事情で出生届が提出されず、戸籍に記載されないままになっている人たちが存在する。これが「無戸籍問題」である。

2014年9月10日から2021年12月10日までに法務省が把握した無戸籍者の人数は累計で3875人、2021年12月10日現在で無戸籍が解消されていない人は836人とされている。しかし、戸籍がない人を行政機関が確実に把握することは困難で、この数は氷山の一角にすぎない。

◆なぜ無戸籍になるのか

無戸籍者が生まれる原因は、直接的には、出生届が提出されないからであるが、出生届が提出されない背景にはいくつかの事情がある。

原因の大半を占めるのは、いわゆる300日問題である。例えばA男と婚姻中のB女が、A男の暴力から逃れるため避難している間にC男と出会い、C男との間の子を懐胎したとする。その後、A男との離婚が成立し、離婚から4ヵ月後に子が生まれたとしよう。

　この場合、生まれた子は、血縁上はC男の子だが、法律上は、A男の子と推定されてしまう。民法772条2項に、「婚姻の成立の日から200日を経過した後又は婚姻の解消若しくは取消しの日から300日以内に生まれた子は、婚姻中に懐胎したものと推定する」と定められ、また民法772条1項は、「妻が婚姻中に懐胎した子は、夫の子と推定する」と定めているからである。B女が子の出生届を提出すれば、子はA男の戸籍に入籍することになる。

　B女にしてみれば、ようやく関係が切れたA男との接点が再び生まれてしまう。C男と交際を開始したのは離婚前だから、A男が子の出生を知れば、不貞だと言って慰謝料を請求してくるかもしれない。これを回避しようとしてB女が出生届の提出を控えると、子は戸籍に記載されないことになる。これが300日問題である。

◆300日問題以外の原因

　無戸籍問題の原因は、300日問題以外にもある。数は少ないが、児童相談所が発見の端緒になりやすい類型もある。

　例えば、10代で予期せず妊娠・出産した母が出産の事実それ自体を秘匿するため出生届を提出しない場合や、知的障害のある母が出生届の意味を理解できていない場合などである。こうした事情があるケースは、特定妊婦として、あるいはネグレクト事案として、児童相談所が最初に無戸籍者を把握する可能性が出てくる。成人の無戸籍者からは、「ずっと押入れで過ごしていた」「気がついたら親がいなくなっていた」というエピソードが語られることもあるが、ここからは、無戸籍とネグレクトとの関連がうかがわれる。

◆利用できる行政サービスはたくさんある

　実は無戸籍でも、利用できる行政サービスはたくさんある。例えば国民健康保険や母子保健サービス、保育所への入所、小中学校への就学は、その市町村に居住している実態があれば、戸籍がなくても利用できる。生活保護も戸籍の有無を問わない。児童手当、児童扶養手当も、出生証明書により母子関係が確認できれば、受け取ることができる。

　住民票を作ることも可能だ。ただし、後に述べる親子関係不存在確認や強制認

知などの手続を行っていることを疎明する資料を提出することが求められる。

　一方、旅券（パスポート）の発行は、まったく不可能というわけではないが、要件が極めて厳しい。海外への修学旅行や留学は、無戸籍のままでは難しい。

◆無戸籍の何が問題なのか

　こうやって見てみると、無戸籍でもある程度の社会生活は送っていけるようにも見える。実際、そうして長期にわたり生活している人たちは存在する。

　しかし、それは行政の窓口につながることができたからである。社会が無戸籍者を認知できないのと同様に、無戸籍者は社会を知ることができない。無戸籍者の多くが、自分は社会から認知されていない、戸籍のある人たちが当たり前に享受しているサービスを受けることは許されないと考えている。

　つまり無戸籍者にとって最も大きなリスクは、その存在が社会から認知されないことである。正確無比な戸籍制度を備えている日本で、戸籍がないことは社会から存在を認められないことに等しい。

◆無戸籍を把握したら

　無戸籍に関する相談は、各地の法務局で対応しているほか、全国の弁護士会が無戸籍の相談窓口を設けている。

　児童相談所としては、無戸籍が、子にとっては何の利益もない状態であることに留意する必要がある。前夫と関わりたくないという母の意向に配慮することも必要だが、母が気乗りしないというだけで子の無戸籍状態を放置すべきではない。無戸籍の子を把握したときは、法務局に連絡を入れるとともに、母に対しても、弁護士に相談するなどして無戸籍を解消するよう促すことが求められる。

◆無戸籍解消の手段

　民法772条による嫡出推定を回避するため出生届が提出されなかったケースで無戸籍を解消するには、その推定を覆す必要がある。しかし、嫡出推定を覆す手段として民法が明文で認めている嫡出否認（民法774条）は、（前）夫にしか申立権が認められていない。そこで利用されるのが、親子関係不存在確認と、強制認知である。

◆懐胎時期に関する証明書

　離婚後300日以内に出生した子どもは、多くは離婚成立前に懐胎したと考えられるが、離婚後に懐胎した子どもが300日以内に出生することもある。この場合、医師に「懐胎時期に関する証明書」を作成してもらい、そこに記載された懐胎時期が離婚成立日より後であれば、裁判手続を経ることなく、嫡出推定の及ばない子として扱う（出生届を出しても前夫の戸籍には入籍しない）ことが認められている。懐胎時期が離婚後である場合は、まずこの方法を検討することになる。逆に言えば、この証明書が利用できない場合は、裁判手続によらなければ無戸籍が解消できないということである。

◆親子関係不存在確認と強制認知

　親子関係不存在確認は、子が戸籍上の父（出生届を提出すれば嫡出推定により父として記載されることになる者）を相手方として、父子関係が存在しないことを家庭裁判所に確認してもらう手続である。嫡出否認と違い、子（実際には法定代理人である母）に申立権があるため、母子の側で手続を開始することができる。

　もっとも、多くの母は子の存在を（前）夫に知られないようにするために出生届を提出しないわけだから、この方法は、（前）夫と相対したくないという母のニーズを叶えることはできない。

　他方、強制認知は、血縁上の父に対して認知を求める手続である。子が申立人になる点では親子関係不存在確認と同様だが、相手方は血縁上の父になる。

　強制認知は、戸籍上の父を相手方にする必要がないため、親子関係不存在確認に比べると母の心理的なハードルが低いと言われる。しかし、家庭裁判所は、強制認知の場合も、戸籍上の父に書面を送付して意見を照会することがある。そうすると、戸籍上の父は、自分の戸籍に入籍するかもしれない子の存在を知ることになる。

　この2つの手続の違いは、裁判所の管轄など、他にもいくつかある。また立証に関しても、血縁上の父との関係がDNA鑑定で証明できればいいかといえば、決してそうではない。いずれの手続を選択するか、どのような立証準備（資料収集）を行うのか、強制認知で戸籍上の父への書面照会を回避するにはどうすればいいのか、弁護士費用はどうなるのかなど、検討すべき事項は多岐にわたる。母

に無戸籍解消の動機があるようなら、速やかに弁護士への相談につなぐことが望ましい。

◆就籍許可

日本国籍を有していることと、本籍を有しないことを立証することにより、家庭裁判所の許可を得て、戸籍を作成する方法である。母子関係すらわからないというケースで用いられるため、児童相談所が関与することは少ないが、例えば担当している児童の保護者が無戸籍である場合は、この手続が選択肢にあがる可能性もある。

◆法改正後も問題は残る

DNA鑑定が比較的容易に利用できるようになった現在、民法772条2項にどれほどの意味があるのかという疑問が生じる。実際、法制審議会で改正に向けた議論も進んでいる。

しかし、最新の議論状況を見る限り、300日問題が完全に解消するような改正は予定されていない。法改正後も300日問題は残り、無戸籍の子どもも引き続き発生することになる。発見の端緒となる児童相談所は、問題解消に向けた重要な役割を担うことを認識し、業務にあたることが求められる。　　　　（安孫子健輔）

10 未成年後見の制度と実務

◆未成年後見とは

　未成年者の監護養育については、親権者がその責任を負うこととされている（民法820条）。が、何らかの理由で親権を行う者がないとき、未成年後見が開始する（民法838条）。ここで「親権を行う者がない」というのは、親権者が死亡してしまった場合が典型であるが、親権停止審判や親権喪失審判がなされた結果として「親権を行う者」がいなくなってしまった場合もこれにあたる。なお、親権者から財産管理権限だけを奪う管理権喪失審判がなされたときも、親権全体がなくなるわけではないものの、同じく未成年後見が開始する。

　そして、未成年後見が開始すると、遺言で指定されていない限り、親族等の申立てを受けて家庭裁判所が「未成年後見人」を選任する（民法840条1項）。

　未成年後見人は、むろん親ではないのだが、身上監護について「親権を行う者と同一の権利義務を有する」（民法857条）ほか、財産管理権も有する（民法859条）。このため、「親代わり」のように思われることが多い。しかし、実際には、やはり親とは異なる（例えば扶養義務は負っていない。そのため、例えば後見人が自分の財産を使って被後見人を養うことは想定されていないし、ましてや同居しなければならないものでもない）。

◆最近の未成年後見の状況

　成年後見に比べると未成年後見はかなりマイナーな存在である。

　とはいえ、児童福祉分野における存在感は、少しずつ増してきている。それは、弁護士をはじめとする専門職が未成年後見人に就任するケースが増えてきたからである。その契機となったのは、2011年の民法改正で複数後見や法人後見が認められたことと、同じ年に起きた東日本大震災であると言われている。東日本大震災では250人近くの子どもが親権者を完全に失い、多くの事案で未成年後見人が選任された。

◆未成年後見人の活動

　児童相談所が関わっている事例で未成年後見人が選任される典型例は、「自立支援型」とでもいうべき事例であろう。長年施設等で暮らしてきた子どもが自立（就職、進学）するにあたっては、契約行為を含めたさまざまな準備が必要となる。例えば退所後の住まいの決定（賃貸借契約）、就職先の決定（労働契約）や進学先の決定（在学契約）、携帯電話等の契約、等である。未成年である間にこれらの契約を締結するにあたっては、原則として親権者の同意が必要である（民法5条1項）ので、未成年後見人がこの同意を行うこととなる。これにあたって未成年後見人は、子どもの意向を聞き、意見交換をして、適切な判断をする。

　また、住まいは一人暮らしに限られない。自立援助ホームやグループホームを利用する場合には、それらを探すことにも未成年後見人が関与する。

　進学する場合には奨学金の手配が重要である。国の修学支援新制度はもちろんであるが、それ以外にも多くの奨学金が存在するので、その情報を収集し、適時に申込みを行い、収支計画立案を支えるといった役割も重要となる。

◆児童相談所の役割

　このような活動を行う未成年後見人と、児童相談所はどのように関わるか。

　まず、児童相談所長には未成年後見人の選任申立てを行う権限が認められているが（児童福祉法33条の7）、これは義務でもあることを指摘しておきたい。児童福祉法は、「児童相談所長は、親権を行う者のない児童について、その福祉のため必要があるときは、家庭裁判所に対し未成年後見人の選任を請求しなければならない」と規定しているのである（33条の8）。なお、ここでは「児童…の福祉のため必要があるときは」との限定が付されているが、児童に「親権を行う者」がないということは、その一事をもって原則として「福祉のため必要があるとき」にあたると考えるべきであろう。つまり、何らかの例外的な事情（例えば、まだ幼少であって施設長や児童相談所長の親権代行権で十分対応できる等）がない限りは、児童相談所は未成年後見人選任申立てを検討すべきものと考える。

　ちなみに、以前は、「未成年後見人の引き受け手がいない」という声を聞くことが多かった。しかし、最近は全国各地の弁護士会が、未成年後見人就任候補者

の名簿を有し、家庭裁判所からの推薦依頼に対応できる体制を整えているので、この問題は解消方向に進んでいると言える。

　なお、児童相談所が未成年後見人の選任申立てに関与することは、未成年後見人の報酬の観点でも重要である。国の未成年後見人支援事業では、報酬補助の対象を「児童相談所長が…未成年後見人の選任の請求を」行ったケースを基本とし、それに「準ずる状況にあると児童相談所長が認める」場合までしか広げていない。そのため、児童相談所が適切に関与してくれないと、未成年後見人は完全な無報酬（実費も持ち出し）で職務を行わなければならない事態が生じることとなる。そして、実際のところ、そのようなケースはさほどめずらしいものではない。

　次に、未成年後見人が選任されたとしても、児童相談所の仕事が終わりになるわけではないことも強調しておきたい。それは、未成年後見人にできることは（残念ながら）限られているからである。筆者の経験上は、最近は以前に比べると児童相談所の意識も変わってきたと感じているが、未成年後見人が選任された後も、未成年後見人と協働して子どもを支えることを忘れないでほしい。

　他方、未成年後見人と「協働」するといっても、未成年後見人の意向と児童相談所の意向が合致しない場面も生ずる。これは、立場が違う以上当然のことであって、このような場合に一方が他方に対して不必要なまでに譲歩するなどということは、最終的には子どもの利益を害することになりかねないので、避けなければならない。意向が合致しないときは率直に意見交換を行い、妥当な着地点を探るべきである。

◆課題

　目下の最大の課題は、成年年齢引下げ（2022年4月1日より、成年年齢は18歳に引き下げられた）により、すべての未成年後見案件は子どもが18歳に達した時点で完全終了することになったことである。

　これまでは未成年後見は20歳まで続いたので、自立支援についても子どもが高校を卒業する少し前から準備を始め、高校を卒業して新生活に慣れ、徐々に独り立ちしていくところまで伴走することができた。しかし、これからは子どもが高校3年生である間に未成年後見が終了してしまう。自立支援の最も重要な場面に未成年後見人が関与できないことになった、とでもいうべき事態である。この

変化に対する対応体制は、いまだ十分ではない（というより、何ら対応は取られていない）。現場レベルでは、（元）未成年後見人がボランティアで支援を継続することになるのであろうが、そのような好意にばかり頼る状況は健全とは言いがたい。少なくとも継続的な支援にあたる（元）未成年後見人に何らかの報酬を支払うなど、国が主導した対応が求められる。

　また、在任中の報酬の問題も大きい。国の未成年後見人支援事業は、対象が順次拡大され、充実したものになってはきたものの、自治体によっては未だ国の最新の要綱にマッチさせるための要綱改正がなされていないところもあると聞いている。また、補助される報酬額上限（現在は月2万円）についても、未成年後見人の活動に応じてより柔軟に決定できるようにすることも必要であろう。

◆弁護士が未成年後見人を務めることの意味

　考えてみれば、弁護士はそもそも子どもの監護養育に関する専門家ではない。社会福祉や児童福祉をきちんと学んだ者も、極めて少数しかいない。

　それでも、弁護士が未成年後見人を務めることには大きな意義があると考えている。それは、法律（の使い方）を知っていることと、人や関係機関をつなぐ場面で力を発揮できることである。前者はある意味当然のことではあるが、法の定めを基礎においた課題解決の道は説得力を有するので、これを探る術を有していることは、実はかなり有益なことであると自負している。また、ありがたいことに「弁護士」という職名は今も一定の信頼を得ているようで、地域の関係機関等が必ずしも協力的でないときに、弁護士であることを示しながら依頼をすると、一定程度の成功を得ることができるように感じている。筆者の経験でも、病院、社会福祉協議会、子どもが独り暮らししているマンションの大家さん、学校の先生等に協力を依頼して支援体制を構築し、子どもにとっての重要な社会資源となっていただいたことがある。

　また、これは弁護士に限った話ではないが、そもそも子どもにとって、自分（だけ）に関与してくれる立場の大人が増えることはそれ自体有益なことと言えよう。

　未成年後見人が選任される事例がさらに増えることを強く期待するものである。

（浜田真樹）

II 児童相談所はどのような組織体制で運営されているのか

◆地域によって異なる児童相談所の姿

　一言で児童相談所（以下、児相）といっても、その規模や組織運営のあり方は自治体によってさまざまである。児童相談所は自治体が設置主体であり、具体的な運営方法はそれぞれ異なっている。それぞれの児相の立地条件もさまざまである。全国児童相談所長会が2017年度に実施した調査によると[*1]、例えば管轄人口では、最小は5万6788人から最大で245万8142人までの差があった（最大の児童相談所は2021年時点では分割されている）。児童相談所職員数に関しても、最小9人から最大288人（非常勤を含む、本所のみの人数）までの開きがあった。

　また、管轄面積においては、最小で35.7平方kmから最大で1万4074.0平方kmまでの違いがあった（その後、東京都荒川区に児童相談所が設置されたため、2021年現在の最小管轄面積は10.2平方kmになる）。島しょ部を多く抱える児童相談所や、車でなければ移動が難しく、しかも長時間の移動が求められる児童相談所も存在する。こうしたさまざまな立地条件の中で、それぞれの児童相談所はその特性に応じて運営方法を工夫しながら相談活動を行っている。

　また、各地域が抱える固有の社会状況や経済状況、あるいは地域資源の多寡などの条件も、個々の児童相談所における相談件数やその内容、そして組織運営に影響を与える。例えば、児童福祉司一人当たりの年間総相談受理件数について同調査からみると、最小9.5件から最大402.8件まで相違があった。法的対応を要するなどの困難事例の数も地域により異なっている。専門機能を強化するために必要な弁護士や医療機関との連携についても、地域によって協力を得られる資源が大きく異なっている。市区町村をはじめとした地域機関との連携状況も同様に異なる。それぞれの児童相談所が地域事情に応じた相談組織体制や運営方法を編

＊1　本節における児童相談所相談体制に関するデータはことわりのない限り、全国児童相談所長会平成29・30年度調査「児童相談所業務の推進に資するための相談体制のあり方に関する調査」報告書（『全児相』通巻第107号別冊、2019年8月）から引用。

み出していかなければならないのである。

　なお、厚生労働省は2021年7月21日に通知を発出し、児相の管轄人口を「基本としておおむね50万人以下」とする参酌基準を示している。かつて児童相談所運営指針には、児相は「人口50万人に最低1か所程度が必要」と記載されていたが、2009年の同指針改訂によりこの記載が削除されていた。児相が住民に身近で利用しやすくなるように、各自治体で新たな児相開設の取り組みを進める必要があると考える。

　管轄人口だけではなく、児童人口や面積、交通事情なども考慮しなければならない。適切な児相の設置規模や児童福祉司一人当たりが担当するのに適当なケース数など、実情を踏まえながら今後もさらに検討を続ける必要があるだろう。

◆相談組織編成の工夫

　他の自治体の児相の運営状況については、十分に情報共有がされていない。こうした情報を知りあうことで、それぞれの運営方法改善の参考にできると思われる。前出の調査によると、児相の組織編成は自治体によってさまざまな形態が見られた。その実情について、専任担当部門あるいは専任担当者配置の形態を中心に紹介したい。

　児相内に相談種別に応じた異なる担当部署を設けている児童相談所が約16％あった。虐待や非行関係の相談と、障害や育成関係の相談とを分けた組織編成とする場合が多く、そのことで専門的な対応が可能となると評価されていた。一方で相談種別が変わった時に引き継ぐタイミングが難しいという課題もあげられていた。インテークを行う専任担当を置いている児相は約23％であった。そのことで地区担当者の負担軽減につながることや相談主訴をはっきりさせられるとの評価が見られたが、インテークの専門性がある職員の確保が困難という課題も示された。

　虐待専任担当は4割を超える児相が置いていた。それにより迅速な対応が可能となることや虐待相談に対してより専門的な対応が可能となる利点があげられたが、一方で職員の精神的負担が大きいことや、地区担当者にケースを引き継ぐタイミングが難しいことが課題としてあげられた。前出調査におけるヒアリング調査では、事例を引き継ぐタイミングが難しく虐待専任者が担当する時期が長引く

ことがあげられており、担当者が変わることへの当事者からの不満や、職員に全体を俯瞰してみる力量がつかなくなることへの懸念などが示されていた。反面では、保護者が気持ちを切り替えて地区担当者と新しい相談関係を構築できる可能性もあるだろう。なお、人員配置数や虐待相談対応件数が一定数以下の児相では、虐待専任担当が設置されていなかった。

　非行相談の専任担当を置いている児相は約4％と少ない。しかし関係機関との連携のしやすさに対する評価は高かった。ただ、専門性のある職員の確保が難しくなっていた。家族支援のための専任担当を置いている児相は約18％だったが、設置の利点に対する評価が高かった。やはり専門的な対応が可能となりノウハウが蓄積できることへの評価が高い一方で、専門性のある職員の確保に困難が見られた。

　里親・養子縁組支援の専任担当は128児相、約56％の児相が置いていた。関係機関との連携がとりやすいことや里親および里親委託児童との信頼関係を構築しやすいことが利点としてあげられていた。一方で専任担当者の異動による影響が大きいことが課題としてあげられた。厚生労働省の「令和3年度全国児童福祉主管課長・児童相談所長会議資料」を見ると、専任担当者設置児相は2021年4月1日時点で151ヵ所に増えている。続けて市区町村支援の専任担当を置いている児相について見ると、前出調査では22ヵ所、9.8％であったが、上記厚生労働省会議資料を見ると、2021年4月1日時点で58児相に増えている[*2]。いずれも、里親委託推進と市区町村の子ども家庭相談支援体制の強化が叫ばれる中、児相としても取り組みの強化が求められている結果だと言えよう。

　こうした専任担当部署あるいは専任担当者を全く置いていない児相は約27％であった。管轄人口規模の小さい児相が多いが、80万人程度の管轄人口がある児相でも置いていない場合があった。前出調査のヒアリング調査では、専任担当を置かない理由として、「危機介入とその後の支援とを分けるとソーシャルワークの分割となってしまう」「対立を乗り越えて関係が築かれる。そのことを通じてケースワークの力がつく」といった発言が見られていた。組織編成の相違は、相談対応の進め方に関する考え方の相違によるものであるが、今後も各地域の事

　＊2　厚生労働省「令和3年度 全国児童福祉主管課長・児童相談所長会議資料」（2021年8月27日）

情に応じたより良いあり方を各自治体が工夫する必要があるだろう。

◆児童相談所業務の民間委託

　現在、各地域では子どもと家庭を支援するための専門機能を持つ民間団体が存在し、地域に根差した取り組みを進めている。こうした民間団体と協働することで、児相の機能をより高めたり、児相の支援につながりやすくすることが可能となる。前出調査では民間団体への業務委託の状況について調査しているが、約3分の1の児相が民間団体に業務委託をしていた。多くは里親研修や里親支援に関するものであるが、委託している自治体のうち、夜間休日の相談対応の委託が約38％、通告を受けた後の安全確認業務の委託が約9％の児相で行われていた。効果としては児相の負担軽減につながることがあげられた。しかし民間委託をしていない児相のうちの約7割が適当な民間団体が見当たらないと回答していた。なお、厚生労働省の上記会議資料によると、2021年4月1日時点で児相業務の一部を民間団体等へ委託している自治体は82.4％に拡大している。

　民間団体との協働にあたっては、個人情報保護に関する検討が必要になる。この点では、協定を結ぶことで情報共有を可能とする方法がとられることが多い。民間団体は長期にわたり継続して活動している場合が多く、スタッフの専門性は高い。とりわけ、保護者支援プログラムの実施や予防的な子育て支援においては、地域の民間団体が蓄積してきたノウハウは貴重であり、行政に対する敷居の高い当事者にとって利用しやすい資源でもある。今後も協働関係を進めるとともに、相互に人事交流を可能とすることも必要ではないかと考える。地域により委託可能な民間団体が不足する現実を超えるために、民間団体の掘り起こしや、全国的な民間団体が活動地域を拡大するための支援など、国全体での動きを強めていくことが求められているだろう。

◆介入と支援の分離

　元来児相は、保護者等からの子育てに関する相談を受け、その解決に向けて共に考えることを相談活動の中心に置いてきた。しかし近年の子ども虐待対応は、相談動機のない保護者への介入的な関与から始まることが多く、従来の相談対応手法とは異なるところがある。こうした介入的な対応と従来からの支援的な関与

との相違をどう克服し統合するかに児相は苦慮してきたのである。そのためのさまざまな手法を試行錯誤しながら相談関係の構築を目指してきた。

　しかし虐待相談対応件数が増大し、48時間ルールなどの迅速な対応が求められるとともに、一時保護や法的手段など介入的な対応方法の強化によって、ソーシャルワークとしての相談活動からの解離に悩む状況がさらに深まってきた。介入的な対応の強化により保護者と対立関係に陥る場合が多く、その後の支援関係にスムーズに移行できないことから、児相における介入と支援の機能分離の必要性が主張されるようになったのである。

　ところで、介入と支援という言葉は論者によってさまざまな意味内容が含まれており、統一的な概念があるとは言えない。相談活動の中には、枠組みを提示して改善を求めるという意味での介入的な要素が絶えず含まれており、また介入から始まってやがて支援へと移行するという意味でも両者には分かちがたい側面がある。そこで、特に虐待相談の初期対応や法的対応の部分に限定して、その後の支援場面と分けてとらえ、それぞれの対応を組織的に分ける取り組みが進められてきた。

　典型的には虐待相談の専任担当部門または専任担当者を置くという形態であるが、これについてはすでに述べたような利点や課題が指摘されている。各自治体は相談対応の進め方に関するそれぞれの考え方に従い、さまざまな形態を工夫しながら現在に至っている。ひとりの児童福祉司が相談の入り口から最後まで担当することにソーシャルワークとしての意味を見出す場合もあれば、一定の援助方針が立てられた時点で地区担当児童福祉司にケースを移すのが良いとする自治体もある。いったん内部の組織を分離したもののその後に元に戻している自治体や、初期対応部門と地区担当児童福祉司とが早期から共同で対応するように切り替えている自治体もある。

　この点について、厚生労働省の社会保障審議会児童部会「新たな子ども家庭福祉のあり方に関する専門委員会」提言（2016年3月10日）では、「具体的な方向性としては、緊急対応の必要性に関する判断能力を備えた虐待通告・相談窓口を設置し、さらに、通告が受理された事例の調査・評価・保護等の措置を行う機能と、措置後の事例のマネージメントを行う機能を別の機関で行うといった体制整備が考えられる」と述べ、介入機能と支援機能の機関分離の方向性を示している。

その後に行われた2019年児童虐待防止法改正では、子どもの一時保護等の対応を行った児童福祉司以外の者に保護者への指導を行わせることを求める条文が盛り込まれ、児相内部での担当者の分離が進められる方向性にある。

　厚生労働省の前掲会議資料によれば、2021年4月1日時点で緊急介入とその後の支援を担当者で分けている児相が39％、部署を分けている児相は27％となっていた。法改正を受けて組織内で担当を分ける方法が進んでいるのであろう。児童相談所虐待対応ダイヤル「189」の導入により泣き声通告が児相に集約される現実や、警察署からの夫婦喧嘩等による心理的虐待通告が増大している状況にあり、こうした事例への対応に児相現場はひっ迫している現実にある。そのため、一定の事例については特設のチームを設置して対応せざるを得なくなっているのが現実とも言える。

　これらの事例については、例えば警察署が一定のアセスメントの下に一部は市区町村に通告するように少年警察活動規則を改定するなど、市区町村が一定の事例に対して対応する体制を進める必要性が指摘される（現在の少年警察活動規則では、通告先として児童相談所のみが記載されている）。また、将来的には、市区町村と児相とがワンストップで通告を受けてそれぞれの機能に応じた対応に振り分けるような、新たな通告受付システムを各自治体で構築していく必要があると考える。それに合わせて、初期対応や法的対応を行う機関を児相から分離した仕組みを現実的に検討する必要があるのではないだろうか。そのうえでこれらの機関がどのように協働するかを検討する必要があるだろう。

　児相の組織運営のあり方については継続的に検証していくことが必要である。児相の支援力がより有効に発揮されるように、市区町村・民間団体を含めた地域の相談組織体制の新たな仕組みを構築していきたい。　　　　　　　　（川松 亮）

第2章　児童相談所の相談内容と取り組み

第2章　引用・参考文献

法務省ウェブサイト「無戸籍でお困りの方へ」https://www.moj.go.jp/MINJI/minji04_00034. html

法務省ウェブサイト「無戸籍の方の戸籍をつくるための手引書」https://www.moj.go.jp/MINJI/ pdf/001293197.pdf

法務省ウェブサイト「婚姻の解消又は取消し後300日以内に生まれた子の出生の届出の取扱い について」https://www.moj.go.jp/MINJI/minji137.html

衣斐哲臣（1997）「児童相談所における家族療法的介入の一モデル──体罰習慣がある家族に対 する助言指導と保母・教師へのコンサルテーション」『家族療法研究』Vol.14 No.2、金剛出版、 104 〜 111頁

厚生労働省（2021）「児童相談所運営指針」

厚生労働省（2021）「令和2年度 福祉行政報告例 結果の概要」

内閣府ウェブサイト「無戸籍の児童に関する児童福祉等行政上の取扱いについて」（平成28年 10月21日付け事務連絡）https://www8.cao.go.jp/shoushi/shinseido/administer/office/pdf/ s57-1.pdf

中釜洋子（1999）「アセスメントの理論と実際」伊藤研一編『心理臨床の海図』八千代出版、 105 〜 132頁

岡村達也（2002）「臨床心理学のスケルトン」岡村達也編『臨床心理の問題群』批評社、52 〜 66頁

土居健郎（1992）『新訂　方法としての面接──臨床家のために』医学書院

児童相談所の基礎知識❷
相談種類別割合と
職員構成

児童相談所の相談種類別対応件数割合

　2020年度における相談種類別の相談対応件数は図1のようになる。子ども虐待に関する相談は養護相談に含まれており、養護相談のうちの73.0%を虐待相談が占めている（厚生労働省2020年度福祉行政報告例から計算）。ここに示したのは全国の児童相談所の集計であり、個々の自治体によって相談種類別の対応件数構成割合が異なっている。

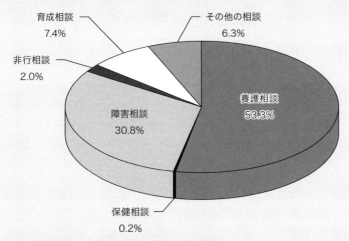

育成相談
7.4%

非行相談
2.0%

その他の相談
6.3%

障害相談
30.8%

養護相談
53.3%

保健相談
0.2%

図1　児童相談所の相談の種類別相談対応件数
出典：厚生労働省2020年度福祉行政報告例から筆者作成。

児童相談所で働く職員

　児童相談所の職員については、児童福祉法および児童相談所運営指針等で必要な職員と配置基準、資格等が定められている。各自治体はそれらを参考にしながら自治体ごとの事情に応じて職員の配置を行っている。

　児童福祉法では、所長、児童福祉司および指導教育担当児童福祉司（児童福祉司スーパーバイザー）、心理に関する専門的な知識および技術を必要とする指導をつかさどる所員（児童相談所運営指針では児童心理司と児童心理司スーパーバイザーと記載）、医師および保健師、弁護士（配置に準ずる措置でも可）の配置が定められている。

　このほかにも、相談員や心理療法担当職員、理学療法士等を置く児童相談所もあり、

さらに虐待対応や各種の事業を遂行するために非常勤職員が置かれている場合が多い。さらに、総務事務の職員が配置されている。相談部門に警察官や警察官OB、教員が配置されている児童相談所もある。また、一時保護所には児童指導員や保育士、看護師、栄養士、調理員（委託も可）が配置されている。

　所長および児童福祉司については、児童福祉法に資格要件が示されており、研修受講の義務も定められている。児童心理司については、大学で心理学を専修する学科を卒業した者もしくはこれに準ずる者、または公認心理師等の資格要件が定められている。

児童福祉司と児童心理司の職務内容と配置基準

　児童相談所では児童福祉司と児童心理司の両者を主軸としながらソーシャルワークを展開していく。児童福祉司は、子どもや保護者等からの相談を受けて必要な調査・社会診断を行い、子ども・保護者・関係者等に必要な支援・指導を行う。また、子ども・保護者等の関係調整（家族療法など）を行う。児童心理司は、子ども・保護者等の相談に応じ、診断面接・心理検査・観察等によって子ども・保護者等に対し心理診断を行ったり、子ども・保護者・関係者等に心理療法・カウンセリング・助言指導等の指導を行う。

　児童相談所運営指針では、児童福祉司の配置基準として次のように記載している。すなわち、各児童相談所の管轄区域の人口3万人に1人以上配置することを基本とし、人口1人当たりの児童虐待相談対応件数が全国平均より多い場合には、上乗せを行うこととし、その計算式を記載している。

　児童心理司については、同指針において、児童福祉司（里親養育支援児童福祉司及び市町村支援児童福祉司を除く）2人につき1人以上配置することを標準とすると記載している。2021年4月1日現在、全国の児童相談所に5168人（任用予定者を含む）の児童福祉司と2071人の児童心理司が配置されている。

　児童相談所では児童福祉司と児童心理司のほか、さまざまな専門職を加えたチームとしての業務遂行により専門性を機能させている。　　　　　　　　　　　（川松　亮）

*

第3章

子ども虐待への
取り組み

　児童相談所の相談に占める虐待相談の比率を見ると、2000年度には4.9％であったものが2020年度には38.9％に至っている（2000年度厚生労働省社会福祉行政業務報告及び2020年度厚生労働省福祉行政報告例から）。この20年間で大幅にその比率が高まってきたのである。社会は児童相談所に虐待からの子どもの救出を求め、不手際が生じると、そのことで児童相談所が批判されるという事態が繰り返されてきた。そのことは児童相談所職員への大きなプレッシャーとなり、一時保護を優先する社会的な風潮と合わさって、児童相談所による介入的な対応が広がりを見せた。それは児童相談所と当事者家族との対立的な構造を生み出し、そのために職員が疲弊する一方で、その解消のための工夫を重ねてきたのがこの間の取り組みであったと言えよう。虐待対応は児童相談所がなすべき業務なのだろうか、という根本的な疑問を持ちながらも、虐待相談への対応手法の開発や充実を図ってきたのがこの間の経緯である。

　この20年の間には、児童福祉法・児童虐待防止法の改正も相次ぎ、そのつど介入的な手法や法的対応の拡充が図られ、児童相談所はそれへの対応に翻弄されてきた。増加する一方の虐待相談への対応に行く手も見えない状態で追われまくりながら、介入手法強化のための体制整備も行うという、地に足がつかない状態での業務遂行状況が続いている。

　一方で対応への創意工夫は、さまざまな保護者支援プログラムの普及や家族応援ミーティングの導入、面接技法の洗練やアセスメントツールの開発普及、地域ネットワークの形成による支援など、有効な手法の拡充へとつながっている。また、地域の子育て支援の各種事業とつながりあった予防的な取り組みの必要性も広く認識されるようになった。しかしそれらの取り組みは、未だ地域による格差があり、また効果的な手法として十分に確立されているとまでは言えない。さらなる拡充のための検討が求められている。

　困難な対応を求められる事例が増加し、児童相談所職員が学ばなければならないことが一層増大している。本章ではその具体的な取り組みについて触れている。虐待相談対応の幅広さを感じ取っていただければ幸いである。

01 子ども虐待に対する 介入的対応制度強化の推移

　児童相談所（以下、児相）の相談対応における子ども虐待対応の比重が増すのに伴って、児相による介入的な対応手法が次々と導入されて現在に至っている。児相はこうした対応手法を迅速的確に実施することを社会的に要請されている。それらの介入的手法とソーシャルワークとしての相談対応との間に乖離を感じ、対応に悩みを抱えてきたのがこの20数年間の児相の実情である。それは、介入的手法を含んだ子ども虐待ソーシャルワークの確立を目指して苦闘してきた歴史であったと言えよう。本節では、2000年前後の時期から現在に至る虐待対応制度の推移を簡単にたどってみたい。

◆児童虐待防止法制定に向けて

　国が児相における虐待相談対応件数の統計を発表し始めたのは1990年であった。1990年代は、わが国において子ども虐待対応が本格的に始められた時期である。虐待死亡事例が報道され児相の対応の適切性が問われる中で、児童相談所が児童福祉法の規定を活用して虐待問題に積極的に関与することを求める動きが強まっていった。1997年に厚生省（当時）は「児童虐待等に関する児童福祉法の適切な運用について」（平成9年6月20日厚生省児童家庭局長通知）を発出し、立入調査や家庭裁判所への申立てなどの児童福祉法の規定の適用や、保護者等の同意がなくても一時保護を採ることなどを児相に対して求めた。これは今に続く虐待相談への介入的な対応手法の端緒となった。

　また、1999年に厚生省から「子ども虐待対応の手引き」（平成11年3月29日厚生省児童家庭局企画課長通知）が出され、子ども虐待への児童相談所の対応のあり方が詳細に解説された。

　当時厚生省は、児童福祉法によって子ども虐待へ対応する姿勢を取っていたが、これに対して国会議員を中心に虐待対応のための特別法制定の動きが強まっていった。そして2000年5月17日、議員立法により「児童虐待の防止等に関する法

律」（以下、児童虐待防止法）が制定されたのである。この法律により、児童虐待の定義がなされ、住民に通告義務が課された。さらに、児童の福祉に職務上関係のある者への早期発見の努力義務や、都道府県知事による立入調査権限、警察官への援助要請などが定められたのである。

◆2004年児童虐待防止法改正

　制定された児童虐待防止法には3年後の見直し規定があったことから、2004年に最初の大きな改正がなされた。まず第1条の目的に、児童虐待が児童の「人権を著しく侵害し」と記して、虐待を子どもの権利の問題としてとらえたところに特徴がある。そして、虐待の定義の拡大がなされた。すなわち、保護者以外の同居人による虐待の放置をネグレクトに加えたこと、児童が同居する家庭における配偶者に対する暴力を心理的虐待に加えたことである。また、第6条の通告義務に関しても、その対象を「児童虐待を受けた児童」から「児童虐待を受けたと思われる児童」に改正し、通告義務の範囲を拡大した。通告者が虐待の有無を判断する必要はなく、虐待の疑いの段階からの通告を奨励することとしたのである。

　同年には児童福祉法も合わせて改正された。その結果、市区町村が通告先として加えられ、これまでの児童相談所一極集中相談体制から、市区町村と児童相談所との二層制による相談体制が始められたのである。さらに、要保護児童対策地域協議会が法定されて、地域のネットワークによる支援が推進された。日本の子ども家庭相談体制におけるコペルニクス的な転換が行われた年であったと言えよう。その他にも、保護者同意のない施設入所措置に対する家庭裁判所の承認審判申立てに2年の期限が定められ、更新制が導入された。子ども虐待対応への司法関与の漸進が図られたのである。

◆2007年児童虐待防止法改正

　2004年改正法にも3年後の見直し規定があったことから、2007年には特に子どもの安全確認の方法をめぐって大きな改正が行われた。児相が家庭とのコンタクトを取れないまま子どもが死亡する事例が発生したことも背景にあった。

　それが臨検・捜索制度の導入である。従来の立入調査では施錠されている家庭に強制的に立ち入ることはできなかった。そこで、裁判所の許可状を得たうえで、

解錠を伴う立入調査を可能とする制度が導入されたのである。その手続きとして、出頭要求・立入調査・再出頭要求を経ることが定められた。あわせて児童福祉法では、立入調査に応じない場合の罰金の額が増額された。こうした改正により、児相は証拠資料を集め手続きを重視して、手順に従って積み上げる対応方法への習熟が求められるようになったのである。また、臨検・捜索での保護者の抵抗を予想して、警察官と共に演習する研修が各自治体で開催されるようになった。

本改正では、面会・通信の制限が強化されたことや、接近禁止命令が制度化されたことも大きな特徴である。さらには保護者が児相の指導に従わない場合の対応手順が記されるなど、児相による権限の強化がさまざまな形で行われた。しかしこれらは司法の関与が伴わない行政権限の強化であった。児相はこれらを実際に行使して子どもを守ることを要請されることとなったのである。

◆48時間ルールなどの通知による対応強化

こうして介入的な対応が強化される間にも、数々の虐待死亡事例が発生した。特に2006年の長岡京市における3歳男児の死亡事例、2010年の江戸川区における小学1年生男児の死亡事例や大阪市西区でのネグレクトによる2児死亡事例はマスコミでも大きく取り上げられた。こうした事件発生後には厚生労働省から対応の徹底を求める通知が発出されることが続いた。上記の3事例も例外ではない。

例えば、2007年の児童相談所運営指針改訂では、虐待通告後の安全確認は48時間以内に行うことが望ましいとする、いわゆる「48時間ルール」が示された。また。2010年には「学校及び保育所から市町村または児童相談所への定期的な情報提供について」（平成22年3月24日付け厚生労働省雇用均等・児童家庭局長通知）や「虐待通告のあった児童の安全確認の手引き」（平成22年9月30付け厚生労働省雇用均等・児童家庭局総務課長通知）が出され、関係機関による情報共有や児相による確実な安全確認の実施が求められた。

こうした通知の発出や児童相談所運営指針の改訂はその後も繰り返され、そのつど児相の介入的な対応や子どもの保護の強化が図られたのである。

◆2011年民法・児童福祉法改正

2007年改正法にも3年後の見直し規定があったため、法改正が進められた。

この時の最も大きなテーマは、親権に係る制度の見直しであった。法制審議会において民法の改正が検討され、その結果、親権停止制度の新設を含む民法及び児童福祉法改正が実現したのである。また親権規定についても、親権者は「子の利益のために」子を監護教育する権利義務があるとする規定に改正された。

　家庭から分離された子どもの支援に関して、親権者の意向によって十分な対応ができないことが課題とされてきていたが、これについては施設長等の権限と親権者との関係の明確化や里親委託中及び一時保護中の児相長の親権代行などの規定が整備され、親権者の妨害を防いで子どもの福祉を図るための手段が広がった。

　さらに児童福祉法改正では、親権者等の意に反する一時保護の場合に、2ヵ月を超えて一時保護を継続しようとする際には児童福祉審議会の意見を聴かなければならないという制度が導入された。

　以上のように、児相にとっての法的手続き事務が拡大し、弁護士と一体となった業務運営が必須となっていったのである。

◆2016年児童福祉法・児童虐待防止法改正以降

　度重なる法改正を経たのちも重大な虐待事例が継続的に発生する中で、子ども虐待への対応体制を抜本的に見直す機運が高まり、厚生労働省の専門委員会は2016年3月に「新たな子ども家庭福祉のあり方に関する専門委員会報告書」を提言した。この委員会では広範なテーマが検討され、妊娠期からの支援に始まり子どもの自立支援まで多くの提言内容が含まれていた。そしてこれに基づく児童福祉法等の改正が同年5月に行われたのである。

　その改正内容は、児童福祉法総則に国連子どもの権利条約の理念を取り込んだ画期的なものであった。また、国・都道府県・市区町村の役割が法文上に明記され、社会的養護において家庭養育を優先的に選択する方向性が示されたことも大きな改正点であった。

　市区町村や児童相談所の体制強化も図られ、市区町村に子ども家庭総合支援拠点を整備することや児童相談所へ医師または保健師・児童福祉司スーパーバイザー・弁護士を配置することが明記された。また、児童福祉司や市区町村の要保護児童対策地域協議会調整担当者の研修が義務化され、そのカリキュラムも国から示されて翌年から実施に移された。さらには、従来18歳以降の支援策が乏し

かったところ、18歳以降にも児童相談所の措置や一時保護を継続して取ることができる方策が示され、支援方法の拡大につながった。

この後も、児童福祉法・児童虐待防止法の改正が数次にわたって繰り返され、またその後に発生した虐待死亡事例を受けた国からの通知が継続的に発出された。この展開は急ピッチであり、また内容は膨大なものであった。

例えば法改正に関しては、2017年の児童福祉法改正により、親権者の同意のない一時保護について2ヵ月を超えて継続する際には家庭裁判所による審査が導入された。一時保護の司法関与に向けた漸進がさらに一歩進められたことになる。2019年には児童虐待防止法が改正され、体罰の禁止が法定化されるとともに、一時保護等の対応を行った児童福祉司以外の者に保護者への指導を行わせることを求める規定が設けられた。

このような一連の法改正や通知の発出と並行して、児相の体制強化も急速に進められた。従来児童福祉司の配置が少ないためにゆとりを持った事例対応ができていないことが多方面から指摘されてきたが、国は人員配置増に向けた強化策を積極的に展開した。2016年4月の「児童相談所強化プラン」、2018年12月の「児童虐待防止対策体制総合強化プラン」（新プラン）により、児童福祉司の配置を人口3万人に1人を目指して拡充を進めた。その結果、2016年4月1日時点で3030人であった児童福祉司が2021年までに5260人の体制となることが目指されたのである。このため全国の自治体では新任児童福祉司を大量に任用することとなり、その育成が新たな課題として立ち上がることになった。また、実際には思うように配置ができない自治体も多く、人材の確保が大きな課題となった。

本稿執筆時点では、厚生労働省において、児童福祉司の専門性確保策や一時保護手続きへの司法関与の推進策あるいは子どもの権利擁護のためにその意見表明を受けとめる仕組みづくりが検討されている。今後もあらたに法改正が行われて、これらの課題に対する施策がさらに押し進められることになる。

この20数年にわたる子ども虐待対応の強化の歴史を見てきたが、以上は保護対応の強化の歴史でもあったと言えよう。それに対して、子ども虐待が起こらない社会づくりとそのための子育て支援の充実が一方では強く求められている。これからは子ども虐待の予防に向けた施策の積極的な展開を進めることが必要であろう。

（川松 亮）

ネグレクト事例への対応

◆ネグレクト事例の対応の困難さ

　ネグレクトについて、児童虐待防止法第2条の3項では、児童の心身の正常な発達を妨げるような著しい減食または長時間の放置、保護者以外の同居人による身体的・性的・心理的虐待の放置、その他保護者としての監護を著しく怠ることと定義されている。身体的・性的・心理的という他の3つの虐待が子どもに不適切な行為を行うのに対し、ネグレクトは子どもの健康・安全への配慮を怠るというものであり、子どもに向かうベクトルの方向が逆向きである。米国では、虐待とネグレクトとは分けて扱われているが、日本では、虐待防止法で示された4種別の虐待の中の1つとされている。

　ネグレクト対応の困難さについて安部（2016）は以下の5つの点をあげている。自らの児童福祉司時代のネグレクト事例対応を振り返ってみても、そこには多くの「悩ましさ」があった。この5点から振り返ってみる。

①「範囲が不明瞭」

　厚生労働省はネグレクトの例として(1)適切な食事を与えない、(2)下着など長期間ひどく不潔なままにする、(3)極端に不潔な環境の中で生活をさせるとされている。では、適切でない食事とは何か、どれくらい不潔な状態がネグレクトなのかという基準が不明瞭であり、個人によって、その感覚は異なるだろう。そのため、子どもの安全という点に主眼を置くと、今ここの危険という点で判断しづらく、市町村が主担当を担い、要保護児童対策地域協議会での見守りが長期にわたり続くケースが多くなる。

②「ネグレクト家庭の多くの課題」

　ネグレクトは1つの要因ではない。例えば、子どもの夜間放置という問題には、積極的な放置もあるだけでなく、経済問題やひとり親家庭、支援サービスの限定などの問題が絡む。また、ゴミ屋敷状態という現状は、親の能力の問題、親の精

神状態の問題、子どもの多さなども絡み合う。加えて、保護者は支援を望んでいない場合が多い。

③「なかなか改善しない」

　上記のことから、改善が難しい状況となる。1つ1つの問題を解決してもネグレクトの改善と連結しないことが多い。例えば、保護者が朝起きられずに保育所に子どもを送ってこないという問題に対しては保育所への送迎サービスの提供、家の片づけに対してはホームヘルプサービスの提供を支援プランとして考えたとする。保護者からサービス利用についての同意を取り付け、サービス提供を開始する。しかし、多くの場合、途中で保護者が利用を断る、サービス提供者とトラブルになる、連絡が途絶えるなどが起こり、結局、改善につながらない。自分自身もゴミ屋敷状態の多子家庭に入り、大掃除を2回したことがある。関係機関調整をし、地域のボランティアにも協力してもらい、どちらも丸一日をかけて行ったが、数ヵ月もせずに同じ状況に戻ってしまった。この活動が子どもたちの状況の改善には至らなかったことで関わった人たちの落胆は大きく、これ以上は協力できないという事態となった。このように、ネグレクト事例の対応は、支援者側の怒りや無力感が高まりがちとなる。

④「支援の制限」

　サービス利用につながった場合、他者に頼り切りになるという家族もある。保護者が自分たちで何とかしようとしない。要求ばかりが増えてくる。そうなると、サービスには限りがある、いつまで支援すればいいのかという支援者の怒りが呼び起こされたり、支援サービスの制限が告げられることもある。

⑤「分離要求」

　このような状況が続くと、「子どもをいつまであんな家に置くのか」という声が支援者側から出てくることが多い。ここで、一時保護をめぐって、児童相談所と関係機関の軋轢が高まることになる。仮に一時保護をした場合、保護者とやりとりを重ね、子どもを家に戻そうとすると、市町村や関係機関の反対にあうということが起こる。関わる機関からすると、家に子どもを戻せば、上記の②③④がまた繰り返されることが予測されるからである。

　生まれた家族のもとで子どもが育つことを第一として、安全問題を考える中で、どのレベルをもって、親子を分離することが必要なのか、保護者が同意しない場

合、この状態が分離を必要とするだけの状況なのかを示すことの難しさ、分離することで家族とそして地域から子どもを離すことのマイナス要素も考えるとネグレクト事例の対応には、常に悩ましさが伴った。加えて、ネグレクトは重篤な状況に陥る場合があることを忘れてはならない。

◆ネグレクト事例を俯瞰してみる

ここでネグレクト事例の重篤事例について見てみる。

第17次の死亡事例検証報告で「ネグレクト死」が特集として取り上げられた。ネグレクトが要因となった子どもの死亡時の年齢は0歳児が全体の約60％で、0歳児の中でも生後0日児が28％、3歳以下が全体の約80％を占めていた。乳幼児においては、ネグレクトは死につながる危険性があることがわかる。

報告では、子どもの健康・安全への配慮を怠ったために死亡となったネグレクトは「適切な対処を開始する契機が得られれば防ぎうる虐待死であるが、家庭の詳細な状況把握やそのアセスメントが難しく、端緒となる事象の把握が最大の課題となっている。また、母に育児不安が見られないなど、『困りごと』を支援開始の契機とできない傾向がある」とされ、アセスメントの重要性が述べられている。

また、0日児の死亡では、児童相談所の関与はなく、市町村の関与も少ない。つまり、妊娠中から支援が必要な特定妊婦として発見すらされないところで発生しているのである。この場合の母の年齢は多様ではあるが、若年の割合が高い。そして、父の情報は不明な事例が多い。1人で抱え込んで産み落として死に至らせる前にどのように支援情報を届けるか、どうやって発見するのかというシステムの課題が見えてくる。

またひとり親家庭の若い母が幼い子どもを放置して、その子どもが衰弱死した事例からは、育児に疲れ果てる中で、前にも子どもを置いておいたが、大丈夫だったからと子どもを放置してしまう状況に至る絶望感・あきらめ感が見える。ここでも自らは支援を求めないという課題がある。

ネグレクト家庭の保護者と話すと、保護者自身の育ちの困難さを感じることが多い。子どもにとっては自分の家庭が基準であり、親がいつもいなかったとか、学校はあまり行かなかったとか、親に食事を作ってもらったことはないという家

庭の場合、その状況が当該の子どもには普通の状況となる。その子どもが自らの子どもを育てる状況になった際に、保護者が子どもの側にいること、学校に通わせること、食事を手作りすることが重要なことであるという認識にはならないだろう。自分が保護者から注意を払われていないというネグレクトの体験は、人に助けを求めて不安感を解消するというアタッチメントの基盤形成を難しくする。それは、対人関係の持ち方にも影響し、支援関係の構築をも難しくし、繰り返されていく。

　ネグレクトの背景には、「社会的排除」という保護者個人の問題を越えた社会の課題がある。個人の責任という問題ではなく、周りからのより手厚いサポートが必要である。それは支援機関の担当だけでなく、それを越えたサポートネットワーク、制度の改正までを含む広い視野で見る必要がある。

◆伴走型支援の大切さ

　子どもを一時保護するだけでは、真の解決には至らない。他の3つの虐待と比べるとネグレクト状況は、まるでスモッグのようにその家庭に存在しており、特にその家庭が孤立状況にあると、それが問題とは家族も子どもも感じにくい。そのため、見守るだけでは改善は困難である。

　それに対して、各地でさまざまな取り組みが行われている。例えば岡山県は、英国のネグレクトのアセスメントツールを参考に「『子どもが心配』チェックシート」を作成している。この中に「子どもの支援者は子どもと親、その家族と一緒にアセスメントや支援計画を作成することが望ましい」と書かれている。図1は、家族の状況をアセスメントする際の3つの側面を示したものである。三角形の中央には、「子どもの最善の利益」がある。支援者は常に「子どもにとっての最善の利益とは何か」を念頭に置いて家族と子どもに関わる必要がある。

　①子どもの育ちのニーズが満たされているか
　②親の養育能力はどうか
　③家族と環境はどうか

　アセスメントのためには、家族との対話が欠かせない。シートを活用して、子どもの育ちの安全を保障するためにこの3つの側面から、この家族の考えや実態を丁寧に聞き取る必要がある。保護者のできていないところばかりに注目され

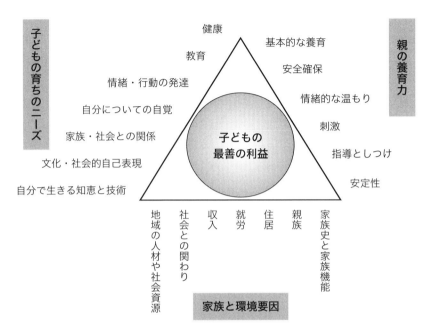

DoH et al. (2000) Framework for the Assessment of Children in Need and Their Families. London: HMGO.

図1　子どもと家族のためのアセスメントの枠組み

がちだが、うまくできているところを支援者が引き出していくことで、家族も子どもの育ちに必要なものを理解し、共に進めていくことができる。

　かつて、ゴミ屋敷状態から大掃除の後に後戻りせずに維持できた家族の支援は、家族にこの先、どうなりたいかを丁寧に聞き込んでいき、そのための方法を共に考え、共に実行し、その後、定期的に状況を確認して、フィードバックを行っていた。サービスを提供するだけではなく、家族のことをわかっている支援者が伴走支援をする。直接の家族支援の対応機関は市町村であったとしても、児童相談所が共にアセスメントをし、協働することでネグレクト家庭に充満する孤立のスモッグを取り去ることに有効に機能するのである。　　　　　　（久保樹里）

03 泣き声通告や警察署からの心理的虐待通告への対応

◆増加する虐待相談の対応

虐待相談対応は、2004年法改正による通告義務の範囲拡大と社会的関心の高まりから、「子どもの泣き声が聞こえる」等の虐待を受けている疑いがある段階での通告（以下、泣き声通告）や、子どもの面前で家族等に対する暴言・暴力が行われることによる心理的虐待を主訴とした警察署からの通告（以下、面前DV）が増加したことにより、実質的な対応件数が押し上げられている。それらの中には、虐待の事実がない場合や軽度の事例もあるが、児童相談所は通告を受けた全ケースにおいて、速やかに子どもの安全確認や初期調査を行うため常時対応に追われている現状がある。同時に、深刻化する虐待事例があとを絶たない状況から、市区町村と児童相談所の役割分担の明確化や児童相談所の権限の強化等、さまざまな虐待防止対策の充実が図られている。

東京都（区児相以外）では、2016年法改正を受け、児童相談所から市区町村へ事例を送致し主担当を変更する役割分担の仕組みを整えた。2019年10月より、「泣き声通告」や「面前DV」等で、地域の身近な機関である市区町村が家庭訪問や安全確認を実施するほうが適していると考えられる事例について活用している。

◆「泣き声通告」の対応ポイントや留意点

「泣き声通告」と一口にいっても内容は千差万別である。緊急度や重症度を判断するために、通告者から子どもの泣き声の頻度や時間帯、泣き声以外の情報（大人の怒鳴り声が聞こえる、子どもが家の外に出されている等）を詳しく聞き取ることがポイントとなる。そのうえで、子どもの安全確認と初期調査の結果に基づき対応方針を決定する。泣き声通告の調査は、事前連絡ができない中で家庭訪問する状況となるため、保護者は突然の訪問を受けたうえ虐待を疑われたという衝撃で抵抗を示すことが稀ではない。面接をする際には、そのような心情に十分配

慮し、日々の子育てを労いながら困り事を聞く等、不適切な養育行動に至る要因を共有することが重要となる。事象だけを捉えて改善を求めるのではなく、一緒に考えるという援助の姿勢により、保護者の強みや改善への意欲を引き出し、解決に結びつくよう支援することが肝要である。

◆「面前DV」の対応ポイントや留意点

　「面前DV」は警察署が当該家庭に接触した際の詳細を確認し、他の通告と同様に初期対応を行ったうえで対応方針を決定する。DVを見聞きすることにより、子どもにとって安心できる家庭環境が失われ心身にさまざまな影響を及ぼすことから、子どもへの直接的な虐待行為はなくても、子どものいる家庭でDVが行われている場合は心理的虐待として取り扱う。保護者には子どもがDVの影響により、自己肯定感の低下や情緒不安定を引き起こし成長発達に影響を及ぼすこと、暴力的なコミュニケーションを学んでしまう可能性があること等について、具体的に説明し認識を深められるよう援助することが重要となる。また、面前DVは暴力・暴言の目撃だけの問題ではなく、家族の支配関係の構造についても把握し慎重に対応する必要がある。状況によりDV被害者である保護者への支援や、子どもの安全確保のため一時保護等の検討も求められる。

◆子どもの最善の利益

　虐待体験のある子どもは、さまざまな葛藤を抱え意思決定等ができない状況に置かれている場合がある。そのような特徴や心理面を十分理解し、権利の主体である子どもの声に耳を傾け、人権を守ることを優先しなければならない。「泣き声通告」や「面前DV」で関与する際、保護者対応に比重が置かれる場合があるが、子どもの発言を聴取することはもちろん、言葉以外の発信や家族全体の状況を把握することが重要となる。また、傷痕の有無、衛生面、家庭訪問の場合は部屋の中の様子等を確認することも必要である。そのうえで、子どもや保護者に対し、関与する理由や改善に向けた見通しを丁寧に伝え、信頼関係を構築することが援助の基本となる。事例により困難な場面に遭遇することもあるが、常に方針の組み立てを精査しながら、子どもの最善の利益を優先したものとなっているか確認することを忘れてはならない。

◆ 児童相談所の責務

　虐待相談対応については、法律、指針、手引き等により一定の基準は示されているが、実際のケース対応は一律ではない。一人ひとりの子どもと保護者の置かれた状況を理解し、それぞれに適した支援を組み立てることが求められる。悩み迷うことの連続であるが、子どもの最善の利益の視点に立ち、保護者との援助関係の構築を図りながら取り組み続けることが児童相談所の責務である。日々緊急事例に追われながら保護者対応に神経を使う等厳しい面も多いが、実践の中で得た経験からスキルを醸成し、さまざまな課題を組織として共有し切磋琢磨することにより、子どもの権利擁護の担い手として専門性は確保されていく。

　現在の児童相談所の虐待相談は、「泣き声通告」や「面前DV」等のケースから、一時保護や施設入所等の行政処分を行うケースまで幅広く、それぞれの事例から学ぶことは多い。順調に解決へ進む場合もあれば、関与自体に著しい拒否を示される等さまざまな状況に対峙することになるが、誠実にその時々での最善の援助を尽くす中で、子どもや保護者の変化に立ち会える喜びが相談援助活動の原動力となる。

◆ 市区町村と児童相談所との対応区分

　子ども虐待対応の手引きには、子ども虐待対応の枠組み（虐待の重症度と市区町村・児童相談所の対応）について以下のように記されている。児童福祉法により児童相談所は、専門的な知識及び技術が必要な相談に応じ、立入調査や一時保護、児童福祉施設への入所などの措置を行い、また市区町村に対し必要な援助を行うこととされている。一方、市区町村は業務として子育て家庭の相談に応じ、要保護児童の通告先であることとされている。また、市区町村は専門的知識や技術を必要とする相談は、児童相談所の援助・助言を求めることとされている。

　先に触れたように、東京都（区児相以外）では2019年10月から、「泣き声通告」や「面前DV」等は、事例ごとに協議のうえ児童相談所から区市町村へ送致している。しかし、取り扱う件数は徐々に増えているものの、児童相談所と市区町村の役割分担を明確化するまでの状況には至っていない。「新たな児童相談のあり方について」（東京都児童福祉審議会提言・令和2年12月23日）にあるように、虐待の重篤化を阻止し虐待の未然防止を徹底するため、「予防的支援」と「早期発

見」の抜本的強化に向けて、相互の専門機能が十分に発揮されるよう体制整備を進めることは重要な課題である。

　現在、相談機関の役割にかかわらず、市区町村と児童相談所がそれぞれ虐待通告を受理していることから、双方にとって通告内容がミスマッチになる場合がある。その結果、主担当機関を変更するための事前協議や手続きに時間を要し迅速な対応に支障が生じている。今後は、これらのケースの振り分けに関する課題の整理を行うとともに、警察署からの通告窓口を児童相談所に限定せず、事例により市区町村に直接行えるよう整備が必要と考える。

◆ 在宅支援の充実

　子どもの虐待はさまざまな要素が複合的に絡み合い発生するため、予防や早期発見、再発防止を担う市区町村の役割は大きい。市町村児童家庭相談援助指針にある通り、母子保健事業や養育支援訪問事業等の子育て支援事業において、児童虐待防止の視点を強化し、虐待のハイリスク家庭等養育支援を必要とする家庭を早期に発見し適切な支援活動を行うこと、育児負担の軽減や孤立化を防ぐ目的で、地域の一般子育て支援サービスを紹介する等、地域の育児支援機関につなげることが必要とされている。今回取り上げた「泣き声通告」や「面前DV」等の事例については、市区町村の関与から支援を開始することが有効である。

　2020年度、全国の児童相談所が対応した虐待相談件数は20万件を超えた。しかし、子どもの一時保護や施設入所等の措置は一定件数に留まり、在宅指導が大半を占めている状況にあることから、さらなる地域支援の体制強化は喫緊の課題である。

　市区町村と児童相談所との対応区分については体制整備が必要であり、一足飛びに進められない面もあるが、関わる機関が相互の機能を認識したうえで、地域において子どもや保護者に対するさまざまな施策を充実させることが望まれる。

（永山静香）

ドメスティック・バイオレンスと虐待

◆ドメスティックバイオレンス（DV）について

　児童相談所では児童が同居する家庭における配偶者に対する暴力の警察からの虐待通告の受理件数が急増している。またDV家庭においてDVの加害者である父からの虐待による子どもの死亡事件（2018年目黒区・2019年野田市）が起こっている。家庭において、児童虐待とDVが併存することは通常にみられ、児童相談所の職員は、DVと支配のメカニズムの本質を理解し、DVのある家庭に介入することが求められる。

　DVとは、現在または過去の親密なパートナーに対して、パワーとコントロールを駆使する支配行動のパターンである。女性の被害率が高く、また事件化される激しい暴力の被害者も圧倒的に女性が多いというジェンダー不平等（男女格差）を背景にした女性に対する暴力という側面がある。一方、親密な関係において起こり得るという側面もあり性別にかかわらず被害がみられる場合もある。DVの暴力の種類には身体的暴力、精神的暴力、経済的暴力、社会的暴力、性的暴力、子どもを使った暴力等が挙げられる。近年、欧米ではDVの定義として強圧的コントロール（Coercive Control）という、脅迫、監視、貶め、コントロール、孤立、日常生活の統制などを含意する概念で説明されることが多くなっている。これは身体的暴力のみならず、加害者が巧みに行う精神的暴力や社会的暴力が被害者に及ぼす影響やダメージに着目している概念であり、パートナー間に力の不均衡・支配が成立しているかどうかが、この問題の本質に迫る視点といえる。

◆DVが子どもに及ぼす影響

　DVは子どもの育ちにさまざまに影響を及ぼす。DVの加害者である親（以下、加害親）が子どもに及ぼす影響を6点示す。①加害親はパートナーのみならず、子どもにも直接的な危害を加える割合が高いこと。②加害親がDV被害者である親（以下、被害親）に行う暴力や支配言動を子どもが見聞きすることによる影響。

これは、子どもに恐怖や不安を与えるとともに、親の暴力を止められないという罪責感や無力感、人との関係の取り方の誤学習（加害の正当化、暴力を使う、支配を生み出すなど）にもつながる。③加害親により被害親と子どもの関係が壊されること。加害親が被害親を貶めることを子どもに吹き込んだり、子どもと被害親が仲良くすることを阻むなどがみられる。④加害親により被害親が適切に子どもを養育しケアするという子育ての機能が脅かされること。加害親の一部は、被害親が子どものニーズを無視することや子どもに不適切な関わりを行うように仕向けることを非常に巧みに行う。⑤加害親による暴力や支配により、被害親と子どもが家庭にいることが難しくなり、避難や転居などにより生活基盤の変更を余儀なくされること。⑥加害親は児童福祉等の機関が家庭に介入したり、被害親が支援を得ることを妨げたり、家族員の情報を操作する等により、機関の関わりを困難にし、子どもを守ることを難しくすること。

　これらは、子どもを危険にさらすだけでなく、成長や発達に多様にダメージを与え、また子どもが家庭で安定した養育を受ける機会を阻害する。DVのある家庭に対応する際には、どのように加害親が子どもの安全を脅かしているか、発達や成長に影響を及ぼしているか、被害親の子育てに影響を及ぼしているかという加害親のパターンと支配構造、家族力動のアセスメントが肝要である。

◆DV被害者支援のためのステージモデル

　児童相談所の実践ではさまざまな状況の被害親と子どもに出会う。DVのある家庭の児童福祉実践を考える時、その時々の状況に適した支援や介入の検討が必要である。以下では筆者が作成した、被害親の状況を捉えるための「DV被害者支援のためのステージモデル」（以下、ステージモデル）を示す（図1）。

　ステージモデルでは、被害者の生活の場＝物理的ステージと、被害者の心理状況＝心理的ステージの両軸から、被害親の状況を把握し、必要な支援を検討する。物理的ステージにはAからDのステージがある。Aステージは加害者と同居中、Bステージは一時避難中（シェルターに一時保護中、実家に避難等）、Cステージは加害者と別居した初期（新住居での生活や実家での継続した生活、母子生活支援施設に入所中等）、Dステージは離別から一定の時間が経過し、一定の安定した生活の場を得ている状態を指す。心理的ステージにはⅠとⅡがある。Ⅰステージは加害

D：加害者と別居 　「私」の新生期		D
C：加害者と別居（当初） 　生活の再生の時期	C I	C Ⅱ
B：一時避難中	B I	B Ⅱ
A：加害者と同居	A I	A Ⅱ
物理的ステージ 　　　　　心理的ステージ	Ⅰ：離別の決意なし 　　もしくは、迷いあり	Ⅱ：離別の決意あり 　　＝決定的底打ち実感

図1　DV被害者支援のためのステージモデル（増井 2019）

者と離別の決意がないもしくは揺れている状態である。Ⅱステージは加害者と離別の決意をしている状態である。

◆ 児童相談所が出会うDV──離別の困難さへの理解

　児童相談所では多様なステージにいる被害親と子どもに出会う。

　ステージモデルに照らすと、DVに伴う心理的虐待通告で関わる多くの親子は加害親と同居中で離別の意思を有していない、つまりAⅠが多いといえる。また、虐待通告に対応する中で、一時的に実家に身を寄せている場合や婦人相談所で一時保護中（Bステージ）の親子に出会うこともある。DVを受けているにもかかわらず関係を継続する被害親（AⅠ）や、Bステージにいた被害者がその後、元の家に帰宅する（BⅠからAⅠへ）ケースに出会うと、「DV被害者は離別しない」「すぐに帰宅する」等、被害親に対してネガティブな評価を抱きがちである。強圧的コントロールによる影響や生活の大きな変化が求められること等離別をすることの難しさの理解が求められる。また、一時避難や帰宅を繰り返しながら関係を決定していくのが通常であり、たとえ帰宅したとしても、実家やシェルターへ一時避難したことについて、被害親が緊急時に自身や子どもの安全確保のための正当な行動をしていると捉える視点も必要である。

◆ 児童相談所が出会うDV──離別後の支援の必要性

　被害親が子どもを伴って加害者と別居（Cステージ）すると、子どもが加害親から直接的暴力を受けることやDVに伴う心理的虐待にさらされることがなくなったことから、児童虐待対応の立場では「リスクが下がった」と判断される。し

かし住み慣れたこれまでの生活から大きく環境が変化し、またDVと虐待の影響が大きく残る別居後の時期こそ、子育てに対して直接的な支援が求められる。子どももトラウマ反応が表れたり、環境が変化した影響を受けていることから、子どもの状態を丁寧にみていき、子どもを主体として関わり、ケアすることが必要である。また、先述したように、加害親により親子関係が壊されていることも多いため、親子関係を再構築していく支援も重要となる。さらに、生活の構築や離婚等により関係を整理していく手続きに伴走するといった被害親への支援がとりわけ不可欠であり、DV相談機関や福祉事務所等との連携も求められる。

　児童相談所の職員は離別後数年経った（Dステージ）親子にも多く出会う。例えば、思春期になった子どもの非行や家庭内暴力、ひきこもり等の「問題」から児童相談所につながる中で、子どもの生活歴を見ていくと過去に父母がDVにより離婚をしているケースに出会う。本来なら離別後にケアが必要であったにもかかわらず十分支援が得られずに、例えば、被害親は生活の構築・維持のため必死で働き、子どもと被害親のトラウマ症状が放置される等の結果として子どもの「問題」として数年後に表面化しているともいえる。

　このように児童相談所はさまざまなステージの被害親と子どもに出会っており、DV理解に基づく多層的な支援介入技術と多機関との連携が求められる。

◆被害親との協働と被害親への支援の視点

　被害親は、加害親と同居中（Aステージ）の困難な中においても、子どもの生活を維持するため、子どもの成長のため、子どもの被害を軽減するため多くのことを行っていることが研究より明らかになっている。加害親の暴力の責任を被害親に課し、子どもを守れていないということで被害親を断罪しても子どもの安全と福祉の向上にはつながらない。それにより被害親が追い込まれ孤立したり、加害親のパワーの影響も受け児童相談所に不信を向けたりすることもみられる。「あなたの大切な子どものことを一緒に考えていきましょう」「あなたは多くのことを子どものためにしている。そのことを教えてください。できることを一緒に考えたいと思っています」というスタンス、つまり被害親と子どものための協働関係を作っていくという介入へとパラダイムの転換が必要である。

　重要になる視点を以下に示す。①被害親単独、かつ加害親の影響を受けない面

接の設定をすること。②加害親の暴力の責任を被害親に負わせないこと。DVの責任はあくまでも暴力をふるうものにあることを理解する。③支援者や行政機関がDVを認知した時が被害者の離別への動き出しの時ではないことを理解すること。また加害親と離れることで子どもの状況がよくなるとは限らないこと、および、離別のタイミングが悪いと事態が悪化することがあることを理解すること（バンクロフト2004＝2006）。④被害親のストレングスに着目し、支援に活用すること。被害親に子どものためにしていることを尋ね、すでに対処していることを共有し、子どもへの影響を減らすためにできることを話しあう。⑤被害親に状況の客観視につながる情報（DVの暴力の種類やDVサイクル等）を提供すること。これは自身の状況を理解してくれる人として被害親との関係構築につながる。また加害親との生活を継続しても「心まで支配されていない」状況を生み出し、子どもを守るための行動や親子関係を保持できる可能性を高める。⑥DVに晒されて育つことや加害親の暴力・支配的言動が子どもに及ぼす影響について情報を伝えること。これは子どものために関係を続ける必要があると考えている被害親にとって、子どもの影響の客観視と真に「子どものため」とは何かと改めて考える機会を提供することになる。⑦被害親本人が主体の立場で支援を受けることができるDV／女性相談機関等の情報提供やつなぎ（同行・同席が望ましい）を行うこと。これは支援を一機関で抱え込まないことにもつながるとともに、被害親の孤立を防ぎ、また離別に動き出す際に有効な支援を提供できる可能性を高める。⑧子どもを児童相談所で一時保護する必要がある時等は、機関の役割と子どもの福祉の立場から「何のための介入」であるかの丁寧な説明を行うこと。また支援者の関わりを通して、被害親が真摯に心配されていることが感じられることも重要である。⑨生活を変える選択肢がないと理解している被害親が多いことから暴力のない生活を得る具体的方法が示されること、である。

◆加害親の対応の視点

　児童相談所は加害親にも関わる。加害者性を持つ人の多くにみられる特徴として、見下してよい相手と自分にとってメリットのある相手で意識的もしくは無意識に態度を変えるという、二面性がある。職員の前では当初、理路整然と話し、時に紳士的な態度を示すこともある。この二面性を理解しておかないと、職員が

加害親のペースに巻き込まれ、無意識に加害親に加担し、被害親と子どもを孤立させ、結果的に子どもの福祉につながらないことになる。また、被害者意識が強く示され、「自分こそ被害者である」「自分は児童相談所の介入により被害を受けた」等と主張することがある。警察からの通告では双方が被害を訴えたとして、双方が被害者であり加害者として通告が上がってくることもある。家族力動を丁寧にみていき、パワーの不均衡の状態を適切に判断する必要がある。

◆子どもの支援の視点

　バンクロフトによると、DV家庭において子どもは以下のような経験をしている（バンクロフト2004＝2006）。①子どもはDVに気づいている（見ている、聞いている、感じている）。②子どもは経験していることを子どもなりに解釈している。③子どもは怯えているが、そのことを隠している。④子どもはDVは自分のせいだ、自分たちがDVを防ぐべきだったと思っている。⑤子どもはDVのことを話したいけれど、話せないと思っている。

　子どものリスクをアセスメントすることに加え、子どもに対応する際に重要なことは、子どもの経験や思いを聴くこと、子どもの年齢や発達に応じて状況を説明すること、子どもには大人の暴力に対して責任がないと伝えること、誰にも言わなかったのは自分のせいではないと伝えること、子どもが不安に思っていることを把握し、また緊急時の行動等のセーフティプランを一緒に考えること、子どもが暴力について安全に話すことができる大人を特定できるようにすること等である。

◆今後に向けて

　被害親、加害親、子どものそれぞれに対応する視点を簡単に紹介した。長年、児童福祉にとって身近な課題であったにもかかわらず、DVのある家庭に対応する児童福祉実践の検討はこれまでわが国では十分にされてこなかった。海外ではすでにさまざまな実践が行われており、今後の研究の進展と現場の皆さまの実践の積み上げが期待される。

（増井香名子）

05 性的虐待を受けた子どもと非加害親への支援

◆性的虐待対応の特殊性

　性的虐待（家庭内性暴力被害）を受けた子どもの多くは、日常的に生活を共にし、愛着と依存の対象である養育者から性暴力被害を受けており、親密性や愛着に関わる安全感や自己評価、対人関係能力の根幹に深刻なダメージを受け、その後の人生において、繰り返し心的外傷性のダメージを受け続ける。

　また、子どもの被害については、告白や証言以外に客観的証拠に乏しく、発見が困難であるうえに、子どもが加害者からの支配に取り込まれ、被害認識が持ちにくく、加害者からの口止めや脅しなどにより、共犯関係としての教唆や強要が見られ、隠蔽により進行する。被害事実の確認においては、法的な立証性・客観性に配慮した事情聴取、身体医学診察、社会調査が必要である。子どもの再被害のリスクが高いため、加害者を含む家族の再統合はできない。

　性的虐待を受けてきた子どもは、被害について話すことに戸惑いや迷い、不安を抱いており、自分自身に罪悪感を持っている。自分が話すことを信じてもらえないなど、非難されることを恐れている。

　そのため、児童相談所は、性交など明らかな性的虐待や性暴力被害、からだを触られるなどの疑いがある場合、第三者による性的虐待の目撃、妊娠や性感染症などの問題事実が確認された場合、具体的な被害調査と子どもの再被害を防止するため、加害者のいる生活環境から子どもを分離し、一時保護することを原則としている。

◆児童相談所における性的虐待対応の流れ

　子どもが児童相談所に直接、性的虐待を受けたと相談することは稀であり、子どもが信頼する人、例えば、非加害保護者、学校の教職員、友人等に相談し、子どもから聞いた人が通告をし、児童相談所が把握することが多い。

　通告受理後、子どもから直接相談を受けた人や、子どもの様子から性的虐待を

疑った人から直接事実を確認する。その際、性的虐待（家庭内性暴力）被害に関する情報は、子どもにとって誰にも知られたくない情報であるため、情報共有する人を限定する必要がある。

　子どもから、直接被害事実を確認するにあたっては、安全で落ち着いた環境で、子どもが話す苦痛や不安に配慮しながら、ペースを尊重し、一時保護の要否判断に必要な最低限の性的虐待の疑いの事実を確認する。子どもには、児童相談所が安全のために一時保護が必要と判断したこと、なぜ一時保護が必要なのか、今後どのように進めていくのか、子どもの疑問や不安を受け止めながら、話し合う。

　性的虐待の加害者ではない、非加害保護者にアプローチし、虐待事実をどの程度知っていたのか、どのように対処したか、どんな気持ちを抱いているのかを確認し、家族の生活状況や生活歴を聴取し、非加害保護者が子どものために取りうる選択肢は何か、どのような支援を必要としているかを尋ねる。その中で、非加害保護者が性的虐待の事実をどのようにとらえ、子どもにどのような姿勢で関わろうとしているかを確認する。

　加害の疑いのある保護者には、児童相談所がどのような理由で子どもの一時保護と調査を開始するのかを説明し、虐待事実や、行為の虐待認識を確認し、非加害保護者との関係性、子どもとの関係性、家族関係について確認する。また、性的虐待が子どもに与える影響や、心の傷つき、虐待事実があった場合には子どもから離れるべきである、と理解できるよう指導する。

　子どもは、性的虐待が発覚してから、事態が急激に変化し、加害者や非加害保護者、家族がどのように反応して動いているのか気になり、複雑で混乱した感情を抱いている。児童相談所において、子どもの複雑な思いや、どうしたいのかなどの意見を受けとめ、十分に話し合う。

　子どもの再被害を防止するためには、加害者を子どもの生活環境から排除する必要がある。非加害保護者が子どもの性的虐待の被害の訴えを受け入れ、子どもが受けた影響を理解し、加害者が子どもに再度接近しないように対応できるのか、児童相談所および関係機関の支援に合意が得られるのかなどを見極め、援助方針を決定する。

◆子どもの回復に必要不可欠な非加害保護者を支える

　保護者の意に反する一時保護は、子どもの安全を守り、被害回復の重要な協力者となりうる非加害保護者に、児童相談所に対する不信や拒否感、子どもとの関係悪化を生じさせることがある。非加害保護者自身も「被害者」であることから、抱いたショックや傷つき、事実の発覚に直面する困難を理解し、現状における選択肢やストレングス（強み）、必要としている支援を共に考え、そのうえで児童相談所の支援について丁寧に説明し、協力を求める。特に、性的虐待が子どもに与える影響や、子どもの被害からの回復に非加害保護者のサポートが非常に重要になることを理解できるように伝える。

　そのため、児童相談所は、子どもへの長期的な支援を見据えて、通告受理・一時保護等の介入時点から、非加害保護者の状況や立場を理解し、非加害保護者が子どもの安全を守る支援者として動き、生活の見通しを立てられるように支援することが重要である。

　また、性的虐待の非加害保護者が、加害者とDV関係にあることが把握された場合は、DV被害の当事者として支配や暴力への気づきを促す。たとえ子どもと加害者の間で揺れ動き、加害者との関係に留まっていたとしても、「暴力の責任は加害者にある」「暴力のない生活を送る選択肢がある」「相談できるところがある」「加害者との関係を続けても心まで支配されない状況を生み出せる」など支配のメカニズムや自身が受ける影響を客観的に伝え、子どものために、共に考える支援が必要である。

◆性的虐待を受けた子どもの理解とケア

　性的虐待を受けた子どもを理解するために、発達上の課題やアタッチメントの課題を把握するとともに、子どもが自身の被害をどのように認知し理解しているのか、性的虐待によるトラウマ関連症状や心理的影響について確認する。心理検査や面接のみならず、子どもが生活の中で示してきた情緒面や行動上の課題、生育歴や家族状況等を把握する。

　また、子どもが被害体験をどのように理解しようとしているのか、自身の情緒面や行動上の課題をどのようにとらえているのかを把握しながら、必要に応じて精神医学的アセスメントを行う。

　性的虐待の発覚により一時保護に至った子どもは、「こんなはずじゃなかったのに」「早く家に帰りたい」「これからどうなるんだろう」など不安や混乱、怒り、悲しみなどさまざまな感情を抱えており、子どもが感じていることをそのまま受けとめ、共感する大人の存在が必要である。

　また、性的虐待を受けた子どもは、安全感を持てず、自責感や罪悪感、恥の感情を抱え、感情の麻痺や回避といった対処をしてきており、子どもが安全感や自己回復力を高めるためには、自分の身に起こった性的虐待とはどういうものなのか、自身にどのような影響があるのかなどの知識や情報を伝え、回復への道筋を共有する心理教育が有効である。

　具体的には、「あなたの受けた被害は、性的虐待／性暴力と言う」「どんな場合でも子どもに責任はなく、虐待者の行動に責任がある」「このような体験をする子どもは少なくない」「いろいろな気持ちや感情を抱いて当然であり、誰でもこころがけがをする」「こころのけがは手当てをすると回復する」という内容について、子どもの年齢や発達、被害内容に応じた心理教育を行う。子どもの症状を丁寧に聴き取り共有しながら、子どもが自身の状態に気づき、客観的にとらえ、安全にコントロールできる方法を主体的に考えていけるようサポートする。子どもに対して、性的虐待を受けながら自分なりに対処してきた専門家として敬意をもって接し、共に考え、話し合う大人の存在は、子どもの安心感や自己肯定感につながる。

　　　　　　　　　　　　　　　　　　　　　　　　　　　　（薬師寺順子）

06 児童相談所における 子どもからの被害事実の聴取

◆子どもからの性的虐待の被害事実の聴取

　児童相談所が、性的虐待を受けた子どもとその家族を支援していくためには、子どもに何が起こったのか被害内容を把握しなければならない。しかし、性的虐待は、身体的虐待のように外傷など客観的な証拠がない場合が多く、家族の生活状況から事実を確認することも困難である。そのため、子どもが語る被害事実を聴取することが非常に重要となる。一方、子どもにとっては、性的被害を思い出したり話したりすることで、それが再体験となり二次的被害となる危険性もある。

　そこで、児童相談所が、①子どもの負担を最小限にとどめ、②信用性の高い情報を聴取するため、司法面接（forensic interviews）の手法を用いた面接による調査が推奨されてきた。

◆司法面接

　司法面接（forensic interviews）とは、法的な判断のために使用できる精度の高い情報を被面接者の心理的負担に配慮しつつ得るための面接法であり（仲 2016）、主に子どもを対象として開発された。日本では、刑事捜査や裁判所が扱う法的手続きと区別するために福祉の現場において「被害確認面接」や「被害事実確認面接」と呼ばれる。

　司法面接の特徴としては、まず、子どもへの誘導や暗示による影響を最小限にとどめるため、子ども自身に自由に語ってもらうことが重要である。そのために、面接者はできるだけオープン質問を用いる。

　また、面接が構造化されていることもその特徴としてあげられる。司法面接は、まずは子どもとのラポール形成（話しやすい関係づくり）からスタートし、本題へ移行する際には「今日は何を話しに来ましたか」といった誘いかけなどから子どもの自発的な語りを促し、必要に応じ情報を収集し、最後は子どもからの質問

や希望を受け感謝して終了するというようになされる。

　面接者は、当該子どもの援助に関係する者を避け、面接だけを担当し、面接の技法について専門的なトレーニングを受けた者でなければならない。司法面接は、通常2つの部屋を用いて行われ、1つの部屋では、録音・録画設備が準備されており、面接者が子どもと一対一で面接を行う。そして、この面接の様子は、録音・録画されるが、その音声と映像がもう1つの部屋に転送され、そこでは多職種で構成されたバックスタッフが控えており、面接を支援する。

　日本では、2000年頃から、司法面接に関する海外の取り組みが紹介され、児童相談所において、司法面接が実施されるようになっていった。

◆協同面接

　2015年10月28日、厚生労働省から「子どもの心理的負担に配慮した面接の取り組みに向けた、警察・検察とのさらなる連携強化について」の通知が発出されたことにより、児童相談所、検察、警察の三機関が連携を強化し、三機関の代表者1名による聴取（「協同面接」）を実施することが推奨された。これを機に児童相談所では、協同面接が実施されるようになった。

　協同面接は、刑事事件立件が想定される重篤な虐待事例など、児童相談所における子どもの特性を踏まえた面接、聴取方法等について、三機関で協議が必要であると判断されたものについて実施されている。そして、協同面接は、性的虐待に限らず、身体的虐待や子どもが目撃者となる場合にも実施されている。協同面接の取り組みは、地域差はあるものの、全国での実施件数は増加傾向にある。

◆協同面接における児童相談所の役割

　児童相談所は、虐待事例通告を受理した場合、今後の支援方法や援助方針を検討していくために調査を行う。協同面接は、検察および警察が被害事実を聴取し刑事事件の立件化の可能性を判断するものであると同時に、児童相談所にとっては、子どもから被害事実を聴取する調査の一環として行われる。

　協同面接の目的は、子どもの二次被害を回避ないしは緩和するために子どもの気持ちに配慮しつつ、児童福祉法上の措置を判断するにあたって必要となる情報を暗示や誘導等が排除された技法により得ることにある。

　虐待を受けた子どもから、被害事実を聴取することはとても難しいことであるため、協同面接を実施する前からの子どものサポートが重要となる。虐待を受けたことで強い精神的ダメージを受けており被害事実を語ることが難しい子どももいれば、被害を開示したことで、加害親や非加害親との関係でさまざまな葛藤を抱いている子どももいる。児童相談所としては、子どものそのような気持ちを受け止め、そのような気持ちになることは間違っていないこと、いろんな気持ちがあっていいことを子どもに伝え、子どもの心理的負担を軽減していく必要がある。そして、子どもに対し、どうして被害事実を聴取するのかを子どもが理解できるように説明することが大事である。

　協同面接を実施するかどうかを検討するにあたり、まずは三機関で事前協議が開かれる。ここでは、そもそも協同面接を実施すべきかどうか、子どもは被害開示をする準備ができているのかという点から協議し、子どもの今の気持ちや状況を共有する。また、協同面接を実施することとなった場合には、面接者、面接の日時、場所、手法、子どもに対して面接の説明をどう行うかについても協議し、子どもの発達特性や能力を踏まえた面接での注意点等も協議する。加えて、子どもが何を心配しているのか、今後の非加害親との関係についても情報を共有しておくとよい。

　そして、協同面接の際には、事前に児童相談所から提供されていた子どもに関する情報が面接に反映されることで、子どもの年齢や発達特性に応じた適切な質問がなされることにつながる。このような聴取がなされることで、子どもの負担が軽減し、子どもは安心して自発的に話すことができる。また、記憶に基づいた情報を間違わず収集できることにもつながる。

　協同面接後は、三機関で事後協議がなされる。その場では、協同面接の結果を踏まえ、今後の方針を検討する。児童相談所が考える今後の支援方針を捜査機関に伝え、三機関の目的は異なるものであっても、子どもの最善の利益のために何をすべきかを考えていかなければならない。協同面接後も子どもの支援は継続し、それを担うのが児童相談所であることを忘れてはいけない。

　目的の異なる機関が行う協同面接において、児童相談所が果たす役割は、子どもの気持ちや特性などへの配慮、すなわち福祉機関として子どものサポートをすることにあり、それは協同面接前から面接後も続くものと考える。

◆今後の課題

　協同面接の実態としては検察官が面接者となる場合が多数である。これは、刑事訴訟法上、児童相談所職員が聴取した場合、検察官が聴取した場合より、証拠として採用される要件が厳しいからである。しかし、児童相談所職員が聴取することで、より早期に聴取ができ、その専門性を活かし、子どもの年齢や発達特性に応じた質問をすることができる場合もある。このような児童相談員が聴取することによるメリットも鑑みれば、証拠採用のあり方について、法改正も検討されるべきである。

　また、早期の聴取のための体制強化が必要である。三機関での事前協議や面接者が検察官となる場合の調整に時間を要するため、子どもが被害を開示してから面接が実施されるまでに相当期間が経過してしまうこともある。子ども特に幼児の場合は、記憶の保持が難しいといわれているため、子どもの発達特性や年齢に応じて、早期に聴取されるような体制が十分とはいえない。

　さらに、児童相談所がチームの一員として役割を担うことができるようになるためには、児童相談所職員の司法面接に関する知識および技術の研鑽が必要である。

　最後に、児童相談所だけでなく、捜査機関や裁判所など関わるすべての機関が、子どもが虐待により受ける影響について共通の理解を持つことができれば、捜査段階に限らず刑事裁判の公判段階までに至るすべての過程において、子どもに十分な配慮がなされ子どもの権利擁護につながると考える。将来的にそのような制度が設計されることが望ましい。

　そこで、児童相談所としては、手続きのすべての過程で、子どもが自分の意思に基づき自分の言葉で供述ができるように、捜査機関および司法機関に必要な情報や意見を伝えていかなければならない。　　　　　　　　　　　　（一宮里枝子）

多機関協働による
性的虐待対応と支援

◆性的虐待対応における多機関連携

　性的虐待の対応をする時には多機関との連携が必須である。どのように連携すれば、子どものためになる対応ができるのかについて考えてみる。性的虐待の通告が中学校からあったとする。すぐに中学校に出かけ、誘導のない聞き方で誰に何をされたかのみを聞き取り、虐待の疑いがあり、子どもが安全でない場合は、子どもを一時保護することが多い。初期対応での適切な聞き方を学ぶには「リフカー研修」の受講を勧める。その後、虐待の初期対応職員は警察、検察に同時に連絡し、三機関が連携して行う三機関協同面接のための事前協議の日時を調整する。しかし警察、検察はすべての事前協議に出るわけではなく、不起訴の可能性が高いと検察が来ないこともある。このあたりの三機関連携の行い方も、地方によって異なっているようである。自治体によっては、児童相談所は警察のみに連絡し、警察が必要と判断したケースのみを検察に連絡するやり方を取っている自治体もある。警察が事件化したほうがよいと判断したもののみ検察にも連絡し来てもらうのだろう。しかし、児童相談所から直接警察、検察に同時に連絡し、日程調整をするやり方が適切であると考える。

　協同面接は、事件化するためだけに行うのではない。できるだけ早く、被害の全容を誘導なく聞き取り記録に残すことで、将来被害を訴えたい時に訴えることができるし、被害の全容を聞き取った結果、子どもに対してこれは犯罪であり、警察に被害申告したほうがよいと助言することもできる。被害の開示直後は加害者を訴えたいと思っていない子どもも、自分の受けたことが犯罪であり、被害申告もできることを丁寧に説明することで、訴えたいと思うようになることもある。丁寧な説明で子どもも非加害親もエンパワーされ、事件化し有罪になって子どもが守られたケースも多数ある。

◆三機関協同面接の面接者の決定

　次に協同面接の面接者の決定の仕方について述べる。これも自治体によってばらつきがある。ほとんどすべてを検察官が行っているところもある。また、警察、検察、児童相談所のいずれかの職員、またはチャイルド・アドボカシーセンター（CAC）等の面接者が行っているところもある。筆者は、子どもが最も事実を開示しやすい人が面接を行うのがよいと考える。例えば、子どもが事実を開示する意欲が高く、処罰感情も強く、裁判にして有罪にしてほしいという明確な意思があれば、公訴権を持つ検察官が行うのがよいだろう。検察官が行えば、1回の協同面接で検察官面前調書も取れ、子どもの負担を軽減できる。子どもは、被害事実を繰り返し述べることで被害をフラッシュバックしたり、また幼い子どもでは何度も聴かれることで記憶が汚染されることがあるため、面接回数はできるだけ少ないほうがよい。一方、幼い子どもが被害者の場合では、幼い子どもの面接の経験の少ない検察官よりも、幼い子どもの性的虐待の面接経験が豊富な人（例えば児童相談所やCACの訓練を受けた面接者）が聞いたほうがより多くの事実を聞きとれる場合がある。

　このように誰が面接するのが適切かはケースバイケースで、事例の性質も検討のうえ、最も虐待事実の開示が得られやすい、面接技術を持った面接者を選ぶべきである。性的虐待の開示はしたものの、被害届を出したいとか、訴えたいとか思えない子どももいる。その状況でいきなり警察官や検察官が面接者になると、それだけでブロックになり開示が得られないことがある。児童相談所またはCACの面接者が面接し、警察官、検察官はバックスタッフに入り、事件化すべき事例であるとなれば、それから子どもに丁寧に動機づけを行い、警察官または検察官の面接につなげればよい。児童相談所の職員が子どもに丁寧に動機づけをすることで、悪いのは自分ではなく、性的虐待をした加害者なのだと理解し、裁判に結びつくことがある。加害者が有罪になることで、自分は悪くなかったと実感できる子どももいる。子どもの気持ちを尊重しながら、児童相談所の意見も丁寧に伝えていくことが子どもの予後をよくする。

◆事件化されるまで

　協同面接が終わり、児童相談所としては事件化すべきと判断しても、証拠がな

いなどの理由で、事件化は難しいと警察が判断することもある。しかし、子ども
に処罰感情もあり、児童相談所も事件化すべきと判断したなら、簡単にあきらめ
ない。子どもの性的虐待は証拠がないことがほとんどである。しかし、子どもと
加害者のみしか知りえない事実があったり、面接内容の信憑性が高ければ、証拠
がなくても事件化し、裁判で有罪になることもある。子どもの気持ちを大切にし、
粘り強く検察に相談する、警察の本庁に相談するなどしていくと、事件化される
こともある。あきらめないで交渉していくことが大切である。

◆裁判が開始することになったら

　被害を警察に申告してからも児童相談所の役割は重要だ。日本の性的虐待の裁
判は、子どもが性交を伴う性的虐待を受けていても、加害者が認めている強制わ
いせつ罪でしか事件化されないことがある。性器を数回触った強制わいせつ事件
として警察から事件送致されたような場合、検察官が子どもが実は（送致事実以
外に）性交を伴う性的虐待を受けていたこと、子どもが大変なトラウマ症状に苦
しんでいることなどを知らないことがある。

　担当の捜査検事が決まったら、児童相談所の職員が捜査検事に会いに行き、詳
しい経過や本人の様子を伝えることも重要である。また、性的虐待の被害者であ
る子どもの代理経験が豊富な弁護士に依頼し、児童相談所と連携すること。捜査
検事と公判検事が分かれていると、捜査検事から公判検事に子どもの被害の全容
などが十分に伝わっていない時もある。

　公判検事が決まったら、裁判の前に公判検事にも会いに行って、子どもの様子
や処罰感情、実際にどのような性的虐待があり、どれほど傷ついているか、など
を説明しに行くとよい。児童相談所として子どものためにできることは何でもや
るという姿勢で裁判にも望む。筆者は児童相談所常勤医師なので、裁判で例えば
子どもの傷つきについての専門家証人を求められたこともある。児童相談所職員
が、子どもの様子などについて証人出廷を求められることもある。これらも、で
きるだけ周りの力を借りながら証言すれば、子どものためになる。

◆裁判後の支援

　裁判後、加害者が有罪になり、収監された場合、刑期が終わり刑務所を出る日

が決まったら、子どもや非加害親、児童相談所に知らせてもらうように頼む。裁判で加害者が有罪になったとしても子どもの傷つきはとても深く、ここからが児童相談所の支援の始まりである。

◆性的虐待の多機関連携で大切なこと

　児童相談所、警察、検察は別々の組織であり、事件化や起訴について、考え方が異なることもある。そのような時に子どもの福祉を考え、子どもにとって、より良い方向に進むようによく話し合うことが大切である。

◆三機関連携協議会の開催について

　筆者が勤務していた児童相談所の自治体では、従来、年1回の警察、検察、児童相談所の連携協議会が行われていたが、地方検察庁の総務部長が子どものためにもっと頻繁に連携協議会を開催したほうがよいと提言してくれて、2〜3ヵ月に1回協議会を開催するようになった。県全域の児童相談所が参加し、県警本部、検察庁と合わせて50名ほどが参加し、実際の連携で困ったことや好事例などを話し合い、忌憚のない意見を述べ合う場所となった。虐待事例が発生した時でない、日頃の連携が大切だと実感した。

◆性的虐待事例における多機関連携のまとめ

　性的虐待は、密室の中で起こり、身体のけがなどの証拠もないことが多く、誘導しない面接でできるだけ多くの事実を聞き取ることが重要で、それには捜査機関である警察、検察との連携は欠かせない。面接者や面接場所を選ぶ際には、子どもが開示しやすいよう、警察、検察と対等に話し合う必要がある。そしてその後裁判になってからも、子どもにとってよりよい裁判となるために検察官に子どもの情報を提供するなどの連携が必要だ。まだ日本は性的虐待対応も三機関連携も始まったばかりの過渡期であり、児童相談所も警察も検察も人によって、場所によって、対応にばらつきがある。子どもが開示してよかったと思えるように三機関が日頃から意見を交わし、子どものために最適の方法が常にとれるようにしていくことが大切である。　　　　　　　　　　　　　　　　　（田﨑みどり）

児童相談所と法医学

◆法医学とは

　法医学とは「医学的解明や助言を必要とする法律上の案件、事項について、科学的で公正な医学的判断を下すことによって、個人の基本的人権の擁護、社会の安全、福祉の維持に寄与することを目的とする医学」と定義され、法医学の知見を用いて社会のニーズに応えることが期待される学問である。法医学者の多くは大学の法医学講座に所属して研究や教育とともに法医実務を行っており、中でも法医解剖は重要な社会的責務である。法医解剖ではご遺体の死因を明らかにするとともに、遺体に損傷を作った凶器を推定したり、その受傷時期や受傷機序などについて判断することが求められる。さらに、解剖結果を鑑定書にまとめ、求めがあれば裁判に証人として出廷する。

◆法医学者と小児虐待

　子どもにケガがあり虐待が疑われた場合には、そのケガがいつ、どのようにできたのか明らかにする必要がある。さらに、そのケガが偶発事故によるものか、他為的に形成されたものかを判断することは虐待かどうかを判断するうえで重要である。外傷がいつ、どのように形成されたものかを判断することを「損傷鑑定」という。損傷鑑定は、虐待を否定するにせよ、疑うにせよ、客観的な証拠の1つであり重要となる。

　法医学者は日頃から解剖で多くの外傷を見ており、法医学者の持つ外傷に関する知識や経験が、子どもの外傷を考えるうえで役に立つ可能性がある。さらに法医学者は鑑定書や意見書の作成にも慣れており、裁判や係争に関わることにも臨床医に比べると抵抗が少ない。法医学者の知見が、生きている子どもや高齢者の損傷を評価するために役に立つのであれば、生体に対する損傷鑑定も法医学者にとっての重要な社会貢献であると考える。

◆児童相談所とのなれそめ

とはいえ、私自身、生体の損傷鑑定について系統立った指導を受けたことはなく、正直、当初は損傷鑑定が法医学者の仕事であるという認識もなかった。ある日突然、琉球大学に児童相談所の職員と名乗る人が現れて「法医学者は子どもの損傷鑑定ができると聞きました。虐待が疑われる症例があったら見てほしいです」と沖縄県の虐待の現状を語りはじめ…その熱意と迫力に押されて、つい「じゃ、機会があったら」と言ったことから始まった。ある朝「全身にキズがある子どもを保護したので、今から見てもらえますか？」と電話があり、鑑定のために保護施設に連れていかれた。施設では全身がアザだらけの子どもの泣き腫らした瞳に見上げられた時、「なんで…」と私が泣きたくなるくらいのショックを受けた。

以来、少しでも役に立てればと、児童相談所のベテラン職員や小児科医から指導を受けながら見よう見まねで鑑定をしてきた。7年前に横浜市立大学に着任した時にも、教室に横浜市児童相談所の常勤医師が現れ「先生は損傷鑑定できますか？」と問われ…一瞬、デジャブとともに児童相談所との縁を感じた。今では神奈川県と横浜市の児童相談所から年間30件ほどの損傷鑑定の依頼を受けている。

◆児童相談所との関わり

児童相談所の職員が法医学者の仕事を知らないように、私も児童相談所が具体的にはどのような仕事をしているのか知らなかった。一緒に仕事をするうちにお互いの得意分野が違うことを感じ、子どもを守るという共通の目的を達成するためにはお互いの得意なことで相互補完することが重要だと考えるようになった。

例えば、首の座らない乳児に頭蓋骨骨折が見つかった場合、法医学者は頭部に作用した成傷器や外力の大きさなどについて意見するが、当然ながら法医学者は占い師でも予言者でもなく「受傷時の状況をピタリと当てる」ことはできない。そこで大事なのは、児童相談所からの情報提供である。児童相談所から「両親に受傷原因に心当たりはないかと尋ねたところ『2歳の兄が携帯電話で頭をコツンとしたことがあり、それ以外の心当たりはない』と話している」という情報提供があれば、法医学者は「両親が説明する機序（2歳児が携帯電話でコツンとした程度）では頭蓋骨骨折が生じるとは考え難い」と意見し、さらに「自ら移動できな

い乳児に骨折を生じるような外力が作用したにもかかわらず、保護者が原因について説明できないことは本児の安全が十分に確保されているかに疑問を感じる」などとコメントすることができる。児童相談所が、いかに詳細で具体的な話を聴取できるか、状況について正確な資料を集められるかによって、法医学者の損傷鑑定の精度が変わる可能性がある。損傷鑑定には、客観的な損傷判断とともに詳細な情報が不可欠であり、それらの情報が具体的であればあるほど真実に迫れるのではないだろうか。

　児童相談所の職員が「法医学者がどのように損傷鑑定をしているのか」を知ることは1つのスキルアップになり、さらに「損傷鑑定に必要な情報はどんなことなのか」を知ったうえで、面談や家庭訪問をすることは有益な情報の発見につながる。そのための1つの試みとして神奈川県と横浜市の児童相談所は「子どもの損傷のみかた」に関する研修会を定期的に共同開催している。研修会では法医学的な知識の供与だけでなく、児童相談所と法医学者がタッグを組んだらもっとできることがある！と実感する機会になっている。相互交流によって未来にかすかな光が見えてきたと信じている。

◆損傷鑑定の実際

　身体的虐待の疑いのある子どもを児童相談所が保護すると、鑑定依頼の電話が教室にかかってくる。子どものケガが新しく、外出できる状況であれば来訪してもらって本学附属病院の診察室で診察を行っているが、来訪が難しい場合には我々が施設や病院に出向くこともある。直接、損傷を観察するメリットは大きく、子どもとのやり取りから発達や行動についての情報を得ることもできる。対象症例はさまざまで、保護者が虐待を否認している場合や保護者の説明が二転三転する場合、子どもの損傷が重篤である場合や特異的な損傷がある場合、などだが損傷鑑定を依頼するかどうかの判断は基本的には児童相談所が行う。

　子ども相手の損傷鑑定は、動かず、泣かず、文句も言わないご遺体相手とは勝手が違い、法医学者を悩ませる。暴れる子どもをあやしながら汗だくになって撮った写真が全部ピンボケだったり、傷を見せてと迫ったらギャン泣きされて真っ赤になった顔のどこに損傷があったかさえ分からず退散したり、失敗談には事欠かない。

　鑑定した症例については、可能な範囲で顛末や判断についてできるだけフィードバックをお願いしている。自分の判断の反省になると同時に、私自身とても大きなモチベーションになる。「(母親に)法医学者の意見を伝えたところ、急に泣き出して『ごめんなさい』と言いながら事実を話してくれた」などの話を聞くと、もう少し頑張ってみようかなと思ってしまう。

◆他施設の取り組み

　海外の取り組みとして、ドイツのミュンヘンでは行政、警察、法医学研究所と医療機関が緊密に連携して虐待やDVの被害者に対応する体制が整備されている。例えば、被害者本人はもちろん開業医や教育関係者が相談できるホットラインがあり、オペレーターを経由して法医学者と話をすることができる。法医学者は当番制で対応し、話を聞いて生体鑑定が必要であると判断すればすぐに研究所に呼んで鑑定する。もちろん人も金もかかるシステムだが、行政が重要な施策として全面的にバックアップしている事実は、国全体の虐待に対する意識の高さを痛感し、うらやましく感じる。

　国内でも虐待に対して参考となる取り組みをしているところがある。長崎県では、虐待が疑われた子どもが児童相談所に保護されると、症例にかかわらず警察と長崎大学法医学教室に連絡が入り、速やかに損傷鑑定が行われる体制が整っている。また、千葉大学では法医学者と小児科医が緊密に連携しており、法医学者が医学的な詳細な検査が必要と判断した場合には、確実に臨床医につながるような体制を整備している。

◆まとめ

　日本の子どもの虐待に対する体制はまだ発展途上であるが、多職種が知恵を出し合って連携していくことが重要である。課題も問題も山積しているが、まずは(児童相談所の職員が)県内の法医学教室を訪問することから何かが始まるのではないかと期待している。

（井濱容子）

09 子どもの命を救うための虐待医学のすすめ

◆「虐待医学」という言葉

　児童相談所や市区町村で虐待対応をしている皆さん、「虐待医学」という言葉を聞いたことがあるだろうか。筆者は2006年に児童相談所の常勤医師になったが、児童相談所で働いて初めて、虐待か否かを判断するための医学があることを知った。米国では、虐待医学の専門医がいて、児童相談所が虐待かどうかを判断するにあたり、専門医が診察し、判断に関わってくれるが、日本ではまだ虐待医学の専門医制度はない。しかし虐待か否かの判断に関わろうという熱意のある医師は年々増えてきている。

　児童相談所で虐待対応をし始めた時、本当に困って歯が立たなかったのが、医療機関からの虐待疑いの通告だった。「子どもがけがをして虐待の疑いも否定できないから通告します。あとは児童相談所が判断してください」というたぐいの通告だ。「私たちもわからないから、お願いだから手を貸してください」というのが本音だった。

　その後、医療機関から児童相談所へ通告のないまま、虐待の疑いで赤ちゃんが死亡した。受診の際、赤ちゃんの顔に複数の皮下出血があり、病院医師はケースワーカーに児童相談所に通告するよう伝えたというが、経過を見ているうちに亡くなった。虐待医学を学んで、6ヵ月未満の乳児の顔面に皮下出血がある確率は0.6％しかないことも知った。

◆日本子ども虐待医学研究会

　虐待を見極める知識を児童相談所も持たなければならないと痛感し、日本子ども虐待医学研究会の学術集会に参加した。初めて参加した時は、赤ちゃんの硬膜下血腫について議論がされていたが、何が議論されているかさっぱりわからなかった。しかし、虐待を診断しようとする熱意のある医師とたくさん知り合えた。

　次の年からは、学術集会の前日に、事例検討会が行われることを知り、事例検

討会にも参加した。全国のいろいろな虐待疑い事例が検討され、検討されている内容も少しずつ理解できるようになった。

2009年日本子ども虐待医学研究会は、日本子ども虐待医学会となり、事例検討会を行うためのケースレビュー委員会を作り、事例検討会を、学術集会の時だけでなく、年に数回各地で開催することとした。さらに画期的なこととして、はじめは医療職のみで検討されていた検討会が、警察官、検察官、児童相談所職員、医療職で検討される、多職種、多機関連携の事例検討会となった。

しかし、全国の児童相談所職員すべてが事例検討会に参加できるわけではないので、児童相談所や市区町村の職員のための虐待医学の研修が必要と感じた。そこで、2021年12月の日本子ども虐待防止学会かながわ大会では、「児童相談所にも市区町村にも役立つ虐待医学の基礎知識」というシンポジウムを行った。必須の知識を4人の医師が事例を踏まえて話した。児童相談所、市区町村の虐待対応をしている人たちが最後まで、誰一人席を立たずに聴いてくれた。基本的な虐待医学の基礎知識を児童相談所や市区町村の職員が身につけることで、救える命があることを実感している。

◆ 今後の課題

現在は虐待医学のテキストがいくつも翻訳され、虐待医学の特集の雑誌も出版され、児童相談所職員も病院から頭部外傷、熱傷、骨折などの通告があった時にあらかじめテキストを読んで重要な点を頭に入れてカンファレンスに臨むことができるようになった。ほとんど虐待ケースを診たことがない医師には、テキストや日本子ども虐待医学会が作成した冊子を持っていき情報提供もしている。

虐待医学の基礎知識を持つ常勤医師が1つの児童相談所に1人ずついれば、エビデンスに基づいた虐待のリスクファクターを職員と共に判断できるが、いまだ常勤医師は少ない。当面は常勤医師がいなくても、児童福祉司、保健師が事例検討会に出るなどして基礎知識を学ぶことで、身体的虐待疑いの時に、どんなケースをどこにセカンドオピニオンしたらよいのか、そのためにはどんな資料が必要かなどの知識が身につき、命の危ない虐待ケースを見逃すことがなくなる。

虐待医学の世界へようこそ。事例を一緒に検討し、子どもの命を救おう。

（田﨑みどり）

虐待相談ソーシャルワークのあり方

◆虐待問題は子どもの安全問題

　子ども虐待問題は子どもの安全問題である。子どもが怒鳴られ、叩かれ、痛い思いや嫌な思い、つらい思いをするなどの状況にさらされることは、子どもの人権が侵害される状況であり、子どもの安全・安心が脅かされている状態である。これらのことは家庭という密室で行われることが多いため、警察や近隣知人、保育所や学校といった子どもの所属機関などからの通告によって知らされないと、通告受理機関は知る術がない。

　2020年4月からのCOVID-19に係る緊急事態宣言が発令された時には、子どもの所属のほとんどが閉鎖されてしまったことから、前年同月比の受付件数が減った通告受理機関があったほどである。なお、日本における通告受理機関は、市区町村の要保護児童対策地域協議会の調整機関となる虐待対応担当部署と児童相談所である（通告受理する2つの機関をまとめて以下、児相）。

◆"なぜ"虐待対応するのか

　そもそもなぜ児相は子ども虐待対応をするのか。子どもの安全に関する責任は第一義的には養育者（以下、親）にある。かたや児相には、地域における子どもの安全に関する"共同責任"がある。そのため、子どもの安全に問題があるという通告が入れば、親が求めていなくてもそこに声をかけ、現状を明らかにし、親と対等にある安全の"共同責任"を果たさなければならないのである。

◆児相は"何"をするのか

　児相は通告により疑いを含めて知ることとなったら、子どもが置かれている生活状況等について情報を収集整理し、詳細を明らかにしていく。そして「誰がやったか、やらないか」など、刑事事件捜査と同様の証拠集めをするのではなく、子どもに起きた危害（傷、痣、怯え等）が、子どもの安全の視点でとらえた時に

何になるのかを特定する。必要性があれば子どもの「今の安全」を確保するために一時保護をしたうえで調査する場合もある。

　さらに、危害が継続することによる子どもに及ぼす悪影響等、児相の懸念事項を親に伝える。いわゆる「告知」である。「告知」とは「これは虐待です」と言い切るだけのシンプルなものではない。事実レベルのことを中心に、感情をそれ程交えず率直に、子どもの安全の視点で今回起きたことを親としてどう考えるのかを共有していくものである。

◆"どのように"対応するのか

　厚生労働省が児童虐待の統計を取り始めた1990年あたりから虐待が社会問題として認知されるようになってきた。この頃の児相は、どのように親と虐待問題について話題として取り上げていくのがいいのか迷走していた。虐待対応における児相と親との初頭の出会いは、必ずしも望むものと望まれたものとの間柄ではない。福祉相談業務の基本は"申請主義"であり、その場合には、親に主体的な関与の希望がある。しかし、子どもの安全問題に対しては、親が望まなくても行政側の判断で関わる。つまり"職権主義"に基づく介入である。児相は対立から始まる親との関係性に慣れておらず、寄り添い過ぎたり、上から目線で行き過ぎたり、両極端に振れてしまっていた。また、親は望んでないところに職権介入される不服があるので、時にこのことは、行政の権限行使の適切性等について、法廷論争に発展することもある。

①寄り添い過ぎて核心に触れられない

　「親御さんのお子さんを叱りたくなる気持はわかります〜お子さんには特徴があるので確かに育てにくさがあるかも〜それゆえにお子さんに合った対応の仕方を知っておいたほうがいいですね〜専門の方に診てもらいましょう」。このように導くと、子どもに問題があるかのような話の持っていき方になるので、親との対立が避けられる可能性が高くなる。

　また、"支援"に際しての関係性を壊しかねないからと、核心の話に触れずに、「子育てについて困っていることや、大変なことはないですか？」と"申請主義"スタンスで問いかけをする。その結果、不適切養育は改まらず、児相は子どもに

起きる何を懸念しているのか伝えられずじまいになってしまう、という事態が生じているのである。

②上から目線過ぎて関係がこじれる

子どもへの不適切行為を早急にやめさせるために「注意喚起」し、子どもを二度と虐待状況にさらさないよう、親に「指導」「訓戒」「誓約」させ「変容」に向けて、児相がリードして頑張らせる。不適切養育が続く場合は児相が関与し続けるという、親にとっては若干「負」と思える機能によって親の不適切行動を減らす効果を期待することもある。怒鳴らない、叩かない子育てができるようになるために、プログラムを活用し教えるなど、専門職から見て一番いい方法を"あなたのために（for）"よかれと提案するのである。また、利用できるサービスを児相から探してつないだり、解決方法を提案し、今ある問題を"なくす"ことで解決を導く「支援」をする。

具体的には、子どもの安全な居場所を確保し、訪問型の支援策で親の負担を軽減したり、子どもや親への心理教育やカウンセリングをしたり、虐待に直結するとは限らないその他のさまざまな困難要因（経済苦、親の精神的問題、ドメスティックバイオレンス、アルコール等依存の問題）の解消に向けての手立てにつながる支援を提供する。これらは親のモチベーションが伴うと効果的であるが、当事者が不在の中でこれから何をしていくかを決められると（Nothing about us without us：私たちのことを私たち抜きに決めないで）親には「自分のことじゃない」他人事と思われてしまい効果が薄れてしまう。また、"命令""押しつけ"は拒否や反発を招きやすく、仮にいったんは受け入れられたとしても、面接にドタキャンで来ない、あるいは初めは来ていても途中で来なくなるなどが、結果、繰り返されてしまう。

◆子どもと家族の参画をうながす

対立局面を打開し子どもの安全づくりに向けて親の内発的なモチベーションを上げていくため、関わりの初動から、過去の「なぜ」ではない、「どうなりたい」という家族の希望を聴く。そして、子どもを同じ目に遭わせないようにするために"何があればいいか"を子どもと家族等が参加のもとで明確にしていく。児童

相談所運営指針にも「援助方針の策定に際しては（中略）可能な限り子ども及び
その保護者等と協議（中略）参加を得ることが望ましい」と記載がある通りである。このプロセスは、心配不安情報だけに偏ることなく、家族全体の包括的なアセスメントから、家族が持つ子どもの安全に関する強みを引き出すことに寄与する。

　福祉侵害行為の起点としてのポイント、4W1Hメカニズム（4W1H：Whyなぜを除く、時間When、人Who、場所Where、何What、どのようにHow）を円環的にとらえ、「いつもと違って何があったからこんな大事（おおごと）になった？　いつもはどううまくやってる？」などを基本質問とし、問いかける。家族がうまくやれているポイントを行動レベルで具体的に言語化し、家族の成功体験や効力感を高め、さらに「その状況が続けられるためには誰のどんな協力があって、何があればいい？」か、家族、友人、知人（≒インフォーマルネットワーク）と"いっしょに（with）"に家族を包み込むスタイルで、チームみんなで子どもの安全確保に関わる。ここでいうチームとは、その人間関係で児相の関与後も家族を長期的に支えてくれる必須の資源である。

　子どもの安全を守るのは児相ではなく、家族である。そのため、家族が"自分ごと"として安全づくりができることが望ましい（当事者性）。子どもの安全確保という視点からブレずに（一貫性）、何のために児相が関わるのか、子どもの問題で関わるのではなく、子どもの安心感が阻害される親の暴力的な行動・言動選択の問題で関わることの説明責任と合意形成（透明性）が得られるオープンさも必須となる。"いっしょに"アプローチは、援助者が感じている懸念を伝えつつ、問題が起きそうになった時でも自分たちで対処できる力をつけていく「回避」策を明確にしていくモデルともいえる。児相の関与が親にとって「ちょっとは良かった」と思ってもらえた支援は"いっしょに"のアプローチの姿勢で臨んでいる場合に存在するようである。このスタンスをシンプルに言語化、見える化し、連携の中で家族・対応機関全体で共有しつづけられることが、これからの子ども虐待ソーシャルワークの希望の光となる。

（渡邉 直）

第3章　引用・参考文献

安部計彦・加藤曜子・三上邦彦編著（2016）『ネグレクトされた子どもへの支援』明石書店、14 ～ 16頁

Bancroft, Lundy（2004）*When dad hurts mom: Helping your children heal the wounds of witnessing abuse*（＝白川美也子・山崎知克監訳、阿部尚美・白倉三紀子訳（2006）『DV・虐待にさらされた子どものトラウマを癒す――お母さんと支援者のためのガイド』明石書店）

キャロル・ジェニー編、日本子ども虐待医学会監訳（2017）『子どもの虐待とネグレクト――診断・治療とそのエビデンス』金剛出版

株式会社キャンサースキャン（2019）「児童相談所、警察、検察による協同面接等の実態調査による効果検証に関する調査研究事業報告書」

「子どもが心配」チェックシート（岡山版）［平成22年度改訂］https://www.pref.okayama.jp/uploaded/life/287408_1109575_misc.pdf

厚生労働省（2021）「子ども虐待による死亡事例等の検証結果等について（第17次報告）」https://www.mhlw.go.jp/stf/seisakunitsuite/bunya/0000190801_00002.html?msclkid=8977704bd00e11ecbddd8f19db7a5322

増井香名子（2019）『DV被害からの離脱・回復を支援する――被害者の「語り」にみる経験プロセス』ミネルヴァ書房

増井香名子・岩本華子（2022）「DV被害者である親が経験する子育ての実態――当事者インタビューの分析から児童福祉実践への示唆」『社会福祉学』62（4）、72 ～ 85頁

シンシア・L・メイザー、K・D・デバイ（2015）『あなたに伝えたいこと――性的虐待・性被害からの回復のために』誠信書房

溝口史剛訳・子ども虐待医学研究会監訳（2013）『子ども虐待医学――診断と連携対応のために』明石書店

仲真紀子編著（2016）『子どもへの司法面接――考え方・進め方とトレーニング』有斐閣

根ケ山裕子編著（2020）『子ども虐待対応法的実務ガイドブック』日本加除出版

野坂祐子（2020）『トラウマインフォームドケア』日本評論社

岡本正子（2016）「性的虐待事案に係る児童とその保護者への支援の在り方に関する研究」平成26・27年度厚生労働科学研究費補助金（政策科学総合研究事業［政策科学推進研究事業］）総合研究報告書

Oregon Department of Human Services（2016）*Child Welfare Practices for Cases with Domestic Violence.*

田中晶子・安田裕子・上宮愛編著（2021）『児童虐待における司法面接と子ども支援』北大路書房

田﨑みどり（2019）「児童相談所の医師の役割・医療との連携」『小児科臨床』第72巻第12号

田﨑みどり（2021）「性的虐待を受けた児童への児童相談所の対応と関係機関の役割の重要性」『公衆衛生』vol.85 No.9

八木修司・岡本正子編著（2012）『性的虐待を受けた子ども・性的問題行動を示す子どもへの支

援——児童福祉施設における生活支援と心理・医療的ケア』明石書店

八木修司・岡本正子編著（2017）『性的虐待を受けた子どもの施設ケア——児童福祉施設におけ
る生活・心理・医療支援』明石書店

山本恒雄（2011）「児童相談所における性的虐待対応ガイドライン2011年版」厚生労働科学研
究費補助金（政策科学総合研究事業［政策科学推進研究事業］）子どもへの性的虐待の予防・
対応・ケアに関する研究（主任研究者 柳澤正義）平成20・21・22年度総合報告書

児童相談所の基礎知識❸
子ども虐待対応は今
どうなっているのか

児童相談所における子ども虐待相談対応件数の現状

　児童相談所の相談種類では養護相談に含まれる虐待相談であるが、わが国で児童相談所の虐待相談対応件数が公表されるようになったのは1990年のことである。同年度に1101件であった虐待相談対応件数は、2020年度にはついに20万5044件にのぼることとなった（図1）。

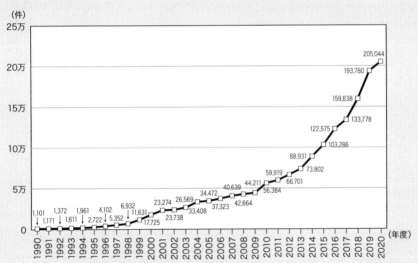

図1　児童相談所における虐待相談対応件数の推移
出典：厚生労働省福祉行政報告例から筆者作成。

　この増加が、社会における子ども虐待そのものの増加を表しているかどうかは不明である。市民社会への周知が進むことにより、発見通告が増えたことが対応件数増加の背景としてあげられる。また近年は、警察署からの配偶者間暴力・暴言に伴う心理的虐待通告が急激に増大していることが、虐待相談対応件数を押し上げる大きな要因となっている。

　厚生労働省福祉行政報告例によると、虐待相談の内容別件数割合（2020年度）では心理的虐待が59.2％と最も多い（図2）。また児童相談所への通告経路では、警察署からのものが2020年度に50.5％を占めており、これは2010年度の16.2％に比して大幅な

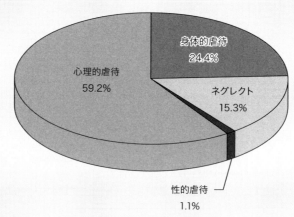

図2　児童相談所における虐待種別の虐待相談対応件数割合
出典：厚生労働省2020年度福祉行政報告例から筆者作成。

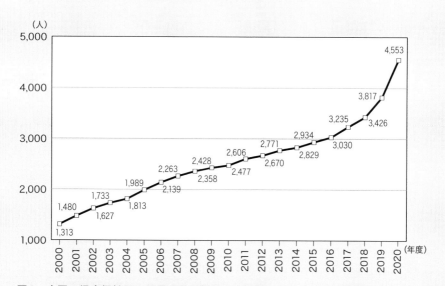

図3　全国の児童福祉司の配置人数の推移
出典：厚生労働省全国児童福祉主管課長・児童相談所長会議資料から筆者作成。

増加となっている。このように警察署からの通告増と心理的虐待件数増が虐待相談件数増加の要因となっている。

2015年からは児童相談所虐待対応ダイヤル「189」が開設され、通告がより促進された。また、虐待相談は通告の形としてだけもたらされるとは限らず、他の相談種類の対応をする中で虐待的な養育環境が課題となることもある。こうした事例でも通告と同様に、虐待相談としての対応が求められる。

児童相談所はこれらの通告に対して、児童相談所運営指針においておおむね48時間以内の安全確認（子どもを現認することが原則）を求められており、緊急性が必要なそれらの対応に追われているのが現実である。

この業務量に対して児童福祉司の配置人数は追いついていない（図3）。2000年度に比した2020年度の虐待相談対応件数は、11.6倍となっているが、同期間の全国の児童福祉司の配置人数の比率は3.5倍であることがそれを物語っている。人手が不足する中で緊急対応に時間を取られるため、初期対応後の継続的な支援の取り組みが十分に行えないのが現状といえよう。 　　　　　　　　　　　　　　　　　　　　　　　　（川松 亮）

＊

第4章

子ども・保護者・家族を支援する

　この本の端々で感じていただけると思うが、児童相談所における相談支援活動は、手順書や工程表といったものに子どもや家族を添わせていくものではない。子どもや家族のニーズに専門的な知見を織り交ぜて、ジャストフィットしたオリジナルの支援プランを策定していくことが大切になる。

　たとえるなら、「安全・安心な生活」行きの列車でも、乗り合いバス、タクシーでもなく、子どもや家族が運転席に座って「安全・安心な生活」を目指す旅路に専門職が寄り添うものである。

　そのためには、専門家として子どもの安全安心な生活と育ちに必要な支援を行うという揺るがない姿勢と、子どもや家族が忌憚なく語れ、協働していける関係を築いていくことが求められる。

　私たちの武器は、「ことば」である。何が語られ、背後にある思いや気持ちを聴き、それらを集約、要約して、相手に腑に落ちてもらえる言葉にして伝えることから協働関係は始まる。聴く力をみがくこと、協働のためのツールや取り組みなど多岐にわたる知識と実践の積み上げが必要になる。

　前章までに、児童相談所における相談活動の大枠や、喫緊の課題である児童虐待に対応していくために必要な知識や方法論がまとめられている。

　本章では、今日的な課題である児童虐待対応での工夫、具体的な技法など前章までと重なり合うところが多くあるが、子どもの育ちや子育てを頑張る保護者を応援していくうえで、押さえておかなければならいこと、大切にしてほしいことを紹介する。

保護者との協働関係の構築

◆保護者と児童相談所の出会い

　子ども虐待対応の最優先課題は子どもの命と安全の確保である。どんな時においてもその優先課題は決して変わることはない。

　周知の通り子ども虐待対応の多くは通告から始まる。私たちは通告された情報からリスクを判断し、子どもの命と安全が脅かされていれば、躊躇なく子どもを一時保護しなければならない。保護者にすれば、突然の一時保護は受け入れがたく、激しい不安と憤りを体験することになる。私たちと家族の出会いはここから始まることが多い。

　不本意な一時保護を体験した保護者は時に激しい感情を示し、攻撃的な態度を見せることがあるが、その背景には子どもを奪われた喪失と見通しが見えない不安が渦巻いている。私たちが家族を困難な家族と見る時、同時に家族は児童相談所（以下、児相）を困難で融通の利かない役所とみている。あるお父さんは職権による一時保護に対して「なんていうんですかね。でもまあ私たちみたいな弱い人間、何にもできないから、それは従うしかない」と述べた。自分たちのことを弱い人間としたこの言葉を私たちはいかに理解すればよいであろうか。

◆危機介入と支援のはざまの中で

　私たちは、常に危機介入と支援のはざまの中で葛藤を抱えながら実践してきたように思う。そして、そのことは今も続いている。そのことを示したものが、図1である（鈴木2019）。

　第1段階は「相談関係優先型アプローチ」とした。虐待を明確に告知しないまま子どもの課題等に注目し、代替的に相談を展開した段階である。子ども虐待を直面化すると相談関係を維持できないとの考えが背景にある。

　第2段階は「安全優先型アプローチ」である。子どもの命を守る最後の砦としての児相に対する社会的要請を受け、躊躇のない一時保護を行い、何より子ども

第1段階
相談関係優先型アプローチ
（虐待直面化の回避）

第2段階
安全優先型アプローチ
（危機介入による対立継続）

第3段階
再統合・構築指導アプローチ
（非主体性）

第4段階
当事者参画アプローチ
（主体的安全づくり）

図1　児相がたどってきた当事者参画に至るプロセス

の保護を優先するが「どうすれば子どもを返してくれるんだ」という言葉の返答に窮し、その後の家族支援が見えなかった段階である。

第3段階は「再統合・構築指導アプローチ」である。家族の養育力を高めるさまざまなスキルを導入し、指導として家族支援を進めた段階である。不本意であっても、保護者は児相と向き合うようにはなった。これらのアプローチをきっかけとして保護者の中に何らかの変容が生まれることもあったが、多くは受動的なものであった。

そして、第4段階が「当事者参画アプローチ」である。子どもの安全づくりは家族が主体者として参画しないかぎりは実現されない、いかに子どもの安全を構築し、家族再統合等の取り組みに児相と協働（共通の目標を達成するために共に動くこと）していけばよいのかを模索している段階である。私たちの実践は、今どこにあるのであろうか。

◆保護者が児童相談所との協働を始める時

　家族が、子どもを一時保護されるという厳しく困難な状況に置かれた時、それを乗り越え、子どもの安全をつくり、家庭引き取りを実現しようとして児相と協働しようとするのはどんな時だろうか。

　図2は、保護者へのインタビューを分析し、保護者が児相と一緒に動き始める時の6つの要件をまとめたものである（鈴木 2019）。ここにある「折り合い」とは、家族が困難な現実に対処していく様子を示している。つまり「不本意な一時保護に伴い生じる喪失感とさまざまな感情及び、関係機関への不信を抱き、児相等と対峙する局面を経験しつつ、さらに、虐待者とされた自己に対する疑念と、子育てアイデンティティの混乱を抱えながらも、児相との『協働』関係が進む中で、子どもを引き取るという現実的な課題や目標を実現するために保護者自身が受け入れがたい現実に調和していくプロセス」と定義される。

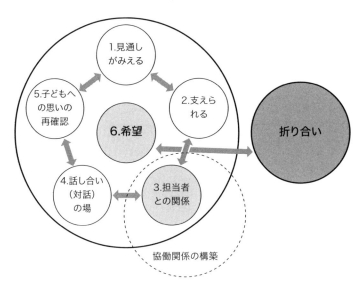

図2 「折り合い」のための6つの要件

　「折り合い」は、家族にとっていくつもの物語がある。一時保護をきっかけにこれまでの子育てを振り返り、新たな家族づくりの「折り合い」もあれば、現実にはいまだ納得できないけれど、現実を受け止めざるを得ないという「折り合い」もある。

　ここで「折り合い」の要件とされた6つのうち、「1. 見通しがみえる」とは、子どもを一時保護される中でどうすれば子どもが返ってくるのかの見通しが見えることである。「2. 支えられる」とは、家族だけではどうしようもできない状況の中で親族、友人などのサポートを受ける体験である。「3. 担当者との関係」とは、児相の窓口となっている担当者との関係である。ここに「協働関係の構築」が位置づく。そして、他の5つの要件と交互作用を生じさせこの関係が高まっていく。あるお母さんは担当者のことを「1人の人間として普通に話してくださった」と話した。このような、保護者と担当者の思いを感じる瞬間が支援の中にはいくつもある。「4. 話し合い（対話）の場」とは、児相との関係が難しくなっても、継続的な話し合いの場が維持できていることを指す。「5. 子どもへの思いの再確認」とは、一時保護された子どもの思いに触れる時の子どもの捉え直

しであり、子どもとの未来を考える体験をいう。

そして、「6. 希望」とは、これらを通じて家族自身が、家族の物語をさらに未来につなげていこうと希望を見出していくものである。

◆協働のための実践

保護者と児相における協働とは保護者が体験する「折り合い」を経た家族づくりに関わっていくプロセスの中で行われるものである。「折り合い」が生まれる時、家族は主体者となって、自ら子どもの安全と未来をつくっていく。

「折り合い」を実現するための6つの要件を満たしていく実践としては、サインズ・オブ・セーフティアプローチ（以下、SofS）、パートナリング・フォー・セーフティアプローチ、ファミリーグループ・カンファレンス、そして、最近注目されているラップアラウンドなどがその可能性を秘めている。

その中で、筆者が実践の中核においているSofSを紹介する。

SofSとは当事者（子どもとその養育者）の意見・考え、家族自身が持っている強さ、資源（リソース）に焦点を当て、当事者と専門職が協働することによって、家族自身と安全を守る人（親族、友人、知人など）がネットワークを形成することで子どもの安全を構築していくことを支援するアプローチである。子ども虐待対応における父権主義・パターナリズムからのパラダイムの変更ともいえる。

どんな家族に対してもこれまでの子育てをねぎらい、家族が成し遂げてきた小さな安全のサインを教えてもらうことから支援を始める。SofSでは、常に質問する、教えてもらう態度で家族と接していく。なぜなら、子どもの安全づくりの可能性は家族の中にこそあるという考えが前提にあるからである。常に人としてリスペクトする。

おおよそのSofSのプロセスは図3のとおりである。この枠組みの中で、家族と支援者の対話が進められ、新たなネットワークが構築されることで、家族が主体者となって子どもの安全を構築し、家族の新しい物語がつくられていくのである。詳しい実践の展開はぜひ拙著（菱川・渡邉・鈴木 2017）をご覧いただきたい。

最後に、これらの実践は、自分たちのことを「弱い人間」とした人たちのエンパワメントにつながる実践になり得るのか、常に私たちは自らに問い続けていかなければならない。

（鈴木浩之）

一時保護等による危機介入

1. 子どもと支援者による（マイスリーハウス）
子どもが一時保護されればまず子どもの願いを聴くことから支援が始まる。常に子どもの願いが中心にある。家族が動き出すのは、子どもの願いに家族自身が触れた時である。

2. 安全づくりのための家族との協働のアセスメント（マッピング）
家族との協働のアセスメントのプロセスである。一方的な虐待の告知ではなく、「今回のような出来事が続くとしたら子どもの未来にどんな危険が起きうるのかの予想」を共有したうえで「児相は安全を守られた子どものどんな姿を見せてほしいのか」を明確に共有する。このことで、「共通の目標とされることを見出してその目標に近づくために一緒に動いていく」ことがぶれないのである。

3.（家族を支える親族、友人、知人などのネットワークを創る）
子どもの安全創りには家族を支えるインフォーマルなネットワークが不可欠である。家族を支えるのはこのネットワークである。SofS はインフォーマルネットワークを構築していくアプローチである。

4. 児童相談所が家族に対しての関与を終結するまでのプロセスを「工程表」として示す。
家庭引き取りまでの道筋を示すことに児相は「ここまで示してよいのか」と思うかもしれないが、多くのケースにおける安全づくりのプロセスは共通する。これらの課題が達成できるか否かである。決して安易な家庭引き取りの見通しを示しているわけではない。

5.（言葉と絵① 保護された理由と大人が何をしているかを家族が子どもに説明する）
「工程表」に基づき保護者と家族を支える親族、友人、知人は一時保護所の子どもに面会し、一時保護に至ったプロセスと大人がこれからの安全な生活をいかに作っていこうとしているのかを「言葉と絵」という方法を使って説明する。

6.（安全プランの作成・メンテナンス）
保護者と家族を支える親族、友人、知人は、上記 2 のマッピングで示された「児相は安全を守られた子どものどんな姿を見せてほしいのか」に基づき安全プランを作成し、児相に提出する。児相は安全プランが、家族を支える親族、友人、知人が具体的に関わった子どもの危険を確実に回避するプランになっているかを精査する。

7.（言葉と絵② 安全プランを子どもに家族が説明する）
作成された安全プランをやはり、「言葉と絵」という方法を使って子どもに説明する。

8.（安全プランの試行テスト）
安全プランの稼働確認をする。

家庭引き取り・在宅支援

9.（家庭引き取りとセーフティミーティングの継続）
安全プランにみんなが、子どもの安全を守る方法として自信を持てれば家庭引き取りとなる。その後も、当然安全プランが確実に稼働しているかの確認を進めていくために、頻繁で定期的なミーティングを重ねる。

10.（終結）
安全プランが確実に稼働し続け、子どもの安全を確実に守るためのシステムが構築されたと判断すれば、児相は安全プランを家族、親族、友人、知人などの安全を応援するネットワークに託して終結とする。

図3　サインズ・オブ・セーフティの実践の基本的枠組み

子どもと家族の参加による取り組み（応援ミーティング）

◆児童相談所職員は…

　そもそも、児童相談所で関わる多くの子どもと保護者（以下、家族）、そしてこの仕事をしている私たちも含めて、生活においてどこか自信がなかったり、うまくいかなさを感じたりして過ごしている。私たち児童相談所職員は、人の人生を指導できる立派な人物なのかとよく思うことがある。その謙虚さがないと、児童相談所職員は権限や権力の中だけで仕事をしてしまう恐れがあり、必要のない衝突を生んでしまうと感じている。児童相談所職員は、ただ、色々な経験や知識の蓄積から、児童虐待のことについて詳しい職業人であると思い、仕事をしている。

◆問題解決の主人公は誰か

　児童虐待対応は地域で見守る必要があるという流れの中で、児童相談所を含めた関係機関は、家族に「これは良くない」「二度と起きないような約束を交わそう」というような支援者側の強い思いを固めて、関わることがある。家族の問題は家族が一番の解決の主人公であるにもかかわらず、関係機関が問題解決の主役になってしまうことがある。その後の経過の中では期待した結果がついてこないことがあり、うまくいかなかった理由を「児童相談所に言われたので…」という言葉で返ってきてしまうことも多々経験し、支援者側の士気が下がってしまうこともある。いくら指導的な態度でなく優しい口調で関わったとしても、そうした状況が生まれてしまう背景には、関係機関と当事者家族で問題のとらえ方や目指すところが揃っていないことが原因であったりする。

　神奈川県ではそうした展開を起こさないためにも、ケースワークに家族を巻き込んで前に進んでいけるようなステップを踏んでいく実践を重ねてきている。虐待ケースや非行ケース、育成ケースなど、色々な場面で子どもや家族を交えた話し合いのミーティングを実施してきている。

　当事者を入れ、関係機関を入れた話し合いを「合同ミーティング」といってお

り、特に、児童相談所職員のスタンスを明確に示し、家族が前向きになれるようなミーティングの形態を「応援ミーティング」と銘打って行うこともある。

◆虐待対応の社会の流れの中で…

2000年11月に「児童虐待の防止等に関する法律」が施行されたことにより、児童虐待の通告を受けた後の虐待を行った保護者への支援・指導については、新たな対応技術やその蓄積が求められることになった。

そのような中で、神奈川県では、2001年4月に中央児童相談所に「虐待防止対策班」を設置し、「親指導チーム」が構成され、虐待対応及び家族支援における対応技術の向上に努めてきた。「親指導チーム」は児童福祉司2名（うち1名は心理担当）と各児童相談所の精神科医の3名からなり、各所を巡回してケースコンサルテーション、親や子どもとの面接、親と子ども・関係機関の合同（応援）ミーティングのファシリテーターを務めるなどして、チームアプローチによる支援を展開していった（2007年4月、虐待防止対策班は「虐待対策支援課」に名称変更）。

◆親子支援チームの誕生と家族との協働

これまでの「親指導チーム」の実績や、施設等入所児童の再統合支援への認識が高まる中、親子関係再構築・親子再統合のための専任チームの各所への配置を望む声が上がっていった。そして2004年に、県内に初めて1つの児童相談所に児童福祉司2名（うち1名は心理担当）からなる「親子支援チーム」が設置された。その後4年をかけて県内すべての児童相談所に設置されることになった。

親子支援チームは強制介入に戸惑いがちな保護者との対立関係や、危機介入を担った担当者とは異なる立場で家族支援を行い、児童相談所と保護者が協働して子どもの安心・安全を作る枠組みへと展開していくために重要な役割を担ってきた。その中で、家族の力を支える応援ミーティングは発展し、家族を巻き込んだ支援方法の1つとして成長、定着してきた。

◆応援ミーティングの流れ

児童相談所は家族にとっての暮らしやすさを目指し、応援ミーティングは家族の力を支える1つの話し合いである。

第4章　子ども・保護者・家族を支援する

　応援ミーティングは初回でも回を重ねても方法はあまり変わらない。板書しながらそれぞれの出席者から「うまくいっている様子」を教えてもらい、家族には「それができているための工夫や頑張っていること」を教えてもらう。あわせて、「うまくいっていないこと、心配していること」を発表してもらい、出席した家族と支援者とが同じ課題意識が持てるようになる。今後の目標もその場で共有することが大切で、特に初期の段階では、子ども、家族に将来の夢を語ってもらうことも応援ミーティングを進めていくうえでは有効な流れを生むことになる。支援者は将来の夢のための応援団で、ミーティングの中で家族は夢の実現のための小さなステップを行動レベルで表現してもらう。その際には、本当に小さなステップにしないと、できない夢物語になってしまいかねないので注意が必要である。

◆称賛から自己肯定感の向上への流れ

　そこまで行けば、あとは本当に応援をしていく流れが作りやすくなる。

　例えば、あまり学校に行けていない子どもと送り出しがうまくできない保護者と、学校などを交え応援ミーティングをした場合に、夢を「将来、社会に出て困らない」と掲げ、今できる目標を「毎日、学校（教室）に行く」ことと表現したとする。次に、学校に行くまでにやらなければいけないハードルを確認していくことになる。これを確認しておくことは実は大切で、これを行わないと、仮に「学校に行けなかった」という結果になった時に、関係機関は「行けなかった、送り出しができなかった」という結果のみの確認になってしまう。しかし、目標に到達しなくてもハードルをいくつも超えているかもしれない。実は「朝は起きられるようになった」「夜も早く寝るようになった」「週に5回はできないけど2回はできた」等、家の中では変化が生まれている可能性があり、そのことを当事者に教えてもらわないと、気が付かないまま、流してしまうかもしれない。

　もしかしたら目標が高すぎたのかもと気付けるかもしれず、今の目標は、教室ではなく保健室になるかもしれない。

　関係機関からするとできて当たり前のことかもしれないが、小さなハードルを越えたことを知った時には称賛し、ハードルの越え方の工夫や努力したことを教えてもらう。大変な状況下で実現できていることに着目し、家族も自己肯定感を高めていけるような関わりが次へのエネルギーとなっていく。関係機関もハード

ルを越えるための手助けを提案しやすくなる。その部分はまさに「応援」ということになる。

◆家庭引き取りに向けての応援ミーティング

　一時保護や施設入所後に家庭引き取りとなる場合にも応援ミーティングを重ね有効と感じることもある。何らかの経過の中で分離せざる得ない状況が家庭内で起こり、その家族が再び、一緒に生活をしていくのには、一筋縄ではいかないところもある。親子関係において大きなマイナスの経験をプラスに変換していくことは非常に困難なことである。先述のとおり、児童相談所職員が「こう対応してほしい」「このように振る舞ってほしい」と一方的な話だけではうまくいかないことも多々あり、家族が主人公となる話を進めていく必要がある。

　例えば、はじめは、親と子の間で何が起き、何ができていたのか、どんな暮らしをしていきたいのか、そのようなやり取りの中で、小さなことでもできることを話し合う。次の応援ミーティングでは、例えば外泊場面でできると思ったことが、できたのか。引き取り後の生活の中でできたのか。できたのはなぜか。工夫したこと、気を付けたことは何か。そうしたことをいろいろ教えてもらうことで、努力したことへのねぎらい、称賛を繰り返し、家族の自信につなげていく。この経過の中で家族を応援するために有効な関係者や機関を増やしていくことも、結果、子どもの安全が高まることにつながっていく。

◆これからも前を向いて

　児童相談所職員はあくまでも家族の取り組みの手助けをするだけであって、複雑になっている親子関係を指導して改善させるのではない。家族のそもそもある力に着目していくが、家族はそれを見つけて言語化していくことも大切な作業になっていく。1回の応援ミーティングを通して、次回まで頑張ってもらうエネルギーを蓄えてもらう。それを繰り返すことで、家族は自信を取り戻し、負のサイクルから少し違うサイクルに歩み出せるかもしれない。

　これからも応援ミーティングを通して、家族が前向きに話し合いに参加し、また頑張ろうと思えるように、一緒に前を向いて進んで行きたい。

（佐藤和宏・瀧本康二）

第4章　子ども・保護者・家族を支援する

03 児童相談所における トラウマインフォームドケア

◆ トラウマの影響と理解

　児童相談所（以下、児相）で関わる子どもたちは、身近な保護者が精神疾患や依存等なんらかの課題を抱えているために適切な養育が受けられなかったり、家庭内で暴力を受ける等、育ちの中で逆境的体験、トラウマ体験をしていることが非常に多い。過去のトラウマ体験は心身に影響を及ぼすことが多いが、現在の心身の状態が過去のトラウマ体験とつながっていることに、多くの子どもは気づいていない。そのため、例えば「ちょっとしたことでイライラして、喧嘩してしまう自分」「頭では勉強しなくちゃと思うのに、（気分の波が日によって大きく変わるから）怠けてしまう自分」を「ダメなやつ」だと思い、「そんな自分を誰も助けてくれない」等と思い込んで、おとなを頼れず、逆に反発してしまう…という悪循環に陥ってしまうということがさまざまな場面で起こっている。この悪循環を断ち切るには、前面に出ている"困った行動"に対する指導、叱責だけでは効果が見られないばかりか、より悪循環を強めてしまう危険性もある。

　まずは、子どもの支援者が、トラウマ体験は単に過去の記憶であるだけではなく、神経系を含む心身に大きな影響を与え、現在もなおその反応、症状に子どもは苛まれているということを理解することが大切である。トラウマについての知識を持って各々の支援者が連携のうえ、子どもの言動をトラウマに着目した視点からも理解することが、子どもがこれまでに持てずにいた安心感を育てる第一歩となる。

◆ トラウマ症状のアセスメント

　適切な支援をするためには、子どもの症状をきちんと把握することが必要である。大阪府では、トラウマアセスメントとして、主にDSM-5版 UCLA心的外傷後ストレス障害インデックス（UPID-5）を使用している。まずは、アセスメントを正確に実施することが重要であるため、2012年度から有識者の協力を得て、

児相職員がトラウマ症状についての知識とアセスメントの手法について学び、その実践を積み重ねることにより、トラウマに着目した視点で子どもや家族等について考えるという基礎を築いてきた。

　子どもから症状を聴き取ることはとても重要である一方、子どもの状態を観察しながら慎重に進める必要もある。子どものトラウマ体験を確認し、その影響を聴き取ることは、トラウマ体験の曝露にもなるからである。子どもは、トラウマ体験の影響により自責感、無力感、恥の感情などを抱えており、そのため自身の体験を話すことが困難となり、回避することも多い。こうした子どもに対し、回避を和らげるため、トラウマ体験やその影響であるトラウマ症状の具体例をあげ、「あなただけではない」ことを伝え、ノーマライズして安心感を持てるように働きかけ、回復への手立てを考えるための聴取であることを説明し、アセスメントへの動機づけをしていく。

◆回復のイメージの共有

　このように丁寧にアセスメントを進めることが、子どもにとっては、これまでは1人だけで抱えてきた記憶や症状を「話せた」という体験につながる。さらに、この結果を子ども自身にもきちんとフィードバックして、「トラウマ体験の影響による『こころのケガ』なので、手当をする方法があるよ」と回復のイメージを持てるように伝えてゆく。アセスメントの実施及びその結果についてのフィードバックを通じて、自責感や無力感でいっぱいになっている子どもたちに対し、少しでも「過去の記憶に振り回される」のではなく、「過去に向き合い、自分の心身の状態をコントロールできる」という方向を「自分で選べるんだ」というパラダイムの転換が可能となるメッセージを伝えていこうと取り組んでいる。子ども自身のコントロール力の回復が大きな目標であり、それに支援者が伴走することが重要である。

◆アセスメントに基づくトラウマインフォームドケア

　アセスメントはフォーマルなものだけでなく、生活場面での様子などのインフォーマルなアセスメントも非常に重要であり、両者をつなぎ合わせることで、子どもの心身に起こっている状況の全体像が見えてくる。児相、社会的養護関係施

第4章　子ども・保護者・家族を支援する

設、里親などがトラウマの視点を持って連携することが非常に重要である。ちなみに、大阪府では、児相と関係機関がトラウマの知識を共有し、トラウマインフォームドケアを推進していくために、2016年度から児相職員が社会的養護関係施設に出向き、研修を実施して、相互に学び合う機会を継続して設けている。

　子どもが自分の心身に起こっていることを理解できるようになるという目的を明確にした児童心理司による継続的な心理面接を設け、心理教育を通じ、自分のトラウマ体験や症状について正しく知り、自分の感情や認知について振り返り、コントロールするスキルを学ぶ機会としている。児童福祉司も、児童との面接における自然なやりとりや、生活場面でのトラウマ症状がみられるか、子どもが虐待体験をどう認識しているかを確認し、それをケースワークに反映している。こうした面接と生活場面でのサポートの連携が子どもの回復を支えると考えている。

　家族再統合に向けたケースワークにおいて、家族との面会開始をするかどうかを検討する際も、子どもへのトラウマインフォームドケアは重要である。「どうしてこの施設に来ることになったのか」「どんなことを体験してきたのか」といった子どもの視点から見た生活歴を再確認し、子どもの体験（例：身体的虐待、DV目撃等）に特化した心理教育を行い、体験と症状とそのきっかけとなるリマインダーのつながりを探し出し、家族と面会することで起こりそうな症状等を想定したうえで、子どもの意向を丁寧に確認する。また、実際に面会する場合は、子どもが安心できる対策をあらかじめ具体的に話し合っておくことで、おとなの意向に振り回されるのではなく、自分の意向を尊重してもらえるという安心感に少しでもつながるようにしたいと考えている。

◆効果的な支援のために

　子どもが自分の心身の状態を理解し、回復への動機づけを高め、それを支える養育者（施設職員、里親など）がトラウマに着目した視点を持つとともに、トラウマに特化した治療を行う体制整備も求められる。このため、大阪府では2015年6月に開設された児相内の診療所において医学管理をしながら、トラウマフォーカスト認知行動療法（TF-CBT）という治療に取り組むこととした。この治療を通じ、1人では思い出すのが怖くて回避していた記憶も、安心安全な環境で治療者と共に向き合うことでその恐怖を和らげることが可能となる。また、トラ

ウマ体験の影響でもあり、現時点においても子どもの生きづらさの要因にもなっている非機能的な認知を探り当て、バランスのいい認知に修正していく作業を通じ、子どもが自分の人生を、これまでとは大きく違い、前向きに捉えられるようになっていくことにつながる。さらに、治療者に支えられ、加害者も含めた家族のことをさまざまな視点から考えることにより、客観的に捉えることができるようになり、どういう関係や交流を持っていきたいか等を現実的に考えることが可能になる。ただし、この治療を安心安全に進め、効果を最大限に生かすためには、丁寧な準備が必要であり、その準備ができているかの確認は、定期的に開催する会議の中で組織的に検討している。

◆支援者の心理的安全感

　最後に、トラウマを抱える子どもへの支援をする際に、支援者であるおとな側も二次受傷等が起こり、傷つくことが少なくないことにも触れておきたい。大阪府では、施設と児相との合同研修等の際にも繰り返し話題にしている。

　子どものトラウマ体験を聞くことで、ふとした時に恐怖を伴うイメージが想起される侵入症状など、支援者にも子どもと同じような症状を呈したり、加害者である保護者への怒りを強く感じたりすることもある。代理受傷、共感性疲労と呼ばれるものである。また、子どもの暴言、暴力などトラウマ症状に起因する行動に対して強い怒りや恐れを感じて、子どもとうまく関係を持てなくなるようなことも起こりうる。子どもへのトラウマインフォームドケアと同様に、支援者側にもこうした影響が起こりうることを正しく知り、自身の心身の状態に気づき、セルフコントロールを意識することが大切である。そして、組織の中で職員同士が支え合い、組織全体で安心感を保つことを意識することが重要であり、そうした取り組みを大切にすることによって、子どもの回復へのサポートも確かなものになってゆくものと思われる。

（島　ゆみ）

第**4**章　子ども・保護者・家族を支援する

保護者支援プログラムの展開

◆保護者支援プログラム導入における課題

　児童相談所（以下、児相）が関与する事例では、虐待、非行、養育困難など相談主訴はさまざまであっても、養育者は、子どもへの対応に悩み、子どもは、対人スキルが未熟で、他者への暴言暴力や、盗みなど逸脱行動を呈し、学校の同年代集団などで不適応感を強めている場合も多い。特に虐待事例では、子どもは、虐待という外傷体験により、養育者との関係で安定したアタッチメントを形成できず、感情の表出や制御が困難となりやすい。また、外傷体験の影響で「虐待を受けたのは自分が悪いからだ」と捉え「私ばかりが怒られる」といった非機能的認知が生じ、さまざまな逆境的体験が繰り返されることも少なくなく、アタッチメントとトラウマという2つの側面を考慮した支援が重要となる。一方、養育者も、自身の幼少期の被虐待歴や、いじめやDV被害など、多くの逆境体験を経験し、他者への信頼感が乏しいことが多い。このため、児相や関係機関からの支援に拒否的で、関係機関が養育者自身のPTSD症状などへの治療を勧めても抵抗が強いなど、親子共に、関係機関の介入が困難な場合がある。

　このように、親子共に複合的な要素を抱える事例に対して、保護者支援プログラムが有効に作用するためには、単に定型のプログラム内容を実施するだけでは不十分と考えられる。すなわち、親子それぞれの状態像をアセスメントしたうえで、適切なプログラムの選択を検討する必要がある。また、動機づけや実施中の支援など、児相を含めた関係機関全体の援助により、安定した実施体制を構築することが必要と思われる。

◆エビデンスに基づく治療（Evidence-Based Treatment；EBT）の実践

　児相における保護者支援プログラムは、これまで、各地域の状況に合わせて、児相の児童心理司や精神科医による個別面接や、養育者に対するペアレントトレーニングなど既存のプログラムの導入、外部機関への委託など、さまざまな形

で実践されてきた。2014年の「児童相談所における保護者支援のためのプログラム活用ハンドブック」の保護者支援に関する調査では、担当児童福祉司が中心となって行う場合や、家族支援のための部署が設けられている場合など児相によって状況が異なることや、すでに開発されているプログラムに先駆的に取り組んでいる児相もあることなどが報告された。2017年度の「保護者支援プログラムの充実に関する調査研究報告書」では、2014年の報告に比べ、複数の保護者支援プログラムを用いる児相が増加傾向にあった。しかし児相の体制と実施状況との関連では、児童心理司等の職員が十分に配置され、さまざまな保護者支援プログラムに取り組んでいる児相では、プログラム実施による効果が比較的出やすいが、児童心理司1人当たりが抱えうるケース数が多い場合には、効果的なプログラムの実施が難しくなる可能性が示唆されたと報告している。

このような点を踏まえると、保護者支援プログラムに関して、管理職を含めた組織全体の支援が、効果的な実施に重要であるとともに、近年の法改正に伴い、児童虐待防止対策強化を目的として、全国的に児童福祉司及び児童心理司が大幅に増員され、経験年数が少ない職員の割合が高い状況が続く児相の現状においても、実践可能な体制が必要とされている。

◆EBTの概略

専門職の人材育成の視点も踏まえ、いずれの職員にも理解しやすく一定の効果が実証されているものとして、エビデンスに基づく治療（Evidence-Based Treatment；EBT）の導入が、一部の児相で始まっている。具体的には、米国子どもトラウマストレスネットワーク（National Child Traumatic Stress Network: NCTSN）及び2004年のKauffman Best Practices Projectにおいて、虐待を受けた子どもへの治療として推奨されているTF-CBT（Trauma-Focused Cognitive Behavior Therapy）、PCIT（Parent-Child Interaction Therapy：親子相互交流療法）及びAF-CBT（Alternatives for Families-A Cognitive Behavioral Therapy 家族のための代替案：認知行動療法）といったプログラムが、いくつかの児相や関係機関などで導入されている。

TF-CBTは、子どものトラウマに焦点化した認知行動療法で、欧米のいくつかの治療ガイドラインで、子どものトラウマ治療の第一選択として推奨されている。

第4章 子ども・保護者・家族を支援する

対象年齢は3〜18歳で、トラウマとなる出来事を体験し、PTSDや関連症状によって生活面で何らかの機能障害を起こしている子どもと養育者を対象としている。毎週1回、1セッション50〜90分で、通常8〜16回実施され、各セッションは、子ども面接、養育者面接の順で同じ治療者が実施するが、虐待事例では、非加害の養育者と子どもで実施される。

　PCITは、行動障害のある児童とその親を対象にしたオペラント条件づけモデルを使用した治療法で、ライブコーチングを大きな特徴としている。具体的には養育者とその子どもに対して、トランシーバーを用いて、部屋の外にいる治療者が直接養育者に子どもへの対応を指導することにより、養育者と子ども双方の行動変化が可能となる。対象年齢は2歳半〜7歳で、毎週1回、1セッション60〜90分で、通常12〜15回実施される。2004年にChaffinらにより、治療施行850日後の時点で、一般的な地域での介入に比べ、PCIT施行例は、有意に身体的虐待再開率が低いと報告されてから、虐待事例への有効性に注目が集まるようになった。2017年の文献的検討では、予防的な治療として、外在化行動や発達遅滞と並んで、児童虐待の予防にも有効であると報告されている。

　AF-CBTは、養育者による攻撃性あるいは身体的虐待、体罰、争いがある事例において、子どもと加害者にあたる養育者が参加するプログラムである。対象年齢は5〜17歳で、子どもと養育者それぞれに対する個別セッションと、合同セッションが組み合わせて実施される。養育者や家族の威圧的な方法を減らし、子どもへの身体的虐待のリスクを減らすことなどを目標とし、1〜2週間に1回、1セッション60〜90分で実施されている。

　これらのEBTは、いずれも子どもと養育者が一緒に取り組む個別療法であるが、構造化された内容で効果が実証されており、児童心理司を中心とした専門職にとって取り組みやすい内容である。一方で、トレーナー資格取得のための予算確保や、個別療法であるため費用対効果の問題などは、今後、児相における実践で検討すべき課題と考えられる。

◆今後の保護者支援プログラムの展開

　わが国では、児相が、養育者自身に、それまでの養育を変化させるため、保護者支援プログラムを勧めたとしても法的な強制力はなく、養育者自身の動機づけ

が難しい場合も多いのが現状である。しかしながら、保護者支援プログラムの導入により、親子の関係性に変化が生まれる事例も多く、児童福祉領域において、効果的な保護者支援プログラムの発展は重要な役割を担っている。

　前述のEBTなど、保護者支援プログラムの効果的な実施体制を確立するには、児相や関係者全体が、保護者支援に関する共通理解をもとに、援助していくことが重要である。この点を踏まえ、近年は、PCITなどのエビデンスに基づいた治療理論を基盤とした心理教育プログラムであるCARE（Child-Adult Relationship Enhancement）を併用している機関もある。CAREは、講義とロールプレイを用いた内容で、親や里親などの養育者に加え、精神保健、児童福祉、教育などの現場で働く専門職など、トラウマ体験のある子どもと接する大人全般において有効性が報告されている。関係者が共通理解のもとで支援体制を構築することは、多職種の連携に役立つだけでなく、援助対象の親子への理解にもつながる利点があると思われる。

　法改正により保護者支援プログラムの提供が努力義務となった現在、EBTを含めた複数の保護者支援プログラムの中から、事例に合わせて、適切な内容を、適切な時期に導入できる実施体制が普及していくことが望まれている。

（小平かやの）

第4章　子ども・保護者・家族を支援する

05 ライフストーリーワークの取り組み

◆子どもの人生に影響する児童相談所の業務

　子どもを施設や里親家庭に措置することは児童相談所の主たる機能のうちの1つである。それは、対象となる子どもにとっては、親やきょうだいなど家族との別れであり、地域の保育園や学校などの友達、近所の人たちなどとの別れであり、ひとりで全く知らない新しい環境への適応を求められる体験でもある。児童相談所の業務は子どもの人生に大きく関わっている。児童相談所職員は、施設等への措置・措置変更が、子どもに及ぼす影響について十分に理解しておくことが必要である。ライフストーリーワーク（以下、LSW）は、児童相談所の担当者が子どもの立場に立った支援とは何かを考えるうえで重要な実践だと言える。

◆社会的養護で生活する子ども

　生まれた家族のもとで暮らす子どもたちにとっては、親やきょうだい、親せきの存在、自分が生まれた時のこと、小さかった時のことなどは、当たり前の日々の生活の中で、理解していく。しかし、社会的養護のもとで生活する子どもたちは何度もの転居や施設・里親家庭への措置によって生活が分断していることが多い。子どもの中には、親はいるが名前がはっきりわからない、きょうだいはいるがその存在を知らない、今、親がどうしているかわからない、自分がどんな生い立ちであったのか、自分がなぜ社会的養護で生活しているのかを知らないという子どもたちも多い。

◆ライフストーリーワークとは

　LSWとは、社会的養護のもとで生活する子どもたちが生い立ちを自分のものとするために、1950年代に英国で生まれた取り組みである。人生は過去から現在、そして未来へと続く。過去を理解することで現在の状況が理解でき、今を生きる力が生まれる、そしてそこから未来をイメージする力となる。安心できる大人と

共にその情報を理解し、そのことを過去として、次につなげていくための取り組みである。

　LSWは、2000年を過ぎた頃に日本に紹介され、大阪の児童相談所職員や施設職員でつくられた大阪ライフストーリー研究会を発端として、児童相談所や施設関係者の間で広がっていった。当初は、「あえて、つらい生い立ちを伝える必要があるのか」「伝えることで子どもが荒れるのではないか」等という意見も聞かれた。しかし児童養護施設の運営指針に「子どもが自己の生い立ちを知ることは、自己形成の視点から重要であり、子どもの発達等に応じて、可能な限り事実を伝える」と明記されるようになり、里親などの養育指針でも、LSWを行うことについて、子どもが「尊厳をもった大切な自分」であると気づき、自分を大切にし、誇りをもって成長するために有効であると記されて、重要性が認識されるようになった。2017年の「新しい社会的養育ビジョン」には、子どもの出自を知る権利と記録の保障について取り上げられている。こうして、生い立ちの整理やLSWという言葉が社会的養護の関係者の中で浸透するようになってきた。

◆ライフストーリーワークの進め方

　あらためて、LSWの詳細について記す。LSWは、単に真実告知や生い立ちの整理という側面だけではなく、子どもたちが現在の自分の状況を理解するということと将来について考えるという点を含む。

　LSWについて、才村ら（2016）は3段階の方法を提唱している。まず基盤となるのは、①「日常的に行うLSW」である。日々の子どもの暮らしを丁寧に記録することや子どもの気持ちやその時々に出る子どもからの問いを丁寧に受け止めることである。今この瞬間も子どもにとって大事なライフストーリーであることを子どもに関わる大人は忘れてはいけない。その次に②「セッション型のLSW」がある。児童相談所の職員や施設のファミリーソーシャルワーカーなど子どもが安心できる大人と共に、特別に時間を取って行うものである。子どもに自分自身に関する情報を伝え、一緒に家族のジェノグラムを作ったり、子どもの年表を作ったり、これまでの写真や資料を整理しながら、情報を読み解いていく。時には思い出の場所を訪ねることもある。その時に湧き出てくる気持ちについて話し合うことも大切である。そして、その上に③「治療的なLSW」が展開する。

トラウマを抱えた子どもたちに対して、LSWを通して治療を行うもので、英国では実践が行われているが、日本においてはまずは第一段階・第二段階を浸透させていくことが求められている。

◆LSWを実施する中で

　筆者が子どもと実施したLSWのエピソードを記しておきたい。4歳で児童養護施設に措置したA男は、祖母のことを母だと理解しており、混乱が生じていた。小学校6年の時に、現在の施設の担当職員も同席のうえでセッション型のLSWを実施した。現在の生活を振り返ることからはじめて、過去に戻っていった。ある回で、幼児の時の担当職員に同席してもらい、その当時に撮った写真を前に、その写真にまつわるエピソードを聞くことができたが、小さい時のエピソードを聞くA男はとてもうれしそうであった。そして、施設に入るところまで戻っていくとA男の記憶は、詳細に覚えているところもあれば、抜け落ちているところもあることがわかった。A男もそうであったが、家で暮らせないのは自分のせいだと思っていた。子どもの気持ちをゆっくり聞きながら、大人の事情も含めて説明し、家族についての理解を進めていった。A男の情報を一緒に整理したことにより、現在の担当職員と思春期を迎えて反抗的だったA男の関係が改善したというおまけもついてきたセッションであった。

　中学2年のB子は生まれてすぐに他県の乳児院に入り、一旦、家庭に引き取られたものの家族とうまくいかず、再度、児童養護施設に入所となった。B子の写真等は度重なる転居により、すべてがなくなってしまっていた。そのため、LSWを実施する前に乳児院時代の記録を他の児童相談所から取り寄せ、記録を整理し、乳児院に連絡を取った。するとB子を知る担当職員から、B子宛てに手紙と当時の写真が届いた。赤ちゃん時代のB子がどんなに可愛かったかという手紙はB子の自己価値を高めた。そこから、B子もその担当職員にお礼状を書くという交流が始まり、B子の過去と今がつながりだした。

◆LSWが浸透するために

　LSWを実施するためには、子どもの記録を読み返して、整理をしたり、戸籍謄本などを取り直し、家族の状況を把握する必要がある。その際、児童相談所の

記録は重要な手がかりである。筆者はLSWを実践するようになり、措置を必要とする事例では、保護者との面接で子どもの名前の由来や赤ちゃんや小さい時のエピソード、子どもへの思いなどを詳しく聞くようになった。記録は子どものためのものなのである。多くの自治体で養子縁組事例などを除くと、記録は子どもが25歳到達で廃棄される。子どもの知る権利を守るために記録の保存について再考する必要性を感じている。

　また、子どもが生活する施設や里親とセッションの進め方や子どもが不安定になった時の対応について、実施前に準備のための会議を行うことが必要である。1回のセッションの時間で取り扱える内容は限られている。そのセッションが終わった後で、子どもから出てくる質問や感情について、日常的に養育にあたる大人と子どもが話をし、次回のセッションでそれらを取り扱うようにする。日常にLSWを取り入れていく。そのため、LSW実施には子どもに関わる大人のチームワークが必要とされる。

　LSWという名称については、広く知られるようになったが、セッション型の実践が進まないのは、準備も含めて時間と人手を必要とすることも関係しているように思う。しかし、子どもたちが社会的養護から自立する時に、過去を過去として扱えるように、未来に歩き出せるようになるために、LSWは社会的養護の措置中に実施することが望ましい。また、子どもの声を聞く必要性についての論議が高まっている。子どもたちが語れるためには、子ども自身が自分を理解する必要がある。その基盤を作るためにLSWの実践が展開できるように、児童相談所のLSWに対する理解が深まり、実施環境が整っていってほしいと願っている。

（久保樹里）

第4章　子ども・保護者・家族を支援する

一時保護所における支援

◆一時保護所の現在

一時保護のあり方と一時保護ガイドライン

　厚生労働省が2019年に通知した一時保護ガイドラインでは、一時保護のあり方としては、「①一時保護期間中は子どもと関わり寄り添うとともに、関係機関と連携しながら子どもや家族に対する支援を検討する期間となる。②一時保護を行うに当たっては、子どもや保護者の同意を得るよう努める必要があるが、子どもの安全確保が必要な場合は、子どもや保護者の同意がなくとも躊躇なく保護を行うべきである。③一時保護の有する機能として、子どもの安全確保のための『緊急保護』と子どもの心身の状況等を把握するために行う『アセスメント保護』がある。このほか一時保護の機能として、短期間の心理療法、カウンセリング等を行う短期入所指導がある。④一時保護の期間は一時保護の目的を達成するために要する必要最小限の期間とする」とされている。このガイドラインは、それまでの児童相談所運営指針第4章の記述から大きく2つの点で異なる。

　1つ目は、指針では一時保護は一時保護所で行うことを原則とし、委託一時保護は例外的な位置づけであったのに対して、ガイドラインは、この原則を外し、子どもの状況に応じて一時保護先を決定することとした。

　2つ目は、一時保護の目的が緊急保護とアセスメント保護に分けられた点である。緊急保護では、閉鎖的環境の下で行うのは必要最小限として、閉鎖的環境下での一時保護の是非について定期的に検討すべきとされた。アセスメント保護は、「子どもの状況等を踏まえ、子どもの状況等に適した環境でアセスメントを行うことが必要である」とされている。閉鎖的環境下で行うのか開放的環境下で行うのか児童相談所は常にその判断を求められている。

一時保護所の現状

　児童福祉法において、「児童相談所には、必要に応じ、児童を一時保護する施

表1　一時保護所の実態

項目	一時保護ガイドライン・通知等	実態
入所児童定数	特に定めはない	最小4名、最大70名（2021年4月1日）
年間平均入所率	―	最小1.6%、最大143%（2020年）
職員配置	3歳未満児は児童：職員3：1 幼児4：1　学齢5.5：1	ほぼ基準達成 1：1を超える配置をしている施設も増加 措置費は、2：1まで加算が認められている
職員専門職制	児童指導員任用資格、保育士資格	保育職、福祉職等専門職制が敷かれている自治体と、一般行政職が多数を占めている自治体がある 会計年度職員（アルバイト）への依存度の高いところもある 教育委員会からの出向職員を一定数配置しているところもある
設置	児童相談所と適切に連携できる場所に設置	児童相談所ごとに一時保護所を設置することを原則にしているところと、センター化や機能分化させているところもある
庭	なし	屋外遊びやスポーツ等が行える庭のある施設がある一方、庭が全くない施設もある
屋内運動施設	なし	数百㎡の体育館、プレイルームのある所や、全くないところもある
学習室等の機能別空間	なし	学習室や食堂、リビングなど分化されているところがある一方、テーブルを置けば食堂、机を置けば学習室など兼用となっているところもある
居室人数・一人当たりの居室面積	居室あたりの児童数上限：学齢児は4人まで。一人当たりの居室面積：4.95㎡（学齢児）（旧基準は3.3㎡／人）	5人以上の大部屋、個室中心の施設など多様だが、概して新しい施設は個室が充実している
第三者評価	推奨。3年に一度の評価費用の国庫負担あり	2017年度から2020年度までに実施済みの一時保護所は31%
権利擁護アドボケイト	児童福祉審議会や子どもの権利擁護に関する第三者機関が、一時保護を行う場所の視察や子どもの意見聴取等を行うなどの一時保護中の子どもの権利を保障するための仕組みを設けることが望ましい	アドボケイトの実施率：14.4%が導入（令和2年度子ども・子育て支援推進調査研究事業「一時保護所の実態と在り方及び一時保護等の手続の在り方に関する調査研究報告書」三菱UFJリサーチ＆コンサルティング2020年）

第4章　子ども・保護者・家族を支援する

設を設けなければならない」とされている。また、「一時保護所は児童相談所に付設若しくは児童相談所と密接な連携が保てる範囲内に設置」することとされている（児童福祉法施行規則）。施設基準は現時点では児童養護施設に準ずるとされているが、設置自治体によりその形態はさまざまである。いくつかの項目について、ガイドラインの規定と実態をまとめたのが表1である。

◆一時保護所の支援の実際、子どもに何を支援するのか
一時保護されるということ

　子どもが一時保護所に保護されるパターンとして、以下のような経緯となることが考えられる。

　「学校の先生に、家で親に殴られ、家に帰りたくないと言ったら、児童相談所というところから職員がやってきて、話をした。一時保護所というところを説明され、よくわからないままに一時保護所に連れてこられた」

　こんなふうに一時保護されるパターンはめずらしくないのではないか。子どもは、決して一時保護所に保護されることを望んだわけではない、「家に帰りたくない」と言ったのは、その時の気持ちを正直に話しただけで、自分で家に帰らないと決めたわけでは決してない。

　子どもにとっては、突然のことである。住み慣れた家あるいは親しんだ友人や地域、自分を取り巻くあらゆる人や環境から切り離される。それがいつまで続くかわからない、新しい生活の場は、どんな所か全くわからない、出会う子どもや大人も初めて会う人ばかりである。

　一般人の生活で、このような体験をすることはまずありえない。子どもは、一時保護所に入るにあたり、どんな不安や恐怖心を持つのだろうか。仮に、子どもが家ではなく、他の場所での生活を強く望む、自分にひどいことをする親から逃れられるのであれば、多少のことは我慢すると考えたり、発言したりするかもしれない。しかし、突然のことで全く見知らぬところで、今までの環境からすべて切り離される点は同様であり、そのことに対する不安や恐怖心は変わらない。

　一時保護所での支援はこうしたことから始まるのである。

新たな大人や助けてくれる人との出会い

　児童相談所や一時保護所は、子どもの生活支援や面接をとおして不安や恐怖心を持つ子どもに全力で立ち向かっていく。子どもの安全な生活、安心できる生活ができることが社会的使命である。そして、このことは児童相談所で出会う児童指導員、児童福祉司、児童心理司がチームとして協力していくことで実現される。

　一時保護される子どもの多くは、はじめて福祉関係者と出会うのである。そして、一時保護される子どもの多くは、周囲の大人から大切にされず、意思を尊重されず、権利を乱用されあるいは放任された子どもたちである。そんな子どもたちが、今後、成長していき社会の中で生きていくうえで最も重要な「人への信頼感」を回復していくスタートラインである。

　世の中には手助けしてくれる大人がおり、信頼してもいいかなと、子どもが少しでも感じてくれれば、一時保護の基本目標は達成である。児童相談所や一時保護所は、まず一時保護の目的をこのことに求めるべきである。

一時保護所での支援の具体例

　生活を支援するということは、具体的には次のように考えられる。①生活保障、生存権保障としての衣食住、②安全安心の生活を構成していく。食べるものが必ずある、寝るところが必ずある、暴力や暴言を受けない、病気になれば医療を受けられる、などがこれに該当する。③所属欲求の充足。生活や子ども集団のよりどころとなると子どもが思えるような支援である。④承認欲求の充足。子どもなりの役割や行動を行った時にきちんと承認される。承認されることは生きる意欲や自己肯定感を高めることになる。

　毎日の生活（衣食住）や活動（保育や学習指導、余暇活動）をとおして上記のことを実現していくのが一時保護所である。生活の中では、子ども同士のトラブルやケンカ、逸脱行動も少なくない。しかし、一時保護所の「行動診断」という目的からも子どものさまざまな行動を診断（理由や背景を考え、その行動の持つ意味を考える）し、適切な対応をとっていき、子ども自身が解決のために不適切な方法ではなく、適切な方法での行動を強化していくことが重要である。

◆一時保護所の希望的近未来像

　一時保護所の現状のさまざまな課題の解決がなされつつある。ここでは、希望的展望としての近未来像を述べたい。

一時保護における法的手続きが導入される

　厚生労働省が2020年秋に開始した「児童相談所における一時保護の手続等の在り方に関する検討会」の結論により、2022年度に児童福祉法改正が行われることとなり、一時保護に関する司法の関与が拡大された。少なくとも親権者の承諾のない一時保護は、原則として事前承認となり、緊急的に一時保護が必要な場合においても事後の一定の期間の間に、家庭裁判所等において一時保護の承認を受けることとなる。

一時保護所の施設基準が定められ、すべての一時保護所がそれを満たしていること

　一時保護所の施設基準は、児童養護施設に準ずるとされていたが、長い間の関係者の願いだった独自の基準が定められ、旧基準でもよいとする猶予措置は廃止され、すべての一時保護所が基準を満たしている。具体的には以下の2つである。
①施設の規模の上限が定められ、大規模な一時保護所はなくなっている

　「社会的養護の課題と将来像」では、今後の児童養護施設は、施設の小規模化と施設機能の地域分散化が必要であるとされている。

　一時保護所も社会的養護の一翼を担っているので、この考えが踏襲され、小規模化が図られ、最大限20名程度となっている。分園を設置した一時保護所では、日中の学習活動等に制約が大きくなるので、在籍校に「通学」または、本園に「通学」する形態をとっている。

　一時保護所内での子ども同士のトラブルや対応困難場面は、「混合処遇」が要因であるとの指摘もあるが、筆者はそれよりも、入所児童数の大規模化が子どもどうしや対職員との人間関係を複雑にすることに大きな要因があると考えている。集団（m人）の中の特定の人間関係（n人）の総和は、数学ではm人の中からn人を選ぶ「組み合わせ」で表すことができる。「組み合わせ」の数は、mの二次関数となることから、人間関係の総数は、入所児童数の二乗に比例する。集団の人数が少し増えただけで人間関係が極めて複雑化していくため、問題勃発は非常

に増えていく。したがって施設の小規模化は必然であろう。

②職員は専門性を備えている

　児童福祉司の任用基準が以前と比べ大幅に厳しくなっており、任用後の研修が義務づけられるようになった。一時保護所職員は児童指導員任用資格、保育士資格で可能としていたが、児童福祉司同様に研修の義務が図られ、施設の特殊性に対応できる子ども支援に関する知識、技能、態度の向上が実現している。また、スーパーバイザーも必ず置かれるようになった。

　一時保護所職員が新任から中堅、ベテランと階層別研修が確実に行われるようになり、方法も、講義、演習（ロールプレイ）やOJTが確実に行われるようになっている。国が、責任をもってテキストや研修ガイドラインを編纂し、現場においても、職場を離れた研修を受講できるための人員配置がなされているからである。研修充実のきっかけとなったのが、厚生労働省の「令和3年度子ども子育て支援推進調査研究事業」での「一時保護職員への効果的な研修のあり方」の研究成果であった。

権利擁護の仕組みができている

○第三者評価が義務づけられ、適切な評価機関による適切な評価が行われている。適切な評価が行われるために、評価にかかる経費は、評価を依頼する側が支払うのでなく、国庫等が一括して支払う仕組みが整っている。

○アドボケイトが導入されている。アドボケイトとは意見形成支援、意見表明支援を行い、子どもの権利擁護のために代弁していくことである。アドボケイトの6原則が守られたアドボケイトが確実に導入され、機能している。アドボケイトの6原則とは、①エンパワメント、②子ども中心、③独立性、④守秘、⑤平等、⑥子どもの参画、とされている。

○社会福祉施設に求められている苦情解決の仕組みが設けられ、「苦情解決責任者」「苦情受付担当者」、苦情解決に社会性や客観性を確保し、利用者の立場や特性に配慮した適切な対応を推進するための「第三者委員」が設けられている。

　以上のような諸点が実現される近未来が早く実現できるように、衆知を集めて検討を進めていきたい。

(茂木健司)

07 児童相談所における面接技術の向上に向けた取り組み

ここでは、筆者らの職場で行っている「面接スキル研修」の取り組みにふれながら、児童相談所で行われる「面接」について考えてみたい。

◆児童相談所での「面接」

現在の児童相談所で行われる面接はどのようなものだろうか。虐待通告によってスタートし、保護者自身は表立っては支援を求めていないばかりか、児童相談所の関与に拒否的であることがある。クライエント自身の問題解決への意欲を前提とした支援モデルが念頭にある新任職員はもとより、いわゆるカウンセリングを学んできた心理職員も戸惑いを覚えるかもしれない。

◆異常か？ 事情か？

カウンセリングでは受容や共感が強調されるが、児童相談所が主に対象とする虐待ケースでの受容や共感について考える。

そもそも横柄な態度の人を「受容」したり、的外れに怒る人に「共感」したり、自己中心的な人を「理解」したり、言行不一致な人を「信頼」することは困難だろう。共通基盤のない相手を「わかる」のは難しいうえに、他人を完璧にわかることなど不可能であろう。面接スキル研修（図1）ではそうした時に効果的な心構えとして、「異常か、事情か」（西田・中垣・市原 2017）ということを提案している。来談者の時に非常識なふるまいや言動は、常識的には「異常だ」と感じられることがあるかもしれないが、そうすると排除したい気持ちが生じ、対応にはよそよそしさがにじみ出てしまうだろう。それは相手にとっては拒否感と受け止められ、効果的な援助関係を構築する妨げとなってしまう。一方、なんでこの人は普通にやれないんだろう？ と考え、その背後にある事情を解き明かそうとする姿勢は、相手に「教えてもらおう」という姿勢、相手への関心につながる。

テーマと内容

回数	テーマ	内容
第1回	心構えと傾聴	講義：ペース合わせ 演習：安定感、頷き、相槌、ねぎらい
第2回	明確に訊く・聴く	講義：訊くと聴く、曖昧な表現の明確化 演習：訊くと聴く、曖昧な表現の明確化
第3回	的確に汲み取る	講義：感情の反射、要約 演習：感情の反射、要約
第4回	適切に伝える（やんわり）	講義：おさらい、明確化と探索的質問 演習：質問のコーディング
第5回	解決に向けて（発想の転換）	講義：リフレーム、SFA 演習：リフレーム、SFA
第6回	適切に伝える（はっきり）	講義：おさらい、対峙 演習：総合練習、対峙、リラクセーション
第7回	総合練習	講義：安全パートナリング、3つの家 演習：マッピング、3つの家

図1　面接スキル研修のカリキュラム

第4章　子ども・保護者・家族を支援する

◆受容の意味

　相手の考えや感情を尊重する"受容"は、なんでもよしとしてしまう"許容"とは異なる。相手の感覚や感情を共有する"共感"は、相手に飲み込まれてしまう"共鳴"と同じではない。相手を"理解"することは、相手の価値観や思考パターンを推測することであって、相手の言動に"賛同"することではないし、"信頼"するというのは相手の成長する力への期待であって、相手の言葉を"鵜呑み"にすることとは違う。支援に対して拒否的な来談者と効果的なコミュニケーションを行うためには、こうした整理が不可欠である。

◆面接の目的

　援助の目的は「助言」をすることではない。そもそも、問題意識も解決動機も希薄な来談者への誤ったタイミングでの助言は効果がないばかりか、反感を招くリスクもある。大切なのは、現在行っている援助がどの段階（図2）にあるかを、支援者側が承知していて、自覚的に行うことだ。支援か介入か、という二項対立ではなく、相手とのコミュニケーションを通して変化を促す働きかけは、いわゆる支援であっても介入であっても、相手のことをわかろうとアプローチし、適切

■援助的交流の「3段階モデル」
・本人が自己解決できることを理想とする
・問題解決が困難なほど援助者の関与が増える

支援者	利用者	技法	程度	主語
受け止め	自問自答	傾聴技法（頷き、相槌、繰り返し、明確化等）	耳を貸す	You
投げかけ	洞察	積極技法（探索、情報提供、矛盾提示、対峙等）	口を出す	I
手ほどき	行動習得	助言・指示、訓練計画、訓練（行動、認知）	手を出す	We

図2　面接スキル研修の理論

に「自問自答の機会」を提供することにより、来談者自身が自己解決できること
を理想とする。

◆クライエント体験

　面接スキル研修で行うロールプレイでは、用意された想定ケースをなぞるので
はなく、自らの体験を話すことが求められている。もちろんテーマとするのは深
刻な相談ではなく、「最近ちょっと頑張っていること」「最近腹が立った場面」な
どの軽微な内容であり、何を話すか、どこまで話すかは受講者が選ぶのだが、読
み合わせのロールプレイではない点で少しハードルが高くなっている。ただ、忘
れてはならないのは我々の仕事は来談者に、しばしば人には話したくない過去の
体験や記憶を語ることを強いていることである。来談者の立場に身を置き、来談
者のためらいや不安を実感することに意義があるのであり、実際の面接の中で最
適と思われる技法を選ぶ力を高めるためには、自分自身の体験を素材にしたロー
ルプレイはまたとない練習方法となる。

◆トレーナーの役割

　面接スキル研修の一番の特徴は複数の職員がトレーナーになっていることであ
る。50人程度の参加者に対し、毎回全員ではないが、10〜15人の県職員（心理
職）がトレーナーを務める。「頷きと相槌」「明確化」「感情の反射」「要約」「リ
フレーム」等、座学の講師とロールプレイの進行をトレーナーが順番に行う。
ロールプレイでは、3〜5人程度の小グループを作り、各グループにトレーナー
が入る。参加者はカウンセラー（聞き手）、クライエント（話し手）に分かれて

ロールプレイに取り組むが、その際にグループに入ったトレーナーは受講者の質問に随時答えたり、より効果的な対応を示唆したりする。

◆フィードバック

　大切なのは、ロールプレイのセッションを終えた後のグループ内での振り返りである。カウンセラー役は良かったと思った対応が、クライエント役にとっては的外れだったりすることがしばしばあるが、率直にその体験をフィードバックされることが技能の向上に役立つ。実際の面接場面では、来談者はうまくない対応にも黙って我慢するか、怒って帰るかといった反応になることがあり、どこがまずかったのか、より効果的な対応はどうすることなのかを検討することが困難である。練習だから安心して失敗ができ、そこから学ぶことができるのだと思う。

◆基礎から応用へ

　プログラムは基本的なスキルから始めて応用的なスキルや技法へとシフトしていく。後半ではソリューション・フォーカスト・アプローチや安全パートナリングといった具体的な技法の一部を実習するほか、子どもを一時保護されて怒った保護者が、子どもを返せ！　と怒りをぶつけてくるのに対し、粘り強く毅然と対応するといった実践的なロールプレイも行う。ここでも、振り返りを挟んでより効果的な対応を検討し、それを実際にやってみること、さらに怒った保護者役を通してさまざまな対応の違いにより喚起される感情の違いを実体験することで、来談者の心の動きを追体験することができる。

◆ブラッシュアップ

　職員自らが講師を務める形となった背景には、児童心理司の有志が行ってきた勉強会も関係している。家族療法や面接スキルなどに詳しい専門家を外部から呼び、そこで学んだことを参考に、児童相談所をはじめとする福祉現場で広く役立つスキルを抽出し、現在の形の原型を作った。今も研修の開始前、終了後にトレーナーが集まり、随時見直しを加えながら継続している。

　この研修は、○○療法、△△理論といった特定の技法や理論を学ぶものではなく、内容は児童福祉司、児童心理司、さらには児童福祉施設職員や市町村の児童

福祉担当課の方など、施設での生活場面面接も含め、現場で面接を通した対人援助に関わる誰にとっても有用なものではないかと思う。何より、現場の職員が共通言語を持ち、日々の面接を俯瞰する視点を持つことで、新たに面接を行う職員を指導したり、自らの面接を振り返ったりすることに寄与している点が本研修の大きな意義だと思われる。

　面接技法は秘伝ではないのだから、後に続く若手職員がこうした研修を通して、より早く必要な技能を身につけ、腕を上げていくことが期待される。同時に、研修を受講したベテラン職員から、「感覚やセンスに基づいて経験でやってきたけれど、今までやってきたことの整理になった」といった肯定的なフィードバックをもらうことがあり、職員自身の取り組みを客観的に見つめ直す視座を持つことの意義を感じている。　　　　　　　　　　　　　　　　　　　　　（市原眞記）

第4章　引用・参考文献

Chaffin, M. et al.（2004）Parent-child interaction therapy with physically abusive parents: efficacy for reducing future abuse reports. *Journal of Consulting and Clinical Psychology.*, 72: 500-510

菱川愛・渡邉直・鈴木浩之（2017）『子ども虐待対応におけるサインズ・オブ・セーフティ・アプローチ実践ガイド——子どもの安全を家族とつくる道すじ』明石書店

「保護者支援プログラムの充実に関する調査研究報告書」（2017）

犬塚峰子（2016）「子ども虐待における家族支援」『児童青年精神医学と近接領域』57(5)、769〜782頁

「児童相談所における保護者支援のためのプログラム活用ハンドブック」（2014）

「児童養護施設運営指針」https://www.mhlw.go.jp/bunya/kodomo/syakaiteki_yougo/dl/yougo_genjou_04.pdf

亀岡智美・飛鳥井望編著（2021）『子どものトラウマとPTSDの治療』誠信書房、51〜55頁

厚生労働省「新しい社会的養育ビジョン」https://www.mhlw.go.jp/file/04-Houdouhappyou-11905000-Koyoukintoujidoukateikyoku-Kateifukushika/0000173865.pdf

西田泰子・中垣真通・市原眞記（2017）『興奮しやすい子どもには愛着とトラウマの問題があるのかも——教育・保育・福祉の現場での対応と理解のヒント』遠見書房

大谷彰（2004）『カウンセリングテクニック入門』二瓶社

「里親及びファミリーホーム養育指針」https://www.mhlw.go.jp/bunya/kodomo/syakaiteki_yougo/dl/yougo_genjou_09.pdf

才村眞理・大阪ライフストーリー研究会編著（2016）『今から学ぼう！　ライフストーリーワーク——施設や里親宅で暮らす子どもたちと行う実践マニュアル』福村出版

鈴木浩之（2019）『子ども虐待対応における保護者との協働関係の構築——家族と支援者へのインタビューから学ぶ実践モデル』明石書店

第4章　子ども・保護者・家族を支援する

児童相談所の基礎知識❹
一時保護について

一時保護の目的と期間

　児童福祉法では、第33条に一時保護の目的を示しており、その内容は「児童の安全を迅速に確保し適切な保護を図るため、又は児童の心身の状況、その置かれている環境その他の状況を把握するため」とされている。その必要があると認める場合に児童相談所長は一時保護を行うか、または他の適当な者に一時保護を委託することができる。同条ではさらに、一時保護の期間として2ヵ月を超えてはならないとしているが、必要な場合は2ヵ月を超えて引き続き一時保護を行うことができることとしている。

　具体的な運用については、「一時保護ガイドライン」（厚生労働省子ども家庭局長通知、2018年7月6日）に定められているが、そこでは一時保護の機能を、「緊急保護」と「アセスメント」としている。これは上記の児童福祉法第33条の規定に基づくものである。

　この一時保護ガイドラインが定められる前は、児童相談所運営指針に一時保護について規定されていたが、そこでは目的として、（1）緊急保護、（2）行動観察、（3）短期入所指導と記されていた。「一時保護ガイドライン」でいう「アセスメント」が（2）行動観察に該当する。（3）短期入所指導について「一時保護ガイドライン」では、「一時保護の機能として、このほか、子どものニーズに応じた子どもの行動上の問題や精神的問題を軽減・改善するための短期間の心理療法、カウンセリング、生活面での問題の改善に向けた支援等が有効であると判断される場合であって、地理的に遠隔又は子どもの性格、環境等の条件により、他の方法による支援が困難又は不適当であると判断される場合などに活用する短期入所指導がある」として追記している。

一時保護における子どもと保護者の同意

　一時保護には、子どもや保護者の同意が要件とはならない。「一時保護ガイドライン」では、「特に児童虐待対応においては、対応が後手に回ることで、子どもの生命に危険が及ぶ可能性があることから、子どもや保護者の同意がなくとも、子どもの安全確保が必要な場面であれば、一時保護を躊躇なく行うべきである」として注意を喚起している。また、子どもや保護者の同意を得なくても保護を行う理由として、「これは、子どもの安全を迅速に確保し適切な保護を図る必要があることや、一時保護が終局的な支援を行うまでの短期間のものであること等から認められているものである」と記している。

　児童相談所長の行政権限のみで一時保護を決定することから、国連子どもの権利条約の理念に反するのではないかという指摘があり、また一時保護をめぐって保護者と対立した場合の調整機能の必要性がかねてより指摘されてきた。2019年の児童福祉法改正

では、2ヵ月を超えて一時保護を継続することが親権者等の意に反する場合には、一時保護開始から2ヵ月を経過するごとに、家庭裁判所の承認を得なければならないこととされ、司法関与が強化された（法第33条第5項）。

　さらに、2022年6月の児童福祉法改正で、親権者等の同意のない一時保護について、保護開始日から7日以内に裁判所に対して一時保護状を請求する司法審査制度が導入され、2025年までに施行されることとなった。

一時保護所における支援の特徴

　一時保護所における入退所は、日々時間を限定せず夜間も問わずに行われている。そのために、子ども集団の構成は刻々と変化するところに一時保護所の特徴がある。また、一時保護される理由は子どもによってさまざまであり、何の準備もないままに入所してくる子どもは多い。これらの子どもがまずは心身を休め、安全・安心な中で生活し、これまでを振り返ったり、家族との関係調整を行ったりしながら、次の生活の場に移っていく準備を短期間で行っていく。家庭に復帰できるのか、里親や施設の下で暮らすことになるのか見通しが持てずに不安になる子どもも存在する。

　こうした環境で子どもが安定して過ごせるために、子どもに対する十分な説明や子どもが見通しを持てるように対話すること、情緒的な安定を図る支援や学習活動、余暇活動など、子ども一人ひとりに合わせた丁寧な関わりが求められる。

　また、一時保護所における子どもの権利を擁護するための取り組みもさまざまな形で進められようとしている。

　そのために一時保護所の児童指導員や保育士、看護師等の資質の向上が大切であり、また支援内容を見直すため第三者評価の導入が進められている。個別対応が可能な施設設備と十分な人員配置もあわせて必要であり、今後、国は一時保護所の新たな設備・運営基準を策定することが、2022年6月の児童福祉法改正で定められた。

一時保護所における一時保護の状況

　2021年4月1日現在、全国に145ヵ所の一時保護所が設置されている。

　全国の一時保護所における対応件数の推移を見ると図1の通りである。年々対応件数が増加しているが、2020年度には若干減少が見られた。一時保護所における対応件数の増加は、虐待による一時保護の増加による。

　2021年度全国児童福祉主管・児童相談所長会議資料（2021年8月27日）によると、

2019年度の1日あたり保護人数は2388人となり、平均在所日数は31.3日であった。相談種類別の一時保護所における対応件数は表1の通りである。　　　　　　（川松 亮）

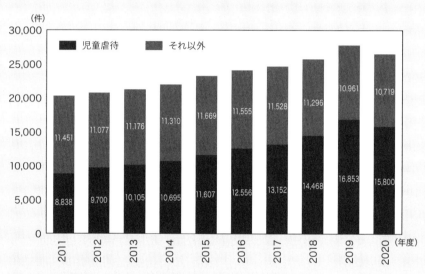

図1　一時保護所における一時保護児童の対応件数の推移
出典：厚生労働省福祉行政報告例から筆者作成。

表1　一時保護所における相談種類別対応件数

総　数	養　護 （児童虐待）	養　護 （その他）	障　害	非　行	育　成	保健・ その他
26,519	15,800	5,852	61	2,625	2,069	112

出典：2020年度厚生労働省福祉行政報告例から筆者作成。

＊

第5章

地域の支援者と協働する

　かつては子どもの相談機関といえば、児童相談所であった。2004年の児童福祉法改正により、児童家庭相談の第一義的機関は市町村であるとされ、児童相談所には市町村の後方支援と専門的な支援や困難ケースの対応を行う役割が与えられた。つまり、行政において2つの通告・相談窓口ができたことになり、両者の役割分担と連携のあり方が重要になった。役割分担において、すき間を作らない「のりしろ」の、いわば重なり合う部分を持つ支援が求められている。その他にも地域の子どもの相談支援には数多くの官民の機関や人が関わっている。各機関同士の連携協働が大事なのは自明なことであるが、では、具体的にはどう進めていったらよいのだろうか。子ども虐待に関する事件が起こるたびに、指摘されるのは、関係機関の連携・協働の不足である。困難なケースであればあるほど重要であるが、難しい連携の課題。この章では、これを進めていくための実践現場の工夫が多数描かれている。

　1つの機関ではわからなかった情報が別の機関では把握していたということは多い。お互いの役割を知り、できること、限界を知ること、おたがいさまの精神そのうえで、ある1つの事例で情報を共有して、協働していくことで得られた経験と関係性は、また次の事例にも活かされる。それがつながり合うことでサポートネットワークが地域に広がっていく。

　地域の支援機関とつながりの工夫について理解を深めていただきたい。

市区町村と児童相談所との協働と地域ネットワーク

◆児童相談所との距離感

　「児童相談所はなにもしてくれない」。今から10年以上前、市の職員として子ども家庭相談の部署に異動した頃、先輩職員や福祉、母子保健、教育の関係者からしばしば聞いた言葉だ。この言葉には、愚痴や不満、批判、あきらめなど、そんな思いや感情が込められていた。市にとって児童相談所は壁がある存在で、協働関係が希薄であることは明らかだった。

　当時は、市が子ども家庭相談の第一義的な相談先になったばかりの頃で、市の組織体制・専門性が不十分だったこともあるが、児童相談所との連携が手探りの中、多くの場面でお互いに勘繰りながら、歩み寄ることなく、縦割りの動きとなっていた。要保護児童対策地域協議会の実務者会議では、行きづまった議論の最後に「さあ、児童相談所はどうしますか？」と言わんばかりの空気になって、冷たい視線が向けられていた。児童相談所からすれば、会議に参加する足取りは相当重かっただろう。こうした場面の1つをとっても、協働とは程遠い関係だったように思う。

　誰かに言われた訳ではないが、児童相談所とは距離を置く雰囲気があった。福祉職場の経験がなかった筆者は、初任者を理由に、児童相談所職員と一緒に面接や家庭訪問をし、所内での緊急受理会議、一時保護を告知する場面にも立ち合うことができた。「実は、保護解除するかどうか、意見が割れていたんだ」「保護所がいっぱいで、この年齢を受けてくれる施設なんて簡単には見つからないよ」「また施設から電話で、今からムガイ（無断外出）の子、探しに行かなきゃ」「事務所戻ったら、28条でカサイ（家庭裁判所）に提出する書類を作らないと」等、普段の会議では語られない児童相談所の実態を聞くことで、児童相談所職員との距離は縮まり、リアルな児童相談所を徐々に知ることができた。

◆児童相談所を身近な社会資源としていく

　評価とは、分母に期待があって、分子に成果がある。だから、期待と成果の大きさによって評価は変わる。権限のない市区町村（以下、「市区町村」とは、市区町村の子ども家庭相談担当を指す）からすると、一時保護の権限がある児童相談所は、困難な事例に対して万能であるかのように思えてしまう。児童相談所のことをよく知らずに、過剰な期待を寄せ、過大な役割を求めているとしたら、児童相談所がどれほどの成果を上げても、評価されない。もちろん、児童相談所は評価だけを気にしている訳ではないし、改善や反省すべきこともあると思うが、限られた体制の中で積み上げてきた成果を顧みる機会は、あまりにも少なすぎる。

　市区町村が児童相談所との協働を考えるうえで必要なことは、児童相談所を批判したり、指摘したりすることではない。児童相談所に期待する何かを求めるよりも、まずはお互いを知ることから始め、コミュニケーションを図り、共感し、協働していく。そして、この循環を繰り返す。すでに、相談者との信頼関係を築くために実践していることと同じである。さらに、ある程度の協働・信頼関係のもとで、お互いに意見の食い違いを積極的に見つけ、お互いの疑問に答えようと努力していくことが大切である。

　市区町村が地域住民に身近な基礎自治体として、最大限何ができるかを一人称で考え、自ら動く。そうすることで地域ネットワークを活気づけることになる。また、市区町村は、児童相談所を地域ネットワークから孤立した社会資源としてはならない。なぜなら、児童相談所には児童相談所ならではの知見やつながりがあり、しかるべきタイミングで相応の事例には、打てば響くような頼れる存在だからである。

◆児童相談所との実践と協働

　児童相談所と連携した事例を通して、協働について考えてみたい。紹介する事例は、実際の事例をもとに、個人が特定されないよう配慮している。

　精神疾患のある母親の衝動的な行動によって乳児への身体的虐待が懸念されたため、児童相談所と共に、市の母子保健担当、精神保健担当、子ども家庭相談担当の4機関が分担して家庭訪問をした。定期的に個別ケース検討会議を開き、時として児童福祉分野と保健分野による見立ての違いはあったが、全員で支えてい

るような一体感があった。虐待の兆候は見られなかったものの、子どもの発達を促すため、早めに就園させる方針となった。しかし、関係機関から何度も説明したものの、両親は3歳になってからと考えていた。筆者は、できる限りのことをと思い、百聞は一見にしかず、保育園の写真を撮って家庭訪問に臨んだ。両親は食い入るように見て、就園を決断してくれた。児童相談所は意見書を作成し、早期に就園することができ、その後も安定した養育につながった。

　この事例では、当初から家族内の不和や母親の精神状態、乳児であることなどのリスクによって一時保護の可能性が見え隠れし、そのつど、児童相談所によるアセスメントを共有した。調整機関でもある子ども家庭相談担当としては、どの機関にとっても納得する方向性で協働したいという欲張りな気持ちもあったが、実際には意見がぶつかる場面もあった。

　市区町村は児童相談所を含め、関係機関同士のコミュニケーションをつなぐ通訳のように、それぞれの思いや考えを聞き、伝えることができる。多機関による協働のために、工夫しながら対話的な意思疎通によって新たな了解を得ていくことは、市区町村におけるソーシャルワークの醍醐味と言える。

◆これからの市区町村はどこへ向かうか

　児童虐待の社会問題化と合わせて、さまざまな立場から、さまざまな意見があり、法改正や児童相談所改革の議論も活発にされてきた。2004年の児童福祉法改正の動き・具体化が見え始めた時期に、竹中（2004）は、「児童相談所はなくなるのか」との標題を掲げ、児童相談所の基本的性格が大幅に変貌することへの危機感を示し、「児童相談所は現在の基本形態の維持を含め、なくしてはいけない」と述べている。児童相談所のあるべき姿は、時代が何を求めるか、であろうか。残念ながら、その後も児童虐待相談対応件数は増加し、死亡事例も少なくない。

　要保護児童対策地域協議会は、2004年の児童福祉法改正によって、市区町村に設置できることとなったが、竹中（2006）は、多機関によるネットワークを基盤にするとしても、相談拠点の位置づけが不明確なままでは自治体間格差が生じるのではないか、と疑問を述べた。実際には、まさにその通りのことが起きてい

た。

　その後、2016年の児童福祉法等改正法により、市区町村は子ども家庭総合支援拠点（以下、支援拠点）の整備が努力義務とされた。支援拠点の主な特長は、①すべての子どもを対象として、②子どもの権利擁護が目的とされ、③継続的なソーシャルワーク業務が機能として位置づけられたことにある。また、最低配置人員等が示されたことによって、子ども家庭相談体制の全国的な均てん化が、今後期待されている。

　児童相談所創成期の「児童福祉必携」（厚生省児童局 1952）によれば、児童相談所の存在価値を「予防的機能を果たし得るか否か」にあると言い、「児童のためのケース・ワークの根拠地」としている。また、相談は「一方的な行為でなく、強権をもって、何ごとかを一人の人間に押し付けることではない」とも記している。しかし、法的に重装備化された現代の児童相談所にとっては、やや似つかわしくない内容である。他方で、社会資源との相互作用によってニーズに寄り添う市区町村にとっては、むしろしっくりとくる内容だ。

　これからの市区町村は、これまでの児童相談所とも言えるのではないだろうか。児童相談所が培ってきた子ども家庭相談ソーシャルワークの技術や工夫は、そう簡単に市区町村で真似することができるものではない。市区町村は、変わりゆく児童相談所から吸収すべきものが数多くあり、だからこそ協働は欠かせない。市区町村の役割が増すことは間違いない。市区町村といっても、人口規模の差はあるが、地域の子どもは地域で守ることを、自覚して取り組んでいく必要がある。

　子ども家庭相談の現場は、試行錯誤の連続で余裕はないだろう。正解のない支援に、独りよがりな答えで割り切ることは簡単だ。しかし、本当にそれでよいのか…。子どもたちをなおざりにできないからこそ、悩み、葛藤し続けるのだ。すべての子どもたちが、子どもらしく過ごせることを切に願うとともに、よりよい実践を模索し続ける市区町村の活躍を期待したい。　　　　　　　　（北村　充）

市町村支援コーディネーター

◆市町村支援児童福祉司

児童福祉法において、都道府県は、児童・妊産婦の福祉に関して、市町村に対する必要な助言及び適切な援助を行うこと、専門的な知識・技術や広域的対応が必要な業務を行うこととされており、国が2018年12月に策定した「児童虐待防止対策体制総合強化プラン」においても、児童相談所（以下、児相）への市町村支援児童福祉司の配置の必要性が指摘されている。大阪府では同年4月から児相の体制強化の一環として、市町村支援専任の児童福祉司を、市町村支援コーディネーター（以下、コーディネーター）として全6ヵ所の子ども家庭センター（児相）に配置している。以下、この3年間の主な取り組みとその成果を紹介する。

◆市町村とのアセスメントツールの共有とアセスメント基準の統一化

大阪府では2005年度から市町村に児童家庭相談の対応ガイドラインを示し、大阪府管のすべての児相と市町村は、虐待相談に対して同じアセスメントツールを使用してきた。しかし、市町村と児相、あるいは市町村の中でも部署によって、同じツールを用いても重症度等の判定結果が一致しないことがあった。そこでコーディネーターらは、重症度判断の視点や、市町村と児相の役割分担の考え方についても解説を加えた「記入要領」を作成した。これにより市町村と児相とで統一された基準による重症度判定が、スムーズにできるようになった。なお、「記入要領」は経験年数の浅い児童福祉司にも役立つものとなっている。

◆市町村職員受け入れ研修

大阪府では2015年度から、市町村の相談対応力の強化、児相と市町村の役割分担の理解と協働関係の構築のために、児相に市町村の職員を受け入れて研修を行っている。コーディネーターが積極的に市町村に働きかけていることもあり、年々希望する市町村は増えている。市町村からはアセスメント力や虐待相談対応

力を強化したいとの要望が多く、コーディネーターは、通告受理後の調査や緊急受理会議の体験、援助方針会議への参加、子どもや保護者との面接時の同席、子どもの緊急保護時の同行、さらには他市町村の要保護児童対策地域協議会（以下、要対協）の実務者会議や個別ケース検討会議への参加等、各市町村の強化ポイントを考慮しつつ、研修参加職員のニーズに応じた研修内容となるよう調整している。

　研修を受けた市町村職員からは、児相の業務を体感することにより市町村との違いを実感し、「よりお互いの連携や市町村の支援のあり方を考える機会になった」という声をよく聞く。また市町村からは見えにくい一時保護や施設入所・里親委託開始後の支援の実際を知ることにより、「保護がゴールではなく、子どもと保護者がこれまでを振り返り向き合うスタートであると感じた」などと理解が深まり、市町村と児相双方の役割を再認識する機会となっている。

◆市町村から児相への事例送致

　子どもにひどい傷がある・子どもが帰宅を拒否している・性的虐待が疑われる等、市町村が緊急に児相の対応（一時保護・立入調査等）が必要と判断した場合や、市町村が支援を継続中に状況が変化してリスクが増し、児相によるアセスメントや指導が必要と判断された場合には市町村から児相への事例送致となる。後者は市町村要対協の個別ケース検討会議や実務者会議で協議のうえ、主たる担当機関の変更というかたちで行われる。コーディネーターがそれらの会議に地域担当の児童福祉司と共に出席することで、より活発な協議が行われ、これまで市町村の支援が膠着しがちだったネグレクトケースについても、子どもの育ちに与える影響を考え限界設定をし、児相への事例送致に至る事例が見られるようになってきた。コーディネーターは市町村要対協における共同アセスメント・共同プランニングの具現化を促進する役割も果たしている。

◆児相から市町村への事例送致

　近年、いわゆる面前DVにかかる警察から児相への通告が増え続けているが、大阪府ではそのうち軽微な事例については、コーディネーターが調整し市町村に事例送致を行っている。市町村では保護者間での暴力・暴言が与える子どもへの

影響について説明する他、DV被害者と思われる保護者には庁内の相談窓口を案内し、また子どもの所属には様子観察を依頼している。

　児相による通告対応の際に、保護者から子どもへの関わりの難しさについて訴えがあった事例等、引き続き市町村の家庭児童相談室（以下、家児相）あるいは子どもの所属で再発防止の支援が望まれる場合や、また施設入所・里親委託や一時保護の解除（家庭引き取り）後、児相が一定期間指導したが引き続き市町村による支援が必要と判断される場合にも、コーディネーターは市町村への事例送致を調整している。

◆市町村への指導委託

　保護者に対し、児相の指導措置という枠組みを導入することにより市町村による指導が効果的となる場合や、市町村による支援が適当だが児相がリスク管理を行うことが必要な場合等に、コーディネーターが市町村への指導委託を調整することがある。具体的には、ネグレクトのある家庭で市町村の支援やサービスの利用に消極的なケース、特定妊婦の出産後の在宅支援が必要なケース、施設・里親等の措置解除後のアフターケアを行うケース、市町村の親支援プログラムへの参加が望まれるケース等について、市町村への指導委託を活用している。

　保護者に精神疾患等があり、母が市要対協で特定妊婦として支援を受けていた事例では、病院で行われた個別ケース検討会議で、産後の母の精神状態の悪化や、親族による支援も期待できないにもかかわらず保護者の危機意識が乏しいことを確認し、子どもの一時保護を開始（市から児相に事例送致）。家庭引取りにあたって、日常的な安全確認と養育支援体制の構築のため、市への指導委託を決定し、市家児相や保健センターによる訪問支援、訪問看護やヘルパー利用等の支援計画を保護者に提示した。指導委託期間中は、コーディネーターが地域担当の児童福祉司と共に関係機関と情報共有を図り、市の担当者と保護者の関係構築、関係機関間の連携強化、家庭状況の把握や再アセスメント等を行うことができた。

◆市町村要対協の運営への助言

　コーディネーターの配置以前は、地域担当の児童福祉司がケース対応を通じて市町村と連携し、必要な助言を行っており、各福祉司は担当する市町村のことし

か分からなかった。しかし、市町村支援を専任とするコーディネーターは、市町村へのヒアリングの実施や要対協の会議への出席、事例送致の調整等を通じ、管内のすべての市町村の児童家庭相談体制等を把握することができるようになった。またコーディネーターは各児相で管内市町村連絡会議を年2回は開催して市町村間の情報交換等も促し、さらには6ヵ所の子ども家庭センターの担当者会議を通じて、大阪府管の全市町村の状況を知ることもできるようになった。そうした情報の蓄積や効果的な市町村要対協の運営に関する知識等をもとに、コーディネーターは、市町村の体制や要対協の運営実態に応じたきめ細やかな助言を継続的に行っている。

◆コーディネーター設置の効果

　児相にとって、管内の市町村の相談体制や要対協等の実情を把握している市町村支援専任のコーディネーターがいるメリットは大きい。地域担当の児童福祉司だけでは、市町村の体制や地域の資源に関する情報の蓄積や共有には限界があり、まして管内の市町村間での情報交換等までサポートすることはできなかった。経験年数の浅い児童福祉司にとっても、担当する市町村の状況を知るコーディネーターは頼れる存在になっている。

　市町村にとっては、地域担当の児童福祉司以上に、コーディネーターは気軽に相談ができる児相の窓口となっている。また、他の市町村の取り組み等についても、コーディネーターを通じて情報を得ることができる。市町村の要対協の運営や通告対応の苦労や困り感が見えるコーディネーターだからこそ、市町村と一緒に工夫を考え助言もできる。

　専門職が増え相談体制も強化されつつある市町村だが、地域で切れ目のない児童家庭相談体制を構築していくには、まだまだ課題も多い。市町村と児相それぞれの機能に応じた役割分担を進めるため、コーディネーターは日々奮闘している。

（小川衛子）

サテライト型児童相談所との連携協働

◆練馬区の基本的な考え方

東京・練馬区は、23区で唯一、「区が児童相談所を設置しない」としている。その理由は、2点ある。

1点目は、児童相談所行政は、基本的に広域行政であり、一時保護や施設入所等の広域的な調整、また保護者の連れ戻し防止のため、地域から子どもを離す広域的な対応が必要になるケースもあるためである。また、一時保護が必要になるような重篤な虐待ケースでは、子どもへの心理的ケアをはじめ、児童福祉司、児童心理司、医師等による専門的な支援が必要であるとともに、重篤なケースは、家庭復帰に向けた専門的対応が必要となる。実際、児童相談所を設置した区において、未だ一時保護先の都区間の調整や家族再統合のための援助事業を東京都が行うなど、このような広域的な業務をなくすことはできていない。さらに、専門的な人材を確保し、継続的な支援を行うためには、人材が集中した東京都の児童相談所（以下、都児相）による対応が不可欠である。

2点目は、保護者や子どもの心情を考えると、施設入所等の法的介入と地域における保護者や子どもへの寄り添い支援は、同一の機関が行ってもうまくいかないと考えていることである。このことは、2019年の児童福祉法の改正の中で、児童相談所の介入機能と支援機能の分離等が規定されていることからも明確である。実際、近年、虐待通告件数は急増しているが、そのうち一時保護等の法的介入までを要する事例は多くない。「子どもが泣き止まなくて、つい怒鳴ってしまった」「生活に余裕がなくて、子どもに優しく接することができない」などといった内容も多く、子育てや生活等に関する悩み、困難さを要因としていることから、保護者への寄り添い支援を行うことで、状況が改善される事例も多い。このような事例に対して、法的権限を持つ児童相談所が支援を行おうとしても、「悩みを話すと子どもが連れていかれるのではないか」と考え、保護者から警戒される・拒否されてしまう事例も多い。その点、区は、法的権限を持たないがゆえに、

保護者に安心して支援を受け入れてもらえるという強みがある。

　さらに実態として、東京の生活圏は各区を越えて広がっており、区単位で課題を解決することができない。このことも、区で児童相談所を設置する考えがない理由でもある。練馬区は、子どもたちを虐待から守るためには子ども家庭支援センターの充実・強化と都区双方の強みを活かした都区連携強化の2点が重要だと考え、新たな児童相談体制の構築を目指し、これまで取り組みを進めてきた。

◆これまでの都区連携の取り組み

　区は、2017年度に東京都と「児童虐待の対応に関する連携協定」を締結し、都区双方の職員が区の支援検討会議および都児相の援助方針会議への参加を開始した。また、2019年度からは、区管理職の児童相談所への通年派遣や、都内初となる都児相とのテレビ会議を開始した。

　さらに、2020年7月には、都児相と練馬子ども家庭支援センター（以下、子セン）の専門職員が協働で児童虐待などに対応するため、子セン内に「練馬区虐待対応拠点（以下、拠点）」を都区共同で設置した。

◆練馬区虐待対応拠点設置による効果

　虐待対応拠点の効果は、想像以上のものであるが、「組織の対応力の向上」と「職員の人材育成」の視点で記述する。

組織の対応力の向上

　都と区の専門職員による日常的な情報共有が可能となったことから、速やかな合同訪問や一時保護などにつながり、迅速かつ一貫した虐待対応が実現している。

　日常的な情報共有が図れることで、連携を意識しなくても、距離感が縮まっており、都区の強みを活かした支援が展開できるようになってきたと感じる。また、一般職員だけでなく、管理職派遣も行ったことで、児童相談所の組織としての意思決定プロセスを区は知ることができるなど、さらに連携が深まっている。

職員の人材育成

　児童福祉の専門職員の育成は、大学のカリキュラムなどの知識だけではなく、

実務経験が重要になる。そのため、人材育成も一朝一夕でできるものではない。実際、児童相談所の設置を検討している各区においても、人材確保は大きな課題となっている。このような状況の中、当区には虐待対応拠点があることで、子ども家庭支援センター職員が日常的に児童相談所の動きを肌で感じることができ、OJT効果も大きいと実感している。また、日常的なやり取りの中で、ケースに対する子セン職員の危機意識は格段に向上した。特に緊急性が高く、一時保護が必要と思われた際、執務室が隣にあり躊躇なく相談できる環境と関係がもたらした効果としては非常に高いものがあると考えている。子センとして、どのような支援を行い、どのようなリスクの変化があれば、都児相との連携が必要になるのか、お互いの視点を意識したうえで、対応できることが多くなったと感じている。

◆都区連携の実際

子ども家庭支援センターの視点から

保護者からの暴力等を訴え、帰宅を拒否した児童について、学校から子センへ通告があった際、拠点の都児相の職員と合同で訪問、面接し、迅速に一時保護につなげたケースや、子センが地域の子育て支援サービスを調整し、都児相との連携や支援により、一時保護には至らず、地域での生活が継続できた家庭もある。

児童相談所の視点から

拠点があることで、練馬区民がわざわざ北新宿にある練馬区を管轄する都児相に行くことなく、区内で面接ができるようになったことで保護者の負担が軽減し、来所面接につながった事例もある。また、小さい子などにとっては、居住地に近い場所での面接ができるため、生活リズムなどを崩すことがなく、継続的な面接につながるとともに、効果的な面接を行うことができた事例などもある。

◆練馬区におけるさらなる取り組み

2021年第二回練馬区議会定例会において、練馬区立子ども支援センター条例の一部改正条例が成立した。これにより、区直営の子セン統括のもと、委託事業者が運営する地域の子セン（以下、地域子セン）と連携して要保護家庭等を支援していく体制に再編した。また、その中で、2022年4月から一時保護解除後の

第5章　地域の支援者と協働する

家庭復帰ケース等を支援する「児童虐待の再発防止等支援事業」を地域子センで実施し、さらなる地域における支援体制を充実させた。

　また、東京都児童福祉審議会の提言の中で、都児童相談所と子ども家庭支援センター間において、試行的に虐待通告の振り分けを実施するとされたことを受け、拠点を設置している当区において、2021年8月から先駆的な取り組みとして、都区協働による虐待通告の振り分けを開始した。これまで、通告を受け付けた都児童相談所または練馬子ども家庭支援センターが受理し、調査を行っていたが、この取り組みにより、通告を受け付けた時点で、都区合同の受理会議を開催し、初動対応機関を双方の協議によって決定することで、迅速な初期対応につなげることができると考えている。

◆まとめ

　児童相談所は、子育てに悩んだ保護者からの育児相談などから、一時保護等の法的対応が必要な事例まで、多岐にわたる相談・通告を受け、対応している。通告の中には、日々の子育てに悩み、叩いてしまった等、保護者からの連絡もある。そのような場合、児童相談所が家庭訪問することで、中にはショックを受け、泣いてしまう家庭もある。今後、通告の振り分けを行うことで、結果として子ども家庭支援センターの強みである「寄り添い支援」が早期に提供でき、子育てに悩む保護者等を迅速に支援できる可能性があるのではないかと考える。

　拠点の開設から1年が経ち、都児相との連携が深まり、互いの強みが生きつつあると感じる。しかし、この形がゴールではなく、都区連携はこれからも、さまざまな事例を重ねていく中で、よりよい方法を模索していく必要がある。引き続き、都区連携の強化や子ども家庭支援センターの充実・強化に取り組み、区による地域に根差したきめ細かい支援と、都の広域的・専門的な支援を組み合わせ、迅速かつ一貫した児童虐待への対応を実現したいと考えている。

　最後に、筆者らは、子ども家庭支援センターの所長としての経験だけでなく、派遣職員として都児童相談所での勤務経験もある。本稿では、児童相談所と市区町村両方の現場での経験を踏まえ、意見を述べさせていただいた。今後も我々は、住民に最も身近な自治体で働く者として、虐待で苦しむ子どもたちや子育てに悩む苦しむ保護者が1人でも少なくなるよう取り組んでいく。　　　（橋本健太・今井　薫）

母子保健と協働した取り組み

◆児童福祉と母子保健

　貧困の世代間連鎖は、そこで育つ子どもの教育格差、そして将来の所得格差や健康格差、さらに幸福感格差にまで影響を及ぼしかねないことは明らかになっている（Oshio, T. et al. 2013）。また、家族や近隣の相互扶助機能の弱体化も、子どもの健康およびQOL（＝ Quality of Life：生活の質）と関連すると考えられており、成人期にまでつながる子どもの健康づくりにおいては、ソーシャルキャピタルの重要性が指摘されている。

　児童相談所は、そもそも戦中戦後からすでにあり、貧窮極まりない劣悪な環境下におかれた子どもや養育環境が整わない子どもたちを保護し、成長・発達する権利を擁護する活動を続けていた歴史がある。連綿と培われた児童福祉行政は、理念的にも実践的にも児童福祉法（1947）に引き継がれ、現在も子どもの命を守り、利益を最大限に追求するために、非行問題や発達相談や障害児対策、そして児童虐待問題等、世の趨勢を見極めて、児童福祉の中核として尽力している（川﨑ら 2012）。とりわけ児童福祉司は、児童福祉分野のオールラウンダーとして相談から措置に至る一連の援助をソーシャルワークやケースワークを介して実行している。

　児童相談所との連携・協働を必須とする保健分野から見ても、家族という密室の中で起きている事態を推し量り、児の心身のスクリーニングと親の養育能力評価のために実態に迫り、判断して、暴力環境に対するゼロトレランスの姿勢で家族と向き合い、臆せず子どもの権利を擁護する行動をとるなど倫理規範に基づく支援活動には、尊敬の念を抱く。

　その姿勢は重要であり、今なお、代替えはないと思う一方で、多職種協働体制や司法関与の推奨など虐待防止体制の機能強化の名のもとに市町村との役割分化や警察との連携強化が推進される中で、児童相談所の権限行使への過度な偏向に警鐘を鳴らす指摘もある（鷲山 2019）。

　本論では、そのぶれない姿勢を尊重するとともに、児童相談所が、虐待の調査官に止まることなく、すべての子どもが豊かさにつながりを持てる社会の実現を目指すとともに、多職種とソーシャルワークを共有し、子どものセーフティネットとしての最後の砦となり続ける姿を保健の立場で考えてみたい。

◆保健活動の変遷

　児童福祉行政と同様、保健事業も時代の要請を受けて、役割や機能を変えてきている。母子保健法の改正（1997）により母子保健事業の実施主体が市区町村に移譲された頃は、従来からの目的である疾病の早期発見に「子育て支援」が加わっていた。それ以降、例えば、厚生労働省（2002）の通知を参照しても、健康診査や家庭訪問等母子保健活動を総動員して、虐待発生のハイリスク要因を見逃さないよう努め、虐待未発生期には、保健師による積極的な支援を実施するよう促されており、その後も類似の通知が出されている。そうしてようやく2018年の母子保健法改正で、母子保健の理念を具現には「虐待の予防及び早期発見」も含むことが明記された。これで保健にとっても虐待問題は、避けて通れないテーマとなった。

◆ハイリスク家族への関与は難しいのが当たり前

　子どもを虐待する家族の多くは、複雑な背景事情を抱えているからか、対人関係が不得手で慢性的ストレス状態にあり、結果的に地域社会から孤立している。このような家族は、世代を超えて危機を迎え、そのつど自己の力不足を突きつけられてきたことも多く、特別な支援を受けることが自らの敗北となってしまっているとも考えられる。肯定的イメージを持ち得ていないフォーマル／インフォーマルな支援を主体的に望む力さへ残っていない。だから支援の手を差し出しても、そう単純に相談関係は構築されず、たやすくもないのは必然なのである。

◆母子保健事業を入り口に、精神保健的スキルで理念を果たす

　母子保健事業は、妊娠届、母子健康手帳の交付（以下、手帳交付）、産前産後サポート事業や産後ケア事業、新生児訪問・乳幼児健康診査（以下、健診）などで構成されており、ほぼすべての妊婦や親子に出会う機会が市区町村で整っている。

ちなみに慢性疾患児の医療費公費負担事務（児童福祉法）や障害児の療育に関する相談、思春期相談や妊娠葛藤相談などは保健所が窓口となって、民間組織や市区町村と協力して行っている。強権発動でなければ、ハイリスクアプローチからの関わりではなく、すべての家族への支援がベースにある点は強みである。そして、疾患や障害など医学的・看護的視点で評価したり、親子の愛着関係を予防の視点で観察できること、また、相談しやすい環境を整えて、親や親族、近隣者からの相談を逃さずに支援関係を築けるポジションであることだろう。

　手帳交付を受けたがセルフケアを怠る妊婦、経済的不安を抱える妊婦、パートナーから妊娠を否定され関係が悪化する妊婦などとも出会う母子保健が、妊娠期に虐待や養育困難に陥るリスクを評価し、子ども虐待の顕在化の前に要対協での検討をもとに予防的関与を起動させることは可能であり、児童相談所など児童福祉の活動と地続きで展開できるのが望ましい。

　従来から、産褥期は精神障害の好発時期と言われてきた。産後のメンタルヘルス不調が、子どもの虐待リスクを高め、母子関係障害、幼児期の行動上の問題などと密接な関連を持つことが指摘されている。1年以内の母体死亡に占める自殺は精神疾患と関連性が高いことや、生後1日〜1歳未満の乳児殺害の母には精神障害（産後うつ病と推定される）が高率であることもすでに報告されている（田口2007）。したがって、子どもの健全育成には、母子保健事業が入り口であるが親の精神保健的観点で技術を駆使し、カウンセリング機能を活かして関係を構築して、家族の健全性を保つための予防的な介入を実現させることが重要になる。

◆領域を超えてヘルスプロモーションで子どもを守る

　日本学術会議は、多職種・多機関、そして当事者である家族が相互扶助機能を高め、絆を深めて社会全体で子どもの健康づくりをしなければならないとし、子どものヘルスプロモーションを推奨している（日本学術会議2010）。

　ヘルスプロモーションでは、「健康」を幸せな人生（QOL = Quality of Life：生活の質）をつかむための大切な資源（手段）と捉える。子どもに焦点化すると、子ども自身が健康というボールを押し（自助：セルフケア能力）、QOLを向上させる（図1）。被虐待体験は、子どもの自尊心を傷つけ、自己評価を下げ、セルフケア能力を弱めてしまう。そうなると当然、自分で健康のボールを押し続けること

図1　子どものヘルスプロモーション
出典：島内・鈴木（2012）より一部抜粋のうえ筆者作成。

は負担を伴う。もともとボールを押す道（社会環境）は、平たんではないが、被虐待児にとってこの道の傾斜がより急なものになる。社会が、自己責任や申請主義を強調し、自助頼みになってしまうと救えない子どもがいる。近隣など他者が子どもに手を差し伸べる「勁さ（外圧に届しないツヨサ）」と「温もり」のあるコミュニティー（互助）が必要である。さらに、子どものQOL向上のために医療や福祉などの専門家が、地域を信じ、住民や民間との協調できる力、必要な仕組みを創設する力を持つ必要がある（公助）。

　自ら行動を抑圧されている人でも幸せになる権利はある。健康のボールが押しやすくなるよう坂道の傾斜を緩やかにする支援的環境の創造や子どものための健康・福祉的公共政策の強化を保健活動（公衆衛生）は担っている。

　これは、ソーシャルワークが、ウェルビーイングを目指して、人間関係における問題解決を図り、人々のエンパワメントと解放を促して社会の変革を進めるという戦略と接近している。

　虐待問題で言えば、被虐待児の成長・発達・心の健康の長期予後を見据えた支援等を分析、評価して、その知見を系統的な虐待発生予防体制に還元して、地域に根付かせていくことであろう。

◆協働の先にあるチームアプローチのカタチ（提案）

　子育て世代包括支援センター機能や子ども家庭総合支援拠点の一体的取り組みが推奨されている。地域のすべての子どもと子育て家庭、妊産婦の安全と健康的

な暮らしを守るという誰もが反論の余地がない当たり前の目的を果たすための一体化を具体に考えてみたい。

　連携の困難性や縦割の弊害を言い訳にせず、安全確認から一歩進めて、児童福祉と保健が一体となってヘルスプロモーションを実現し、予防先行的に家族支援を展開できる仕組みを思索していきたい。

① 「問題」が起きてからのシステム起動から虐待未発生時に予測を総当たりで行う仕組みを企画する。「虐待」発生前の予測段階からその家族を知りうる立場（子育て包括）からの連絡待ちではなく、拠点も一緒に母子保健事業に絡み、予防的介入を起動させる。

② 単分野・単職種・単サービスでは、複合的な問題（健康、経済、学校、関係性の病理等）への着目は困難であるため、虐待未発生時から多機関・多職種で見立てる要保護児童対策地域協議会の技量を蓄積する。

③ 人を信じたり、頼る力が奪われている親は、他者に対して萎縮し防衛的になることを踏まえ、介入の糸口を作り出すようなおせっかい的関わり（各々ののりしろ）を施策として推奨する。

④ 拠点と子育て包括の機能をルーティンの業務としてやりこなすのではなく、まして法律やシステム（決まり／縦割りの非常識）に振り回され、縛られるのではなく、そして、できない理由、自分が動かない理由を探すのではなく、私に何かできることを探して、I message（＝私にはこれができる）で公言する。

　協働または一体的活動は、決して自身の不十分さの補完ではない。役割の分断が作る溝を互いののりしろで固めた支援策の強化であり、結果的にはチームアプローチの実効を実感できる。

◆まとめにかえて

　「児童虐待防止対策の抜本的強化について（平成31年3月19日関係閣僚会議決定）」を経て、2019（令和元）年の児童福祉法の改正では，児童相談所員の中に，医師及び保健師の配置が規定された（令和4年4月1日施行）。

　家族に総合的に関わるためには、今の暮らしぶりや社会とのつながりや関係性

を評価するとともに、その家族の歴史を知ることは重要である。都道府県や市町村のソーシャルワーカーや保健師が、住民の生活実態に密着しうるフィールドに立ち続け、先達の知恵を引き継いで人間を縦横総合的に理解しようというソーシャルワークの視点を忘れずに、また領域の枠にとらわれない活動を紡いでいきたいと思う。

　特に保健師に特化すれば、児童虐待の中核機関である児童相談所での保健師の役割が「児童の健康・発達面に関する支援の充実を図る」と記されているが、それでは物足りない。家族メンバー個々の、そして家族の関係性における健康度を評価することの重要性を児相チームの中で堂々と主張していくことだと思う。そして縦割り的役割に甘んじることなく、児童福祉司らと共に職権を背景とした強い介入も経験し、クールな判断力と包み込む繊細さを兼ね備えた保健師としての活躍を期待したい。

　私たちは、児童福祉・保健・医療等の専門家として、愛したいのに親密性への不信に苦しむ親を支えつつ、子どもの最善の利益を守るために、暴力は何ひとつよいことを人にもたらさないという単純な認識を真摯に伝え続けなければならない。
（中板育美）

児童相談所と学校の連携
——荒川区の取り組み

◆荒川区について

　東京・荒川区は、東西に約5キロ、南北に約2キロのコンパクトな自治体で、大部分は起伏がなく平坦なため、自転車での移動も容易である。また、東西に都電が走っており、都バスや日暮里舎人ライナー、区のコミュニティバスなどもあって、区内の移動の利便性は高い。2020年7月から「荒川区子ども家庭総合センター」（以下、区児童相談所）において児童相談所業務を開始した。区内全域を管轄地域とし、一自治体が設置した児童相談所の中でも管轄面積、管轄人口ともに最小（2021年9月末現在）である。

　関係諸機関と顔が見える基礎自治体の児童相談所として学校・教育委員会と、どのように連携を進めているかを紹介したい。

◆児童相談所開設前の学校と児童相談所との関係

　区児童相談所開設前は東京都北児童相談所（以下、都児童相談所）が荒川区を含めて3区を管轄しており、都児童相談所と区の子ども家庭支援センターが連携して区の児童相談業務に当たってきたが、荒川区の土地柄や住民の人柄までは都児童相談所に伝わりにくい状況があった。特に、学校と地域の連帯感や学校の特色（これらは児童の課題を解決していく際の貴重な社会資源になることが多い）が都児童相談所に伝わっていないと感じることが多く、区に児童相談所が開設されるのであれば、そういった課題を解決したいという強い思いがあった。

　そのため、区の特徴を把握しにくいという児童相談所のイメージを払拭し、支援の必要な児童や家庭が相談機関のはざまに落ちることのないよう、円滑な連携を目指し、区児童相談所開設前から学校・教育委員会とさまざまな連携策を検討してきた。

◆ 「荒川区内小中学校と子ども家庭総合センター連携会議」

　その検討を進める会議体として「荒川区内小中学校と子ども家庭総合センター連携会議」（以下、連携会議）を立ち上げた。連携会議は、教育委員会事務局、小中校長会代表、小中学校の生活指導主任、子育て支援関係部署が構成員となり、①情報共有・連携のためのルール、②意識醸成のための研修等の実施、③荒川区児童相談所開設後の連携、④教育センターと児童相談所との役割分担などを検討課題とした。そして具体には、①学校における虐待対応の流れに関する確認、②児童虐待等早期発見チェックリストの活用、③虐待通告する時に必要な情報、④学校における関係機関との対応フロー、⑤虐待通告の趣旨を説明する保護者向け文書の作成、⑥一時保護中の児童の通学及び学習支援、⑦里親家庭への支援について検討した。その内容は冊子にして全教職員に配付し、児童虐待事例の経験の蓄積による判断が難しい学校現場で、実務に即したマニュアルとして必要不可欠なものとなっている。

　また、連携会議では、学校における児童虐待対応の初動について、「違和感があれば、まずは児童相談所に通告する」を徹底することとし、校内に虐待に対応する「校内委員会」を立ち上げ、実際に対応する際の指揮系統の明確化や、誰が児童相談所へ通告するのか、その後の窓口は誰が担うのか等について、あらかじめ決めるよう、学校に求めることとした。学校から区児童相談所への通告はスムーズに行われ、通告後、児童が在校している時間内に区児童相談所職員が学校内で面談できるなど、相互の協力体制の強化が図られている。

　保護者からの相談に対して、校内での解決が難しい場合には、学校の相談先として教育センターだけでなく、同じ区の組織であり、法的権限を有している児童相談所が加わった意義は大きい。児童相談所の専門的な知見に基づく助言を得られることにより、学校（教師）が家庭環境の調整に割く時間が減少し、教員が学習指導や教育活動等に集中するための一助となっている。

◆保護者向け文書について

　連携会議では、保護者向けに児童相談所と学校の関わりについて通知を配布することも決定した。区児童相談所が開設したこと、学校や教育委員会、区児童相談所の職員が連携しながら支援にあたること、学校には児童虐待と思われる児童

を発見した場合には、法律上、児童相談所への通告の義務があることなどを丁寧に記載し、開設時だけでなく、次年度当初にも区立小中学校、幼稚園、保育所の保護者に配布している。この通知は、児童相談所への通告に伴う学校の精神的な負担軽減とともに、区で児童相談所業務を開始したことを周知する意味でも、非常に効果的であった。学校の中には保護者会の場でこの通知を改めて紹介し、学校の通告義務を説明するなど、通告へのハードルは確実に下がっていると感じている。

◆児童相談所開設後の児童相談所と学校の関係

児童相談所と学校の連携体制を今後、どのように継続・強化させていくかが児童相談所運営の鍵になる。2020年度で、区児童相談所が受理したケースの53.4%が小中学生相当年齢のものであった。学校からの情報がケースの課題解決の端緒となった事例も少なくない。

どのような形でさらなる連携強化を図るか、未だ模索中の部分はあるが、工夫の一部を紹介する。

①一時保護所から原籍校への登校支援

先に紹介した連携会議でも、「一時保護中の学習権の保障と児童の精神的な安定のため、通学可能な児童は原籍校（区内の場合）に通わせたい」との思いを学校・教育委員会と共有し、ケースの状況が許せば原籍校に通学できるよう準備を進めた。一時保護所から原籍校に通学する場合は、校内にいる間の児童の安全の確保は学校に委ねることとなるため、学校の理解が不可欠である。区児童相談所を信頼し、登校の受け入れを決断された校長をはじめ学校関係者には感謝しかない。

原籍校への登下校の際、同行する職員は、一時保護所では見せない児童の素の様子や、友人関係の一端を垣間見ることができている。その後の支援を考えるうえで参考になることから、今後も可能なケースであれば、積極的に原籍校への通学を検討していきたいと考えている。

②教職員の研修充実

多忙な教職員が児童相談所の活動を知る機会を多く設ける工夫として、教職員

向けの児童相談所関連の研修を充実させた。講師には児童相談所の職員を活用することで、顔の見える関係の構築にも役立っている。副校長、生活指導主任、養護教諭など児童虐待に直接関わることの多い教職員向けの研修で、児童虐待に気付いた時に学校がどうしたらいいか、どのような情報を児童相談所と共有すべきかといった初動の対応だけでなく、通告後の保護者対応や一時保護中の児童の生活の様子などについても事例を交えて説明し、学校の通告が児童の安心安全に確実につながっていることを実感してもらえる機会としても捉えている。

③教育センターとの連携

　教育センターとは、共有すべき案件を共通のシートに入力することとし、そのシートを活用して月に2回、要保護児童対策地域協議会（要対協）の実務者会議としてケースの状況確認を行っている。学校内での対応では手詰まり感のあるケースを区児童相談所につなぎ、一方、区児童相談所として終結したいケースは学校に見守りを依頼するなど、その場でケースの方向性を決めることもある。教育委員会を通じて学校と共通認識を持つことで、相談機関のはざまに置き去りになったり、ケースの押し付け合いになることがないよう、丁寧に情報共有を進めている。

◆これからの児童相談所と学校の関係

　これまで紹介してきたことは、内閣府、文部科学省、厚生労働省の連名で2019年2月に発出された「児童虐待防止対策に係る学校等及びその設置者と市町村・児童相談所との連携の強化について」に記載されている基本的な事柄がほとんどである。しかしながら、都道府県児童相談所が、基礎自治体の学校などの関係機関と密接な連携を築くのは難しいようだ。

　児童相談所が相談の中心となり、課題を抱えた児童と家庭を関係部署や社会資源等とつなぎ、重層的に支援していくことが必要であるが、ともすると学校と児童相談所の関係が都道府県児童相談所時代のように、「相談する側」と「相談される側」の関係になってしまい、連携の意識が薄れていくことがある。児童相談所も学校も支援する当事者としての意識をもち続け、コンパクトな自治体の児童相談所ならではの顔の見える関係をより一層醸成しながら、地域の児童と家庭を取り巻く課題解決の一翼を担っていきたい。　　　　　　　　　（小堀明美）

地域の中のもうひとつの家
──子どもの居場所との連携

◆栃木県版子どもの居場所のモデル

　栃木県には本県独自の「子どもの居場所」がある。創設のモデルとなったのは、2010年に事業を開始した認定NPO法人だいじょうぶが運営する「YourPlaceひだまり」である。保護者をサポートしながら、子どもに直接的支援を行う「ひだまり」のような子どもの居場所は、今でこそ全国さまざまな地域で実施されているが、当時はそれまであるようでなかった斬新な取り組みだった。

　「ひだまり」で過ごす子どもたちの大半は、養育放棄（ネグレクト）として児童相談所（以下、児相）や市町村の児童福祉主管課に係属している子どもたちであり、要保護児童対策地域協議会で進行管理されている「要支援児童」である。

　「ひだまり」の基本的な流れは、放課後、子どもの居場所のスタッフが学校や自宅へ子どもを迎えに行き、子どもたちは自宅に帰る前に、あるいは帰宅後から就寝までの時間を「ひだまり」で過ごす。おやつを食べ宿題をし、遊んだ後はお風呂に入りみんなで夕食を食べる。その間に着てきた洋服等はきれいに洗濯、乾燥される。後は寝るだけという状態で子どもたちはスタッフによって自宅まで送られていく。

　自宅まで子どもを送っていったスタッフは、玄関先で保護者と何気ない会話を交わす。「ひだまり」での生活の中で、子どもが友達に優しく接していることや、スタッフの手伝いをしてくれる様子、口に出して言うことができない家族への思いなど子どもの良い面を保護者に伝える。

　また「ひだまり」では、子どもの誕生会やお花見、十五夜、クリスマス会など季節ごとのイベントを行う。さらに「ひだまり」に通う子どもたちには子ども専用の食器や収納ボックス等が各々に用意され、まさに家庭に近い生活環境がそこにはある。一般家庭では当たり前のように日々繰り返される日常の営みが、保護者の養育力の影響で十分に行き届いていない子どもたちに、「ひだまり」のスタッフが保護者に代わって担っているのである。

　それまでの児相や市町村は、児童虐待や不適切な養育のある保護者に対しては、介入面接を行い、現状の問題点を指摘し、改善してもらうことが最終的な目標であり、真の内省で保護者自身が行動変容していくのを見極めるしかなかった。しかし大人である保護者が今までの考え方を改め、生活を一変させることはそうたやすいことではなく、時間を要するのが大抵である。

　一方被害を被った子どもは、一時保護されないかぎり、児相や市町村が保護者と話し合いを繰り返している間もなお適切な養育が受けられない可能性は高く、これではいつまでたっても子どもの健全な育ちは保障されず、年齢に見合った成長の機会を逃すことになっていた。また何度話し合いをしても、現状の改善のために変わろうとしない保護者の場合、子どもの良好な成長・発達のために、家庭からいったん引き離す場合も多々あった。

　すなわち子どもは、自分は何も悪いことをしていないのに、いきなり家族や友達と分離され、誰も知らない新しい場所で生活を送ることになるのである。

　しかし「ひだまり」のように保護者に足りない部分をスタッフが補完し、あわせて子ども自身にも自立していく力を少しでも身につけさせてあげられたら、子どもは家族等から離れることなく、今まで通り自宅で生活をしていくことができるのである。

　また子どもが生まれ育った地域で生活していくかぎり、居場所はその場所にあり続けるので、何か悩み助言がほしくなった時は、居場所へ行けば安心できるスタッフがいつもそこにはいて、一緒に考えてくれるのである。寄り添い支える存在が地域にいれば、子どもは地域の中で大人になっていける。栃木県版子どもの居場所は、こうした思いから「ひだまり」をモデルに事業化したのである。

◆子どもの居場所は子どもを見守るツール

　児相ではどのような児童や家庭に対して、この栃木県版「子どもの居場所」を活用しているかというと、保護者の養育力が脆弱なため生活自体が成り立たない家庭の子どもを地域の中で見守るツールとして活用することが多い。

　実際に活用した事例をあげてみると、実父母と子ども3人の家庭では、両親共に夜間の就労に就き、朝方帰宅するとそのまま寝てしまうため、中学生と小学生の子ども2人は朝起きて学校へ行くことができず、お昼頃まで寝ている両親に代

わって1番下の弟の面倒を見ていた。児童虐待としては命の危険が及ぶ緊急性はないが、夜間放置と子どもに就学の機会を与えていないという点からは、れっきとした児童虐待であり、児相は早急に生活改善することを求めた。

じきに両親は2人同時に夜間の就労に就くことは止めたが、長年の乱れた生活習慣はそう簡単には改善されず、逆に保護者の1人が夜間自宅にいるようになったことで、今度は1番上の女児が夜間徘徊等の虞犯行為を繰り返し、身柄付きの警察からの通告で一時保護された。

児相は、女児が小学校低学年から不登校であることや、地域での友人関係、保護者の監護能力等を勘案し、児童自立支援施設への入所を提案したが、保護者は同意してくれなかった。

そのため女児の今後の支援方針について関係機関が集まり検討をした結果、上の2人は子どもの居場所の利用を条件とし、1番下の男児については保育園に入園させることを保護者に提案した。

女児の家庭戻しを希望していた保護者は、児相の提案した枠組みに納得し、無事子どもの居場所の利用へとつながったのだが、女児については、居場所へは行くが学校へは登校できず不登校状態は続いた。しかし地域の中に保護者以外の信頼できる大人ができたことで、何かあれば居場所のスタッフを頼り、話を聞いてもらったり、勉強を教えてもらうようになった。また子どもが足しげく居場所に通うようになると、今度は女児の母親もスタッフに何かと相談するようになった。父親にアルコールの問題や言葉の暴力があることなど、子どもたちからは聞かれなかった家庭内の諸問題が次々に判明したため、改めて要対協の個別ケース検討会議で、関係者が一堂に会し、今後の児童等の対応方針について話し合う機会を持った。

このように児相は家族のもとでの生活に多少不安があり、頻繁に家庭訪問で子どもの様子を確認したいところだが、そこまで時間を費やすことはできない。またそうかといって保護者が大きく変容することは短期間では期待ができない。しかし誰かが側でフォローをすることで、何とか家庭での生活が成り立つのではないかと思われる児童等を子どもの居場所のスタッフに託し見守っていくのである。また、子どもへの支援を入り口に保護者との関係性ができ、最終的には家族全体の支援へとつながっていく事例は珍しくない。そしてまさに子どもと保護者の双

方の支援を継続することで、家庭の生活力を向上させていくことが、虐待の再発防止につながっていくのである。児相の担当者はいつまでも特定の子ども等に係属できないが、子どもの居場所は地域の中で子どもやその家族に何らかの形で寄り添い支援し続けていくことが可能なのである。

◆子どもの居場所へ託すということ

　栃木県版子どもの居場所は創設から8年を経過した現在、5市10ヵ所に拡充された。大勢の子どもたちを対象とした場所ではないが、子どもの居場所に通ってくる子どもたちにとっては、家では経験できない新しい発見を提供してくれるかけがえのない「もうひとつの家」として機能している。年々、居場所を利用する子どもや家族の問題が複雑・多様化し、日々対応に疲弊しているスタッフには改めて感謝したい。

　もちろん子どもの居場所を利用している子どもたちのすべてが、うまくいっている訳ではない。再び児相の係属が開始される子どももいれば、家族から離れ一時保護所に来る子どもも中にはいる。しかし居場所で過ごした子どもたちが大人になり、自分の家族を持った時、子どもの居場所で経験したことやスタッフから教わったことを1つでもわが子に伝えることができたなら、虐待という負の連鎖も少しずつ改善されていくのではないだろうか。

　児童相談所の役割とは何だろう。児相で働く私たちは、いつまでも係属のあった子どもやその家族に関わることはできない。であるならば、児相に配属された期間の中で、真摯に子どもと家族に向き合い、子ども等を支え続けてくれる健全な大人を地域の中で見つけ出し、その支援者につなぎ託していくことだと考える。今後も子どもたちとその家族を支える「子どもの居場所」が地域の中に増えていくことを切に願う。　　　　　　　　　　　　　　　　　　　　　　（佐山恵子）

児童家庭支援センターと協働した取り組み

◆児童家庭支援センターとは何か

　児童家庭支援センターは、児童福祉法第44条の2に規定される児童福祉施設であり、その事業内容については、児童家庭支援センター設置運営要綱において、「(1) 地域・家庭からの相談に応ずる事業：地域の児童の福祉に関する各般の問題につき、児童に関する家庭その他からの相談のうち、専門的な知識及び技術を必要とするものに応じ、必要な助言を行う。(2) 市町村の求めに応ずる事業：市町村の求めに応じ、技術的助言その他必要な援助を行う。(3) 都道府県又は児童相談所からの受託による指導：児童相談所において、施設入所までは要しないが要保護性がある児童、施設を退所後間もない児童など、継続的な指導措置が必要であるとされた児童（18歳到達後も継続的な指導措置が必要な者を含む。）及びその家庭について、指導措置を受託して指導を行う。(4) 里親等への支援：里親及びファミリーホームからの相談に応じる等、必要な支援を行う。(5) 関係機関等との連携・連絡調整：児童や家庭に対する支援を迅速かつ的確に行うため、児童相談所、市町村、福祉事務所、里親、児童福祉施設、自立援助ホーム、ファミリーホーム、要保護児童対策地域協議会、民生委員、児童委員、母子自立支援員、母子福祉団体、公共職業安定所、婦人相談員、保健所、市町村保健センター、精神保健福祉センター、教育委員会、学校等との連絡調整を行う」と定められている。

◆児童相談所運営指針等にみる連携のあり方

　児童家庭支援センターと児童相談所との関係性や連携のあり方については、児童相談所運営指針に詳しく示されている。殊に指導委託措置に関しては、「児童相談所長は、施設入所までは要しないが、要保護性がある又は施設を退所後間もないなど、継続的な指導措置が必要とされる子ども及び家庭であって、法26条第1項第2号、第27条第1項第2号による指導が必要と認められ、地理的要件や

過去の相談経緯、その他の理由により児童家庭支援センターによる指導が適当と考えられるものについては児童家庭支援センター指導措置を積極的に行う。なお、本措置は、法第27条第1項第3号の措置により、児童福祉施設に入所した子どもの保護者に対し指導の措置が必要な場合にも行うこととする」と記され、その活用が促されている。

　加えて2018年、厚生労働省は、「フォスタリング機関（里親養育包括支援機関）及びその業務に関するガイドライン」を発出、翌2019年には、里親委託を推進し、一貫した里親支援及び養子縁組に関する相談支援を総合的に実施するため、「里親養育包括支援（フォスタリング）事業実施要綱」を発出した。これら一連の通知により、「里親制度等普及促進・リクルート事業」「里親研修・トレーニング事業」「里親委託推進等事業」「里親訪問等支援事業」など、個別の事業スキームが整理されるとともに、フォスタリング業務を包括的に遂行していくための指針が具体的に示された。

　このような状況の中で、今日どこの児童相談所においても、フォスタリング事業を円滑に展開していくための体制構築は最重要課題となっている。また民間機関の活用促進による一貫性の確保やチーム養育の確立に重きを置いた両通知を吟味すれば、里親等への支援をも主要任務とする児童家庭支援センターにも、今後一層、児童相談所と連携・協働するかたちでのフォスタリングや家庭養護推進への貢献が求められよう。

　総じて児童家庭支援センターは、1997年の児童福祉法改正による創設以来、主に児童相談所の手薄な地域において、そのソーシャルワーク機能を補完する、いわば"児童相談所のブランチ"として機能してきたといえる。そしてさらに近年は、里親養育を支え、家庭養護を進める"児童相談所のパートナー"としての機能にも期待と関心が集まっているといえよう。

◆児童家庭支援センターと児童相談所との協働の実際

　児童家庭支援センターと児童相談所が協働することで、地域の社会的養育施策の拡充に貢献している事例は少なくない。以下、設置運営要綱に記された事業内容に沿って数例を紹介したい。

〈地域・家庭からの相談に専門的な知識及び技術で応じている事例〉

　①福岡市子ども家庭支援センターはぐはぐ（福岡県）では、福岡市こども総合相談センター（児童相談所）からの委託により「家庭移行支援事業」を実施している。具体的には、大阪府を拠点に活動しているチャイルドリソースセンターのアタッチメントの視点を生かした虐待再発防止・家族再統合プログラムである「CRC親子プログラムふぁり」を用いて、乳児院や児童養護施設からの家庭復帰・親子関係再構築支援を行っている。

〈市町村の求めに応じ必要な助言や援助を行っている事例〉

　②児童相談所運営指針には、児童相談所の基本的機能として4つの機能が明示されており、その最初には「市町村援助機能」がうたわれている。浜松市児童家庭支援センター（静岡県）では、この児童相談所による市町村援助機能を補完するために、浜松市内の各区にある家庭児童相談室のサポートを行っている。サポート内容は、相談に必要な制度（法律、通知、指針等）の紹介、ケースのリスク判断や見立て、調査方法や他機関連携に関する助言などであり、ケースによっては、家庭訪問への同行や保護者面接の陪席なども行っている。

〈児童相談所からの受託による指導事例〉

　③松代児童相談センターふらっと（長野県）は、2015年の開所以来、着々と指導委託件数を伸ばしており、2018年度には、実人員として11人、延件数は703件の実績となっている。ケース概要としては、養護相談が最も多く、次いで不登校や性格・行動、非行等であり、継続的な支援を必要とする場合が多い。指導委託ケースでは、児童家庭支援センターが、子どもと家庭へのケースワークを担当しつつ、随時、担当児童福祉司と連絡を取り情報共有に努めている。またケースによっては、子どもへの支援は児童家庭支援センターが、家庭への支援は児童相談所が担う等の役割分担を明確にして協働的に支援する場合もある。

〈関係機関と連携しつつ、里親等への支援（開拓）を行っている事例〉

　④福岡市子ども家庭支援センター「SOS子どもの村」（福岡県）では、身近な小学校区に短期の里親を増やし、みんなで地域の子どもと家庭を支える仕組みを

つくる「みんなで里親プロジェクト」を実施している。これはSOS子どもの村と西区が協働事務局となり、児童相談所、西区社会福祉協議会、九州大学、福岡市里親会、西区民生委員・児童委員協議会と協働して取り組まれている。また児童相談所や区役所と共同で月1回定期開催している「里親って？カフェ」（里親制度説明会）では、里親制度の概要、短期里親の必要性、ショートスティ事業の仕組み等が説明されている。

◆児童相談所のOBが児童家庭支援センターのスタッフとして大活躍

　地域コミュニティにおいて、社会的養育施策全般にかかるファミリーソーシャルワーク力を向上させていくには、児童相談所と児童家庭支援センター、その他の民間支援機関らが、インテグレードされたミッションやプランの下で綿密に連携し、重層的に協働していくことが不可欠であろう。そしてそのような活動実践の結果、関係機関間のチームワーク（団結）力やネットワーク（連帯）力が増勢され、支援スキームそのものが一層拡がっていくことを切に望みたい。さらに加えて、特性や持ち味の違う官民が互いの強みを活かし合うことで、多様性や継続性、俊敏性や柔軟性が高まり、もって支援のズレや途切れ、堅苦しさを解消・緩和していくことにも期待したい。

　ところで、実は①〜④で例示した事例は、かつて児童相談所の所長や課長、児童福祉司、児童心理司等として活躍していた方々が、（自ら創設したり、既存組織に請われたりして）現在は児童家庭支援センターに籍を置き、児童相談所勤務時代に培ったスキルやノウハウ、人脈をフルに活かして効果的な支援を展開している実践例でもある。

　なおこれらの実践の背景には、単に児童相談所の補完業務を行っているという事実に留まらず、多忙を極める後輩児童福祉司たちをバックアップしたいと願う先達としての温かな眼差しや（退官後にあっても）決して消えることのない子どもたち──さまざまな困難の渦中にあり、社会的養護を必要としている子どもたち──への熱い想いが垣間見えよう。　　　　　　　　　　　　　（橋本達昌）

08 児童相談所の地域と協働した 保護者支援の取り組み

◆富山県高岡児童相談所の概要

　富山県には、富山児童相談所と高岡児童相談所（以下、当所）の2つの児童相談所が設置されている。当所は、県西部6市（高岡市、射水市、氷見市、砺波市、小矢部市、南砺市）を管轄しており、管内人口は約43万人で、県内における人口の約40％を占め、管内面積は1500平方kmと比較的コンパクトな圏域である。

　管内の特色として、産業面においてはアルミ、鉄鋼等の金属製品や化学産業に加え、銅器や彫刻等の伝統産業も発達している。また、チューリップや寒ブリといった全国的な知名度を誇る農林水産品も有している。このように、山から海に至る豊かな自然環境と格調高い伝統的な文化が息づく暮らしやすい地域といえる。

　当所は管内最大の高岡市に位置し、2021年度の職員体制は児童福祉司が14名、児童心理司が6名で、現状の職員規模や経験年数等を考慮して支援と介入といった役割分担を明確に分担せず、基本的には地区担当制を維持している。最近は、児童相談所総合強化プランに沿って職員を徐々に増員しているが、新採での配属が多い状況となっている。年間の相談件数は、ここ数年1500件前後で、そのうち児童虐待相談件数は2018年度が333件、2019年度374件、2020年度は403件と増加傾向で推移している。心理的虐待の占める割合が年々増えているのは、全国と同様の傾向である。

　全国的には、いわゆる「小規模児相」であるが、一時保護所が併設されており、保護児童と面接がしやすく状況も把握しやすいこと、また管内がコンパクトであるため、児童相談所から車での移動が1時間程度で対応できること、この2点はケースワークを進めるうえで強みであるといえる。

◆NPO法人「ぱれっと」への業務委託

　当所の特色として、15年前から児童虐待相談業務の一部を民間への委託を行っていることがあげられる。委託先は、NPO法人子どもの権利支援センターぱ

れっと（以下、「ぱれっと」）である。「ぱれっと」は2003年に富山県小杉町（現射水市）が全国や県内の市町村に先駆けて、子どもの権利条例を制定した際、町から委託を受け、子どもの居場所を運営するNPO法人として設立された。「ぱれっと」は子どもの権利を守るという目的の下、すでに地域で子どもの居場所づくりや相談支援の実績があったことや、理事長が児童相談所の嘱託精神科医として長く関わりのある明橋大二医師であること、臨床心理士や社会福祉士といった専門性の高いスタッフが揃っていること等の理由から、児童相談所の業務委託が進んでいった経緯がある。

◆業務委託内容について

　委託している業務内容としては、児童虐待相談の「家族再統合事業」や「保護者支援プログラム」の一部で、具体的には3つの事業を委託している。なお、どの事業についても、「児童相談所の継続指導ケース」として取り扱っているものが対象となっている。

①「個別保護者支援」

　児童相談所の関わりには拒否的な保護者や、カウンセリングの効果が期待できる保護者を対象に、「ぱれっと」による定期的な面談や電話による支援を行っている。

②「見守り機関調査」

　児童の所属機関（学校や保育所等）に「ぱれっと」のスタッフが1ヵ月に1回程度の訪問または電話にて定期的に調査をする。対象ケースは、当所の援助方針会議や虐待ケースの進行管理の中で選定し、「ぱれっと」へ相談・調整したうえで決定しているが、虐待のレベルは比較的軽度であり、今後も介入の可能性が低く、児童の所属機関と「ぱれっと」の連携が取りやすいケースを選定している。調査実施前には、当所と「ぱれっと」が一緒に所属機関を訪問し、事業内容の周知や理解を関係機関に求め、調査等がスムーズに進むよう連携をとっている。

③「保護者集団支援」

　強い育児不安や虐待に至りそうな不安を抱える保護者を対象としたグループ支援で、自助グループではなく、「ぱれっと」の進行役が場の安全と安心を確保し

ながら進めている。保護者が自分の気持ちを吐き出し、他の人の話を聞くことで、孤立感から解放され、子育てへの気持ちが楽になることを目的としている。対象ケースは、当所と「ぱれっと」で相談・調整したうえで決定している。

　上記①「個別保護者支援」や②「保護者集団支援」は、面接の場所を当所以外の場所で実施しており、「ぱれっと」から３ヵ月ごとに、事業の報告を受けている。また、支援の中で保護者・児童の状況に著しい変化がある場合には、そのつど、「ぱれっと」と情報を共有し、対応を検討している。

　委託しているケースは一定数に及び、2019年度の実績（年間延べ件数）では、①「個別保護者支援」が20件、②「見守り機関調査」が訪問と電話を合わせて78件、③「保護者集団支援」が13件となっている。支援期間は、数年に渡るものが多く、年月を経て児童や保護者が変化していくのを実感できるのは、寄り添い型の支援の大きな魅力である。

　その他、「ぱれっと」に管内の児童養護施設職員に対して「保護者支援プログラム」を用いた研修やその後のフォローアップ研修といった事業を委託していた年度もある。

　委託を実施していく中で、「ぱれっと」のメンバーと年３回に連絡会を行い、対象ケースの現状のアセスメントの共有や意見交換をしている。その場に、法人の代表であり当所の嘱託医師でもある明橋医師も参加し、ケースの見立てや保護者・児童の評価といった点について助言を受ける貴重な機会にもなっている。また、連絡会終了後、交流会も実施しており、「顔の見える関係」での連携も大切にしているところである。

◆業務委託のメリット

　「ぱれっと」への業務委託を実践する中で感じたメリットを述べたい。

　まず、高岡児童相談所の職員の業務経験から見た現状（2021年度）は、児童福祉司14名のうち、9名が経験３年未満、児童心理司は6名のうち4名が3年未満と経験ある職員が圧倒的に少ない。そのため職員は、まずは相談援助の入り口から出口までの一連の流れを実践できるようになることが必要であるが、「ぱれっと」に業務を委託することで、民間のノウハウを活かした幅広い視点をもってス

第５章 地域の支援者と協働する

キルを身につけることにつながっている。

　次に、児童虐待事例であれば、児童相談所等の公的機関の介入を拒む（相談ニーズが低い）保護者に対して、民間の利点から支援がしやすい面があり、児童虐待の防止や予防につながりやすいといったことである。地域における相談支援の活動実績がある民間団体に業務委託すれば、保護者や児童が受け入れやすく、支援へ円滑に進むことが期待できる。

　最後に、保護者支援や機関調査の委託ケースは、長期的な視点での関わりが必要であるが、NPO法人は職員の異動が少ないことから、長いスパンで「寄り添いながら」の支援が期待できる。

　現在、児童相談所は経験の浅い職員の増加やこれに伴う資質向上が課題となっているが、こうした業務委託のメリットも活かしつつ、支援力の向上に努めていきたい。

◆今後について

　前でふれた児童相談所職員の業務経験の不足については、児童相談所を含む本県の福祉専門職の資質向上やキャリア形成のための仕組みをつくり、底上げを図っていく必要があると思われる。しかし、単なる件数だけではなく、問題が重層化している現在の児童虐待相談には、児童相談所の底上げだけでは対応できないものがあると感じている。

　また、支援の専門性の向上という面について、民間団体（NPO法人や医療機関等）の強みや専門性を活用した連携を図っていくことが、より有効な支援につなげていける可能性があると考えている。

　この15年間を振り返ると、「ぱれっと」の存在は、高岡児童相談所にとって単なる協力機関というよりは、共通の目的を持った仲間や同志といった関係性に近い。今後は、これまでの「ぱれっと」との協働の経験を活かし、より一層効果的・継続的な支援を「ぱれっと」含め地域の機関と連携しながら、「支援の質」といったものを担保できる仕組みを積極的に考え、発信や連携を図っていく必要があると考えている。

　　　　　　　　　　　　　　　　　　　　　　　　　　　　　（荒井康志）

09 子どもシェルターと児童相談所との連携協働

◆子どもシェルターとは

子どもシェルターは、児童虐待などのため安心して生活できる居場所がない10代後半の子どもたちに対して、緊急避難先として、スタッフが常駐する家で衣食住を提供するとともに、子どもの権利擁護や自立に向けた今後の方向性を一緒に考える子ども担当弁護士をあっせんし、関係機関と連携しながら、入所した子どもの今後の生活を共に考えていく施設である。

①対応が難しい子どもへの緊急対応、②短期の滞在期間での集中的な支援、③弁護士が運営に関わり法的支援を行える体制、④就業支援の要素が低い、といった点で、自立援助ホームと異なる。

2004年に民間の活動として始まったが、その公益的な活動内容は、本来、国が実施すべきであり、その費用は公費で賄われるのが相当であることから、子どもシェルターを運営している各法人が集まって、厚生労働省への働きかけを行った。日本弁護士連合会が公的制度化を求める意見書を出したこともあり、2011年7月19日付で、厚生労働省は、子どもシェルターを自立援助ホームの一類型として、義務教育修了から20歳未満を対象とする児童自立生活援助事業に基づく制度として運営することを認めた。

子どもシェルターという用語は法律に規定はない。現在は、児童自立生活援助事業実施要綱に記載されている。

◆子どもシェルターに共通する支援内容

（1）子どもの意向に基づく援助

運営にあたっては、①利用は、あくまでも子ども本人の自発的意思によるものとし、入所にあたって子ども本人に利用申込書に署名してもらう、②利用する子どもは、原則として義務教育終了後から20歳未満であり、適切なサポートがあれば自己決定が可能な年齢であることから、必要な情報を提供したうえでの子ど

も本人の判断を尊重しつつ、その最善の利益に配慮する、③個別の支援方針は、原則として子ども本人およびスタッフ、子ども担当弁護士、関係機関等が参加したカンファレンスで決定する、といった方針で活動している。

（2）場所の秘匿

入所する子どもの中には、虐待する親などから逃げて来る子どもが少なくない。そこで、各シェルターは場所を公開しておらず、入所を希望する子どもには、必ず場所の秘匿を約束してもらっている。

（3）衣食住の提供

原則として子どもに個室を提供しており、食事はスタッフやボランティアが用意する。また、衣類や生活用品についても、着の身着のままで入所した子どもに対しては、寄付物品の活用や購入などにより、最低限の物は提供している。

外観は普通の家で、食事は原則としてリビングでみんなと一緒に食べ、お風呂やトイレは共用である。

（4）子ども担当弁護士による法的支援

入所した子どもに対して、1名ないし2名の子ども担当弁護士がついて、ケースワークを担うと同時に、外出先への同行や親や学校との交渉などの事実行為、さらに、刑事告訴、離縁、損害賠償請求などの法的措置が必要な場合にはこれらの法的支援も提供している。

日本弁護士連合会が日本司法支援センター「法テラス」に委託している「子どもの法律援助」から費用が出る。子どもの費用負担はない。

（5）関係機関との連携

児童相談所については後述するとして、児童相談所以外にも、学校、以前入所していた施設、女性相談員、福祉事務所、家庭裁判所、保護観察所など、その子どもの支援に必要な機関との連携を行っている。

◆児童福祉法における連携協働

子どもシェルターの利用形態は、①児童自立生活援助事業、②一時保護委託、③私的契約の3つである。

このうち、①児童自立生活援助事業と②一時保護委託は、いずれも児童福祉法に基づく制度であることから、児童相談所との連携協働が不可欠である。特に、

子どもシェルターが、あくまでも子ども本人の自発的意思による利用を原則としている関係で、一時保護委託を検討する際には、子どもが自分の意思で出て行くといった場合には止められないことなどを児童相談所によく理解してもらったうえで一時保護委託が適切な子どもかどうかを判断してもらう必要がある。

◆入所相談における連携協働

ほとんどの子どもシェルターを運営する法人は、専用窓口か事務局で入所相談を受けている。入所相談をしてくる子どもの中には、社会的養護経験者や、施設等には入所したことがなくても児童相談所がケースとして関わってきた子どもも相当数いる。

こうした子どもから相談があった際には、入所相談の段階で、児童相談所と連携をとることになる。問い合わせを受けた児童相談所にとって、子どもシェルターを運営している法人は外部の民間団体であるから、ケースの個人情報を提供してよいのかという問題が生じかねない。

そこで、多くの子どもシェルターでは、地元の児童相談所と協定を締結している。協定の内容は各地で異なるが、①必要な情報の共有ができること、②提供された情報につき守秘義務を負うこと、③相互に児童に関する一時保護委託や児童自立生活援助事業の実施を申し入れることができること、などを内容としている。

協定の結果、子どもシェルターに入所相談のあったケースについて、各法人と児童相談所は必要な情報を共有して、児童自立生活援助事業や一時保護委託の利用につなげている。

◆入所中のケースワークにおける連携協働

居場所のない子どもが、先に弁護士会の子どもの人権110番などの法律相談に行ったり、少年事件その他でもともと知り合いだった弁護士に相談したような場合には、利用を申し込む時点ですでに子ども担当弁護士が付いている。また、利用申し込みの時点で子ども担当弁護士が付いていない場合でも、ほとんどの場合には、法人のあっせんで日弁連の委託事業である子どもの法律援助を使い、子ども自身が選任した子ども担当弁護士が付く。

子どもシェルターでは、程度の差はあれ、スタッフは日常のケアワークだけで

なく入所した子どもの退所先の決定や課題の解決などのケースワークについても関与したり、子どもの意思決定支援をしている。

児童自立生活援助事業や一時保護委託にあたっては、児童福祉司と子ども担当弁護士とスタッフが、ケースワークを協働していくことになる。子どもの意思決定支援、家から逃げてきた子どもの親権者との交渉、退所先の候補探しと打診、学校や雇用主との関係調整、通院付き添い、心理検査や発達検査、などを、どれは誰が中心になって行っていくのかをケースごとに話し合って決めている。

協働にあたっては、情報の共有と子どもの意思の把握が大切である。一例としては、入所から退所までの間は、原則として2週間に1回の頻度で、子ども本人を含む関係機関が集まってケースカンファレンスを行う。加えて、子どもの日常の生活状況や言動については主にシェルタースタッフが発信し、各機関が個別に子どもと面談して聞き取った情報などを共有するために、メール等を使って日常的な情報共有をしている。

◆退所後の支援における連携協働

子どもシェルターを退所すると、シェルタースタッフの関わりは原則として終了する。一部の子どもシェルターでは退所者支援を法人の事業として行っている。

児童相談所は、自立援助ホームや里親などの児童福祉法上の制度を使う場合には関わりは継続するが、18歳以上で児童福祉法上の制度を使わない場合には、関わりが終了する。

子どもの法律援助はシェルター退所の時点でいったん終了するのを原則とする。その時点で子ども担当弁護士と子どもとの委任関係は終了するが、その後も子ども担当弁護士が実際上の相談その他の援助に関わっていくことは多い。

子どもが次の施設に入所したり、生活保護などの行政サービスを受けた場合には新たな関係機関がその子どもに関わる。

このように、退所後の支援において誰がどのように関わっていくかはケースバイケースである。退所して1ヵ月経過した頃を目途に子ども本人も参加する退所後カンファレンスを行って、子どもの状況を把握し必要な連携協働を話し合ったり、ケースによっては、退所後のカンファレンスをその後も継続していくところもある。

（髙橋　温）

第5章　引用・参考文献

網野武博・柏女霊峰・新保幸男編集（2006）『児童福祉文献ライブラリー シリーズ1　児童福祉基本法制 第9巻　児童福祉マニアル　児童福祉必携——児童相談所、児童福祉司、社会福祉主事及び児童委員の活動要領』日本図書センター

橋本達昌・藤井美憲編著（2021）『社会的養育ソーシャルワークの道標』日本評論社

川﨑二三彦・竹中哲夫・藤井常文他（2012）「児童相談所のあり方に関する研究——児童相談所に関する歴史年表」子どもの虹情報研修センター『平成22・23年度研究報告書』13～17頁

厚生省児童局（1952）『児童福祉必携』

日本学術会議 健康・生活科学委員会 子どもの健康分科会（2010）「報告 日本の子どものヘルスプロモーション」平成22年（2010年）7月12日、2～3頁

小木曽宏・橋本達昌編著（2020）『地域子ども家庭支援の新たなかたち』生活書院

Oshio, T., Umeda, M., Kawakami, N.（2013）Childhood Adversity and Adulthood Subjective Well-Being: Evidence from Japan. *J Happiness Stud*. Springer Netherlands; 2013 Jun 20; 14(3): 843-60

島内憲夫・鈴木美奈子（2012）『ヘルスプロモーション——WHO：バンコク憲章』垣内出版

田口寿子（2007）「わが国におけるMaternal Filicideの現状と防止対策——96例の分析から」『精神神経学会誌』109、110～127頁

竹中哲夫（2004）「再考・児童相談所はなくなるのか——転換点における論点整理」日本福祉大学社会福祉学部・日本福祉大学福祉社会開発研究所『日本福祉大学社会福祉論集』第110号

竹中哲夫（2006）「児童相談所・児童相談の現状と展望——児童相談の制度設計をめぐって」日本福祉大学社会福祉学部・日本福祉大学福祉社会開発研究所『日本福祉大学社会福祉論集』第115号

鷲山拓男（2019）「全件情報共有が問いかけるもの」『子どもの虐待とネグレクト』21（3）、329～333頁

＊

第6章

社会的養護と
協働する

　社会的養護とは、「保護者のない児童や、保護者に監護させることが適当でない児童を、公的責任で社会的に養育し、保護するとともに、養育に大きな困難を抱える家庭への支援を行うこと」である。また、「子どもの最善の利益のために」と「社会全体で子どもを育む」という視点の中で、子どもや子どもと養育者を必要な期間受け入れ、家族を含めた支援を行う場所として、社会的養護に関わる児童福祉施設等が存在してきた。

　児童相談所業務の中で、子どもが在宅の状態で指導や支援を行う場合も多くあるが、時には、虐待等における緊急性の高いケースもあり、すぐに子どもの受け入れが可能な場所が常に存在していなければならない。また、子どもや家族の課題がより混乱し、増大することなく、安心安全に子どもの生活を維持しながら、課題について共に考え取り組むことができる子どもの生活の場が必要となる。

　入所先となる児童福祉施設や里親家庭では、子どもの状況把握が求められ、子どもだけでなく、家族に対する支援や対応も必要となる。特に、児童相談所による職権保護の場合には、子どもの混乱だけでなく、その家族の混乱も受け止める必要性が生じる。ただ単に子どもの生活場所の確保という役割だけに止まらず、一定の子ども支援や家族援助等さまざまな専門性と、中途養育に関する知識が必要となる。

　また本章では、さまざまな社会的養護での担い手との協働、連携を取り上げている。その中には、特別養子縁組を通して永続的な親子関係を結ぶために、家族と子どもをつなぐ民間養子縁組あっせん機関や里親制度も含まれている。子どもにとって必要な家族と安心安全な生活の場所がない場合に、児童相談所は子どもの最善の利益のために新たな家族と場所を責任をもって探す。民間あっせん機関とも「子どもの福祉」のために、より丁寧に協働するようになり、すでに実践が重ねられている。

　具体的な事例や取り組みをとおして、児童相談所とそれぞれの機関のどのような強みを活かしあっているのか、そして、どのような課題があり、それを共有しながら協働し、今まさに一歩一歩、歩みを進めているのかについて、ぜひ、触れていただきたい。

01 親子関係再構築支援における社会的養護との協働

児童相談所のソーシャルワークにおいて、里親や児童福祉施設といった社会的養護の場は、支援のための軸となる重要な場である。児童相談所の仕事は、里親や各種児童福祉施設が機能することで初めて成り立っているといっても過言ではない。子どもと家族を支援する取り組みの一環として、とりわけ親子関係再構築のための支援において、社会的養護の場と児童相談所との協働関係は車の両輪ともいえる関係にある。児童相談所には社会的養護との連携協働を丁寧に紡いでいくことが求められている。

◆児童相談所と社会的養護の協働の意義

　児童相談所が関与した事例のうち、子どもが家庭から長期に離れて生活しなければならない事例は必ずしも多くはない。そして、子どもが家庭を離れた状態で親子への支援を継続する事例は、養護問題が集約して現れているものであり、児童相談所としては重点的な取り組みが求められることになる。

　児童相談所は子どもを家庭から分離するその時から、家庭での親子の暮らしを再開するためにはどうしたらよいかを展望しながらソーシャルワークを進める。そのために、子どもの気持ちと家族の気持ちを丁寧に聴き取って、児童相談所として必要だと思う支援内容を提示し、一緒に考えていくことになるのである。

　しかし、この取り組みを進める過程は平坦ではない。保護者との対話がなかなか進まないこともあり、家庭の養育環境が容易に改善しない場合も多い。児童相談所は粘り強く親子に働きかけ、少しずつでも前に進めるように取り組むわけだが、これを児童相談所だけで行うことは難しい。そこで社会的養護や地域の各機関との連携協働が重要になってくる。例えば児童相談所と保護者との対話が困難な事例でも、子どもを真ん中にして社会的養護関係者と保護者とは共感的に対話できることが多い。そのことがまわりまわって児童相談所と保護者との対話の場を設けることにつながることもある。このため児童相談所と社会的養護関係者と

が認識を合わせ、一緒に取り組むことが大切になってくる。

◆親子関係再構築支援と社会的養護

　社会的養護の下にある子どもが家庭へ復帰できるように、さまざまな支援を継続していくことになるが、それでも家庭復帰が見込めない事例はある。そこで、親子が一緒に暮らす見通しはないものの、親子としての関係性を再調整しながら親子がそれぞれの生き方・暮らし方を見つめる支援も必要になってくる。多様な家族関係にある子どもにとっては、家庭復帰だけがゴールではなく、共に暮らすことができなくとも生い立ちの整理や、一定の距離を置きながら家族と交流を続けることで、お互いを受け入れあう関係を形成しながら自立を目指すことも目標となるのである。

　このように幅広い支援を全体として「親子関係再構築支援」と考え、現在そのための取り組みを進めようとしている。厚生労働省のガイドライン[*1]では、親子関係再構築支援を「子どもと親がその相互の肯定的なつながりを主体的に回復すること」と定義し、その目的を「子どもが自尊感情をもって生きていけるようになること、生まれてきてよかったと自分が生きていることを肯定できるようになること」に置いている。子ども主体に子どもが自己の人生を肯定できるようになることを、親子関係再構築支援によって実現しようとしているのである。

　したがって、この取り組みの領域は幅広く、①家庭復帰、②分離のままの親子関係再構築、③永続的な養育の場（養子縁組など）の確保、④家庭復帰後のアフターケアとそれぞれのステージに及ぶ。さらにそれだけではなく、⑤在宅での虐待予防と、⑥在宅での親子関係再構築までも含めた取り組みが提起されており、社会的養護の場はこれら広範な取り組みに対して、できることを検討していくことが求められている。

　児童相談所は社会的養護における親子関係再構築支援が円滑に進められるように、支援の方針や見通しを明確に示し、家庭や関係機関との調整機能を適切に果たしていくことが必要になるのである。

---

*1　厚生労働省親子関係再構築支援ワーキンググループ「社会的養護関係施設における親子関係再構築支援ガイドライン」（2014年3月）

◆親子関係再構築支援における3つの働きかけ

　親子関係再構築支援のためには、子ども・保護者・親子関係と3つの領域での
アプローチを意識する必要がある。

　子どもに対しては、適切な養育環境が得られなかったことによる心身の傷つき
を癒し、また頼るべき大人や育ってきた環境との別離による喪失感を受け止めな
がら、抱え込まされてきた心理的課題に対するケアも含めて、自己への否定的な
感情を肯定的なものに転換できるような支援が求められる。保護者・家族との交
流の必要性と妥当性は、支援の過程で絶えず検討されなければならない。虐待環
境の中でトラウマを抱え不安定になっている子どもも多く、子どもの回復と成長
をいかに実現していけるのかが重要であり、心理的なケアにおいても児童相談所
が積極的に関与していく姿勢を持ちたい。

　まずは、子どもがなぜ家庭を離れて社会的養護の場で生活しなければならない
のか、そして今後の見通しはどうなるのか、子どもの気持ちを受け止めながら丁
寧にわかりやすく説明して、子どもの納得を得ることが児童相談所の大きな役割
である。必要に応じて保護者や家庭の状況を子どもがわかるように伝えていくこ
ともまた大切なことである。社会的養護に入る前の段階での子どもの意向を踏ま
えた対話、そして社会的養護にいる間の必要に応じた関与、さらには社会的養護
から自立する子どもに対しての自立へ向けた関係機関との調整や子どもの生活基
盤整備の取り組みなど、社会的養護関係者と情報を十分に共有しながら進めなけ
ればならない。

　保護者に対しては、家庭が抱えているさまざまな困難を解消して生活基盤を整
えるための支援を地域と共に行っていかなければならない。保護者がこれまでに
苦労してきたことを聴き取りながら、どうすれば子どもの安全・安心な生活を作
っていくことができるのか、そのために保護者が何をすればよいのかを共に考え
合うことになる。これを児童相談所と社会的養護関係者とがそれぞれの立場を活
かしながら保護者と対話し、その情報を共有しながら進めていく。家庭復帰時に
は、地域の関係者のネットワークに支援をいかにつなげていくのか、児童相談所
の調整機能の発揮が求められる。

　親子関係への支援では、子どもの気持ちを代弁して保護者に伝え、子どもの頑
張りや悩み・不安を保護者が受け止めることができるようにしていくことが大切

第6章　社会的養護と協働する

になる。そのため、子どもと家庭に関する情報を児童相談所と社会的養護関係者が絶えず共有し、何らかの変化が生じた際は時機を失せずに報告し合うことが必要になる。

　親子交流は段階的に進めていくことが通常である。親子が交流した後には、子どもの様子を観察した情報を共有することが必須になる。場合によっては、交流を中断したり前の段階に戻したりしなければならないこともある。保護者に対する各種の支援プログラム（ペアレントトレーニングの取り組みなど）の実施状況についても逐次伝えあって、支援の進め方を協議しなければならない。保護者支援プログラムはそれ自体が目的ではなく、あくまでもアセスメントの1つの材料であり、親子関係再構築のための手段であることを忘れてはならない。

◆社会的養護との協働の実際と児童相談所の責務

　社会的養護で支援を受けている間は、社会的養護関係者のほうが子どもと家族のことをよくわかっている。児童相談所は社会的養護関係者に委ねるところと、自らが主体となって行わなければならないことを見極めなければならない。児童相談所内に専任担当者を置くことで効果的な関わりにつながる場合もある。児童相談所の役割は方向性の枠組みを示し、実際の支援は社会的養護関係者が行うこととなるだろう。児童相談所は措置に責任を負っている機関であり、親子に対して支援方針と見通しを明確に示し、措置解除の判断においても関係者の意見を踏まえながら適切に判断する責務を担っている。

　現在の児童相談所の実情は、次々ともたらされる虐待通告への対応に追われ、社会的養護での支援を受けている子どもへの関与が不足しがちになっていないだろうか。とりわけ里親支援では、里親が孤立しないようにその養育をどう支えるのかが現在の大きな課題となっている。まずは連絡を丁寧に取り合い、必要に応じて協議の場を迅速に設定していくこと、そして子どもとの面接に足を運ぶことを怠ってはならないだろう。

（川松 亮）

児童相談所と児童福祉施設の協働関係の構築

◆児童相談所と児童福祉施設の具体的な連携方法

　施設に在園している子どもたちの権利擁護や自立支援を考えた時、児童相談所（以下、児相）と児童福祉施設の協働は非常に重要であり、連携や協力がスムーズにいかなければ、子どもの支援の方向性にも大きく影響を及ぼす。つまり、児相と施設が一緒に協働することができなければ、子どもの将来、人生が大きく変わる可能性があることを決して忘れずに子どもの支援を共に考えなければならない。

　さて、具体的に児相と施設の協働関係としては、次のことがあげられる。

　入所時には子どもとその家族のことで不明なことも多くあり、特に入所後に性的な事柄が発覚する場合もある。また、児相にはなかなか心を開かない保護者が子どもを側で見守ってくれる施設職員には話をすることもあるため、施設は子どもや保護者から開示があった場合は、児相に即座に報告を行うことが大切である。また、児相も新たな事実がわかった場合は児童票の更新を行い、最新の情報を施設側に伝えることが重要である。

　さらに、在園中は行政機関として責任をもって子どもたちの権利を守る必要があるため、子どもを施設に預けたまま、お願いしたままとならないように定期的に連絡を取り合い、面会を行ったり子どもの成長の様子を共有する必要性がある。近年、複雑極まりないケースが増えており、双方連携をしないと家庭復帰はもとより自立に向けた支援ができない。児相だけがケースの主導権を持ちケースを進めることはできず、子どものことを一番身近で知っている施設側の意見を尊重しつつ、子どもの意見を大切にして、双方で共に育てる支援が大切である。

　そして、子どもの問題行動対応や支援、家庭復帰等の場合、児相と児童福祉施設とが子どもへの支援・援助について同じ方向性で、お互いの役割を踏まえて連携をして丁寧に支援を行っているか否かがとても重要である。この方向性が同じ向きであるならば、どのような課題のあるケースであっても、相違点はどこにあるか等、丁寧な話し合いを通して一緒に乗り越え、子どもたちのためになる支援

が行われることになるだろう。

◆事例を通して考える

　ここで、児童相談所とそれぞれの児童福祉施設との協働関係についてケースを
踏まえて述べていきたい。

乳児院と協働した事例（子どもの命の安全を第一優先として、一時保護委託にもかか
わらず、親子関係をしっかり見守ったケース）

　主訴はネグレクトと身体的虐待（タバコの誤飲、2段ベッドからの落下、火傷）。
この幼児は2歳にもなっておらず、乳児院への緊急一時保護となった。

　火傷のあとは複数の法医学者にみてもらった。どんな幼子であっても熱いもの
に触れた場合は反射的に身体を引っ込めたり、遠ざけるものであるとの見解であ
った。しかし、このケースの場合、火傷の痕は身体にくっきり線として残ってい
ることから、ある程度の時間、身体に熱器具を押さえつけたものであり、保護者
からの意図的な虐待であり、身を守れない低年齢ということもあり、施設入所は
妥当と判断せざるを得ないという医師の診断であった。また、火傷のほかのタバ
コの誤飲とベッドからの落下についても幼児の生命に関わるものであり、児相は
重篤ケースと考えていた。しかし、保護者は一時保護に対しても、ましてや施設
入所に同意をすることはなく、保育所を勝手にやめてしまったこと等があり、児
相としては施設入所について家庭裁判所の審判を求めることになった。しかし、
家裁の判断により児相の申立ては却下され、児相としてはこの親子の関係性の不
安から一時保護をしつつ、親子交流を重ねる中で注意深く家庭復帰を模索するし
か選択肢はなかった。

　この時、一時保護委託していた乳児院も親子の関係性を丁寧に見ていく必要性、
重要性について同意見であり、週1回の面会交流を児相と乳児院が連携して見守
った。その後、面会交流の回数が増えていき、児相の同席なしで乳児院の家庭支
援専門相談員、心理士、ケアワーカーが丁寧に親子関係を見守って協力してくれ
た。

　自らSOSを出せない乳幼児の場合、子どもの安心・安全を保つため、本当に
親子関係に課題がないかどうかを多角的視点で見立てる必要がある。そこで長年

の経験と乳幼児について専門性を備えた乳児院が児相と同じ目線で見守りを継続し、約1年の一時保護期間を経て最低限の保育所通所、児相と市区町村子ども家庭相談部門の指導にのることを条件として自宅に帰ることとなった。なお、この乳児院は一時保護委託後も母親からの電話連絡等に丁寧に対応し、子どもとその保護者の支援に努めてくれた。

　この事例では、児相と乳児院が親子関係の安全をしっかり確かめることが最重要と捉え、この親子関係にはリスクがあると同じ認識を共有することができ、一時保護委託を長期間することが必要であるという一致した価値観を持って協働できたと言えよう。

児童養護施設と協働した事例（児相と施設が連携し、つながりを丁寧にもったことで親子が現実に直面して考える機会をもったケース）

　児相と児童養護施設の考えが異なり対立構造となることがよく見られるのは、子どもの家庭復帰の時期についてである。

　児相が家庭復帰を提案しても、子どもを一番身近で見守っている施設は家庭復帰に向けてまだ早いと判断することがある。しかし、双方のどの部分に相違点があるのかを丁寧に話し合い、子どもと保護者が納得できる家庭復帰を目指すことができるように児相と施設が協働することが大切である。

　このケースは幼児期にひとり親家庭であり、養育困難で施設入所を余儀なくされた。その後、保護者が連れ子がいる方と再婚したケースである。本児のいない生活に慣れてしまった家族であったが、本児が中学生となり、自分だけがなぜ施設生活をしているのか、自分も保護者と一緒に暮らしてみたい、家庭生活を送ってみたいという気持ちが芽生えてきた。

　児相としては再婚相手の性格特徴から本児のことを本当に理解してくれるか心配であり、家庭引き取りは困難であると考えていた。しかし、施設側とも何度も相談を重ね、親子共々家庭復帰をしたいという両者の意見を尊重し、家庭復帰プログラムシートを共有・活用しながら、親子が現実に直面して考える機会を提供することを方針とし、やがて家庭復帰となった。

　しかし、家庭復帰から約1年弱が過ぎた頃、アフターケアを丁寧にしていた施設の職員に本児がとうとう「もう自宅では生活するのは難しい」という意向を表

明したため、児相は一時保護を行った。児相と施設がフォローアップを協働して行う中で家庭での様子や経過を見守り続けたが、結果的には再度施設入所ということとなった。本児の意志は固く、家族と生活を共にすることの難しさを経験し、子どもの本音は元の施設へ戻りたいが、それがかなわないことも理解しており、同じ施設に行けなくてもいい、新たな施設で生活を立て直し、高校受験に向けてしっかりやっていきたいという気持ちであった。

　再入所ができない場合は前施設がアフターケアに一緒に参画してくれる姿勢であったが、偶然にも以前いた施設に入所可能となり、本児のことを小さい時から丁寧に支援してくれていた施設に戻ることができた。再入所の当日、施設の友人は施設の玄関で本児の顔を見るなり、「おかえり」という言葉を発して迎えてくれ、本児は後日「本当にほっとした」と表現している。

　このケースの場合、親子としての生活という現実を日々送ることで、現実的に考えることができた。親子の生活の場は異なっても適度な距離感を持ちながら親子であることを確認し合う形での親子関係再構築支援につながったのである。児相と施設が連携し、振り返りながら関わることで、子どもの決定を後押しできたと思われる。

◆おわりに

　児相と施設が忌憚ない意見を出し合い、それぞれのもつ強みを踏まえつつ、児相は最後の砦として子どもの安全・安心を守り、施設は一番身近なところで子どもの気持ちや意向を汲み取ることができる特性を発揮した。いわば、一人ひとりの子どものことを考えながらそれぞれが役割と責任を果たし、協働して支援することが子どもの最善の利益につながるのである。今後も児相と児童福祉施設が対等な立場で話し合いを重ね、力を重ね合わせる重層的な支援と協働がなければ、子どもの本当の意味での幸せにつながらないことを忘れてはならない。

　なお、文中で取り上げたケースについては個人の特定がなされないように加工してあることをここに付け加える。

（齋藤美江子）

03 児童相談所による里親養育支援の展開

　大分県は、2002年から全国に先駆け、行政主導による里親委託の推進に取り組んできた。2001年度末1.2％だった里親等委託率は、2020年度末には34.9％にまで伸びた。ここでは、里親養育支援の展開についてエピソードをあげながら児童相談所の実践を中心に紹介したい[*1]。

◆里親委託に取り組み始めたきっかけ

　2000年10月、筆者は児童虐待防止法が施行されたばかりの中央児童相談所に児童福祉司として着任した。脆弱な人員体制の中で増え続ける虐待通告の対応に追われ、現場はさながら救急救命センターのような状況にあった。特に頭を抱えていたのは、家庭分離せざるを得ない子どもの措置先。一時保護後に「個別的な関わりを受けられる生活の場で育て直しが必要」と援助方針を立てても、受け皿がない。施設はマンパワー不足もあって、子どもの抱える課題の対応に追われ職員が疲弊状態、子どもは不適応状態に陥るという悪循環が生じていた。

　そもそも、子どもには施設しか選択肢がないのだろうか。疑問を抱えながら、何らかの方法がないか模索する中、筆者は児童養護施設で暮らす高校生Aに出会った。

　Aは、生後数日で乳児院に措置され、その後もずっと児童養護施設で生活。自己肯定感は低く、すべてに無気力。高校をやめたいというので面接を試みたが、何も話してくれない。Aの生育歴をたどると、乳児院に措置された時点から家庭復帰は見込めなかったこと、一度も実親・親族との交流はなかったことがわかった。幼児期、施設職員に「どうして自分には誰も会いに来ないのか？」と何度も尋ねていたという。小学校高学年で別の児童養護施設に措置変更される時には、

　＊1　大分県の里親委託の取り組みや里親養育支援の詳細は、厚生労働省ホームページや『里親と子ども』Vol.7（2012）、Vol.10（2015）、『子どものための里親委託・養子縁組の支援』（2017）についてもご参照いただきたい。

児童福祉司に「自分なんか生まれてこなければよかった」と発言している。ケース記録には、ほかにも胸が痛くなるようなエピソードの記述があった。しかし、Aがずっと知りたがっていた自分の生い立ちについては、誰からも何も説明されていない。

　筆者は大きなショックを受けると同時に、自分の非力さを思い知った（今ならライフストーリーワークの取り組みを行うだろう。しかし、当時は何もできなかった）。何よりも措置機関として児童相談所の責任を痛感した。Aのケースは児童相談所によるネグレクトではないか。

　所内でAの支援方針の検討を行う中で、「血縁関係はなくてもいい。1人でもいいから、Aに幼少期からずっと寄り添う大人がいたなら…」との思いに至り、筆者らは里親制度の有効性を学んだ。ケースを通じて知った現実、二度と措置した子どもにAと同じような道をたどらせてはならない。こうした児童相談所の現場の思いと模索が、その後、本県が里親委託推進に取り組む原動力になった。

◆児童相談所の取り組み

　2003年、委託に取り組み始めたばかりの頃。いざ進めようと意気込んだものの、何から手をつければいいのかわからない。戸惑う中、同僚に過去に里親委託を経験した児童福祉司が1人だけいたので相談した。まずは里親委託の有効性をまとめ、職員間で共有。里親委託が、子どもの権利条約による代替養育の優先順位では施設に優先することもこの時初めて知った。

　次に、訪問や郵送により里親名簿を更新。施設入所中で家庭交流がない子どもをリストアップし、委託を試みた。だが、委託後支援は全く手つかずだったため、里親から困りや戸惑いが寄せられ、委託と支援はセットであることを学んだ。2005年、本庁に異動となり社会的養護を担当することになった私は支援充実のため、県の財政当局に国の里親支援メニュー事業をすべて実施したいと掛け合い何とか予算化にこぎつけた。

　一方、児童相談所では委託が進むにつれ里親不足が表面化。市町村に協力を求めて里親募集説明会を開始した（現在も全市町村で里親募集説明会を開催しており、里親リクルートに大きな役割を果たしている）。里親には研修が必要（当時は法定研修制度なし）と痛感し社会的養護を支えてきた施設との協働を念頭に、里親研修

会には施設職員の参加を呼びかけた。

　こうした取り組みの結果、里親等委託率は2009年度末に17.6％に上がったものの、非常勤職員中心の児童相談所の里親支援体制は限界となっていた。県の体制強化が図られた2010年4月、筆者は初の専任職員（常勤）として児童相談所に再赴任し里親募集、研修、マッチング、委託後支援のコーディネート等、いわゆる包括的なフォスタリング業務に取り組むこととなった。

　未委託里親訪問はもとより、新たに解除後訪問も始めた。きっかけは、不調の存在である。不調が起こると当事者である子どもが一番大変だが、里親も大きなダメージを受ける。そして、児童相談所職員も痛む。不調の原因は何か。マッチングミス、委託後支援の不足、それとも里親の個別的理由か。不調ケースの振り返りは必須と考え始めた。実施にあたっては、不調ケースに限らず、解除ケースすべてに広げた。「自分たちには必要ないと思っていたけれど、児童相談所と一緒に養育を振り返ることで気持ちの整理ができてよかった」「解除後の子どもの様子を知って安心した」など里親からも好評で、児童相談所も次の委託に向けて里親の意向を直接確認することができる貴重な機会にもなった。

　2012年の施設の里親支援専門相談員配置をきっかけに、中央児童相談所は県全体のフォスタリング業務総合調整をも担うことになった。現在では、施設、里親会、市町村に加え、民間機関（グリーンコープ生協、NPOなど）と協働して、より総合的なフォスタリング業務を展開している。

◆理解ある上司と仲間のありがたさ

　筆者らが里親委託に取り組もうとした際、上司から反対されなかったことは振り返ると非常に幸運なことだった。当時の中央児童相談所長は精神科の医師であり、不適切養育の影響で問題行動を呈する子どもが集団で生活することは、治療的な関わりとは逆行していると考えていた。そのためか、これまでの常識にとらわれず、筆者らの意見に耳を傾けてゴーサインを出してくれた。スーパーバイザーだった課長は、里親委託に本気で取り組むなら施設と協働することを考えるようにと助言してくれた。いずれも今につながる示唆に富んだ内容で感謝の気持ちでいっぱいである。

　とはいえ、新しい取り組みに問題はつきものだ。特に不調ケースのカンファレ

ンスでは、心理職や一時保護所からも「専門職でない里親では無理ではないか」などの厳しい意見や里親委託否定論が出た。施設など外部から指摘されるのは耐えられたが、児童相談所内部からの批判はかなりこたえた。また、県外で開催された虐待防止のシンポジウムに参加した折、フロアから本県では里親委託を積極的に進めていることを発言したところ、主催した研究者から「だから素人は困るのよね」と痛烈に取り組みを否定されたこともあった。

　落ち込む筆者を救ってくれたのは、志を同じくして、里親委託を推進しようと決めた仲間の存在だった。単なる思い付きで始めたのではない、子どもの権利条約でも明文化された当然の方針。大分のスタイルで進もう。結果は委託された子どもたちが示してくれると励ましあった。

　そのうち、委託された子どもの表情の変化などから、職員が手ごたえをつかみ始めた。当時は、国内の里親養育支援に関する文献も少なく、すべてが手探りだったが、好事例も生まれ、所内の雰囲気が変化し始めた。複数の職員が成功体験を持つことで、未経験の職員にもアドバイスをするなどにより、里親委託は根付いたといえよう。

◆里親養育支援がもたらしたもの

　第一に、家庭を離れざるを得ない子どもの選択肢が増えた。年齢、特性、そして抱える事情もさまざまな子どもに、多様な里親家庭が増えたことで、子どもの状況に即した受け皿が広がったといえよう。今後は、子どもの意見表明権の実現に向けて、里親家庭をさらに増やし、子どもが里親と施設をそれぞれ見学したうえで子ども自身が措置先を選べるようになることが望ましい。

　また、本県では児童養護施設の小規模化やケア単位の個別化も急速に進んだ。何よりも、社会的養護関係者のそれまでの意識を変え、児童相談所においては実践を見直すきっかけになったのである。

◆児童相談所による里親養育支援のこれから

　里親支援は、里親養育支援と表現するのが適当だろう。里親を支援するのは、里親のためではなく、その家庭で暮らす子どものウェルビーイングのためだからである。里親養育支援は、里親のリクルート、研修から、マッチング、初期支援

から継続支援と連続性が必要なことから、国はフォスタリング業務として包括的に実施することを求めている。本県ではこれまではフォスタリング業務を児童相談所直営で実施してきた。

　直営型のメリットはいくつかあるが、最大の利点は、措置機関とフォスタリング機関が同じ組織内にある点である。里親リクルートを自ら行い、強み弱みも把握しているため子どものニーズに沿った、最も適した里親家庭を自ら選択することができる。とにかく即応性は高い。子どもと里親家庭のマッチングプランも柔軟に組める。赤ちゃん短期、きょうだい児の受け入れ可否など、子どものニーズを反映して、児童相談所がその時々で必要としている里親家庭を自らリクルートできるのも強みである。加えて不調の兆しが出てきた時なども、2つの機関の顔で直接対応ができるので、関係者によるやりとりの行き違いなど支援の齟齬が生じにくい。

　こうした直営型のメリットがありながらも、本県は人材養成（配置）やノウハウの継承、費用対効果なども考慮して、県社会的養育推進計画を受け、2021年年4月フォスタリング業務の一部（里親リクルートと養成）をNPOに委託した。さらに、市町村における里親リクルートや里親ショートステイの取り組み強化のため、市の非常勤職員として県内4市に家庭養護推進員を配置した。家庭養護分野における市町村との一層の緊密な連携を進めるための新たな試みである。今後は、フォスタリング業務の民間委託等をさらに検討することとしている。

　一方、児童相談所には、すべてのフォスタリング業務について責任を持ち、総合的な調整を行う重要な役割が残っている。民間フォスタリング機関への業務委託が進んでも、これまで以上に関係機関との連携や協働が重要となる。これからは、措置機関という強みを生かし、俯瞰的に全体業務を捉えコーディネートする力が求められるだろう。

◆児童相談所による里親養育支援を振り返って

　本県の児童相談所発信の取り組みは、子どもの最善の利益にかなうという確信のもと、チームで走りながらそのつど考えてきた。はじめから予定調和があったわけではない。

　また、取り組みが進んだ背景には、県主管部（課）はもちろん人事・財政を含

第6章 社会的養護と協働する

めた関係部署、県庁全体の理解によるところが大きい。県当局が、最前線の現場で子どものために使命感を持ち、志高く働く職員を信頼し、評価してくれたことには心から感謝している。

　近年、筆者が担当した子どもたちが、自立の時を迎えるようになった。

　「小ちゃかった花子（仮名）が成人式を迎え、今春自立します。就職も決まりました。ありがとうございました」。里親からの便りは、とにかく嬉しい。私の目に、彼女の委託初日の不安げだった顔が浮かぶ。訪問を重ねるごとに、里親家庭に馴染み、里親に本音をぶつけながら思春期を迎え、立派に成長した彼女。「これからも大変なことはあると思うけど、里親さんの家で人との良好な関係を築くすべを学んだあなたならきっと大丈夫。これからも実家のように里親と交流できるしね」と心の中で彼女に話しかける。そして、「仕事としてではあったけど、あなたと里親のご縁を結べた。私はいい仕事をさせてもらった。児童相談所の職員でよかった」と自分を振り返る時間を持てることが嬉しい。

　児童相談所の仕事はとにかく大変だと思われがちだが、大変の中にも喜びや発見があり悪くないと思う。マニュアル通りにいかないことも少なくないが、それはまた、バリエーションが多くて工夫の余地がたくさんあるということだろう。

　子どものために一番いいことを。こんなやりがいのある公務員の仕事は（少なくとも私が知っている限り）ない。そして児童相談所の疾走感は格別だ。今もこれからも児童相談所で働く人にこのおもしろさを味わってもらいたいと心から思う。

（河野洋子）

里親支援機関と連携した里親養育支援

◆大阪府における里親相談・里親支援体制

2016年度の児童福祉法等の一部を改正する法律では、児童の福祉を保障するための理念の明確化等とともに、「家庭における養育環境と同様の養育環境」である養子縁組及び里親・ファミリーホームへの委託の推進が明記された。そして2017年8月の「新しい社会的養育ビジョン」には、その具体的方策の1つとして、都道府県が里親制度に関する包括的業務を委託する里親支援機関事業の強化が示された。国の方針を受け、大阪府においては新規里親の開拓から児童委託後の支援までを一貫して専門性のある支援機関に業務委託することを表1のとおり進めてきている。

◆里親支援機関　キーアセットとの連携とその経過

私自身は児童相談業務を16年経験し、2017年度に大阪府東大阪子ども家庭センター（以下、センター）の里親担当児童福祉司（以下、里親担当）に着任した。

表1　大阪府における里親支援機関事業委託の状況

委託機関（開始年度）	業務委託内容	エリア
公益社団法人 家庭養護促進協会（2016年度）	養子縁組里親 広報・啓発・ガイダンス	大阪府内全域
特定非営利活動法人 キーアセット（2015年度～順次）	はぐくみホーム 広報・啓発・里親希望相談 調査・登録調査・委託後支援	池田子ども家庭センター 東大阪子ども家庭センター 吹田子ども家庭センター
社会福祉法人和泉乳児院 つむぎ（2017年度）	はぐくみホーム　　同上 養子縁組里親	岸和田子ども家庭センター
社会福祉法人大阪水上隣保館 乳児院　おひさま（2020年度）	はぐくみホーム　　同上 養子縁組里親	中央子ども家庭センター
社会福祉法人高鷲学園 WITH　里親（2021年度）	はぐくみホーム　　同上 養子縁組里親	富田林子ども家庭センター
児童養護施設・乳児院 里親支援専門相談員（2012年度）	はぐくみホーム 広報・啓発・登録調査	各施設の所在地周辺 ＊ただし、センターと協働

注）大阪府では2015年4月より養育里親の愛称として「はぐくみホーム」を使用。

大阪府では当時各センターに専任の里親担当が1名配置されており、私はすでに登録されている里親、委託されている子どもへの支援、里親希望相談への対応、新規の里親認定・登録に向けた調査などの従来児童相談所が担ってきた里親相談業務を行いながら、2017年度からの2年間、管内の里親支援機関事業を受託しているキーアセットの育成と連携に取り組むこととなった。

キーアセットとは、イギリスに本部があるコアセットグループに属し（2016年当時）、世界の国々で培ってきた質の高い里親支援の実績を生かし、子ども中心の里親養育を推進することを目的に、社会的養護の子どもの現在と将来の利益につながる里親支援を日本でも目指して活動している団体である。2017年度当時の体制は、スーパーバイザー1名、ソーシャルワーカー2名、リクルーター1名、非常勤職員5名の全9名であった。

センターとキーアセットは月1回、登録に向けて調査をしている里親の状況や委託されている里親への支援について情報交換を行う連絡会議を開催していたが、実際には毎日のように連絡を取り合っていた。新規里親登録を希望する相談が入ると、一緒に家庭訪問するとともに、現在里親委託を必要としている子どもと保護者の現状、実際に子どもが里親委託された際に里親家庭に起こる変化や困難、その際必要となる支援について説明等を行った。

時間外に緊急の一時保護委託の依頼が入れば、公用の携帯電話でキーアセットと連絡を取り合い、里親担当である私は児童担当児童福祉司（以下、児童担当）から必要な情報を収集しキーアセットに伝え、児童担当と共に里親宅に向かう。一方、キーアセットはセンターから聞いた子どもの情報を里親に伝え、一時保護委託に必要な物品を準備し、里親宅に駆けつけるといった協働を行った。

また、里親委託の際には、里親委託候補の子どもについての説明、委託に向けた子どもと里親の交流をどのように進めていくかについて施設や里親と協議し、実際の交流場面への立ち合いも含めたプロセスをすべてキーアセットと協働対応することとした。

そうした積み重ねを通じ、2018年度からは、一時保護委託開始時の対応や里親委託後の家庭訪問などについては、キーアセットが単独で対応することも多くなっていった。また、里親委託後に里親が各種手続きのため市役所に行く際の同行及び手続き支援、委託児童の健診同行や保育所等サービス利用調整、レスパイ

ト・ケアの利用調整及び支援についても、キーアセットと協働することによりこれまで以上に丁寧に行えるようになった。このような経験の中から、児童相談所と里親支援機関がより良い協働をしていくために大切であると私が感じたことを紹介しておきたい。

◆子どもを中心とした協働のために
里親支援機関の特色を知り、協働する

　里親支援機関事業を受託する機関はさまざまである。乳児院や児童養護施設等に併設されている場合もあれば、キーアセットのように海外での里親支援の理念や手法が確立している機関の場合もある。まずは、その機関の専門性や特色、スタッフの業務経験を理解することが重要である。

　乳児院での勤務経験の長いスタッフがいれば、里親委託前の交流は乳児院を活用した実践的な交流を通じて支援することが可能である。ソーシャルワーカー経験があるスタッフがいれば、里親委託後の関係機関との調整などをスムーズに行うことが可能になる。里親支援機関の経験値が少ない部分は、センターが一緒に対応したり、他の里親支援機関の実践に触れる機会を作り、里親支援機関が充実した里親支援が行えるよう働きかけていくことが必要である。

里親支援機関との協働における児童相談所　里親担当の役割

　児童相談所において里親担当を経験することは少なく、それどころか里親委託児童を担当したことがない職員も多い。そのため、児童担当だけで里親支援機関の役割を理解し対応することは難しい。里親支援機関も、膨大なケースの対応をしながら里親に緊急の一時保護委託を依頼する児童担当の状況について理解することは難しい。そこで必要となるのは、里親支援機関と児童担当それぞれに双方の状況をわかりやすく説明する存在であり、それが児童相談所の里親担当の重要な役割であると考える。

　また、もう1つの役割は、登録に向けた里親の調査とその里親と子どものマッチングについての積極的な関与である。里親登録の調査は、里親支援機関に委託されている業務であるが、そこを完全に切り離してしまうと里親委託に向けたマッチングの時期が遅くなってしまう。里親委託が必要となる場合のケースワーク

は児童相談所で展開されており、最終的に里親委託を決定するのは児童相談所であることを考えると、里親登録の調査にも一定程度関与し、その里親にどのような子どもをマッチングすることがよいか早期にアセスメントしておくこと、また、そのアセスメント結果を里親支援機関と共有し、調査のプロセスにおいて里親希望者にも折に触れ伝えておくことが、里親登録後、早期の里親委託につながると考える。

お互いを知り、一歩ずつ踏み出した協働を目指す

　2017年度にキーアセットとの協働が始まった頃は、児童相談所と里親支援機関の役割分担について、大きな枠組みは決まっているものの具体的に決まっていないことも多かった。そのため児童相談所、里親支援機関ということをあまり意識せず、とにかく子どもと里親が困らないように一緒に対応し、その中でうまくいったことを積み重ねていけばよかった。しかし、いったんシステムが確立し、職員が交替していく中で、この部分は児童相談所、この部分は里親支援機関と役割分担が進むことにより、お互いに経験しない部分が生まれてきているように思う。それ自体が悪いという訳ではないが、地域で暮らす里親にとって、時にそれぞれの役割分担がわかりづらいこともあるのではないかと思う。

　里親支援機関事業は、まだ始まって日の浅い事業である。里親支援機関、児童相談所共に職員の入れ替わりもあり、まだまだ試行錯誤しながら、変化してゆく時期でもある。そのためにはいったん決まった役割分担も、子どもと里親にとって本当に良いのか、児童相談所と里親支援機関がそれぞれ自らに問い、時には役割を超えて互いに一歩ずつ踏み出して協働することが大切ではないだろうか。

　里親と子どもが関係を築き、共に暮らしていくための支援を児童相談所と里親支援機関が1つのチームとして想像力を働かせて行うことは、とてもやりがいのある仕事である。里親家庭で健やかに成長していく子ども、そして委託児童を迎えることによって変化を遂げていく里親家庭に出会い、「家族の力」を感じることが出来る里親担当の仕事は、苦労もあるが喜びの多い仕事である。私は、児童相談所の里親担当と里親支援機関がそうした喜びを共に感じながら協働を続けていくことが、子どもたちの家庭養護推進につながっていくのではないかと考えている。

（緒方裕子）

民間団体による里親養育支援の展開

◆フォスタリング業務の転換

　児童相談所は、本来業務である里親支援をかねてより担ってきた。児童相談所内に、里親会の事務局を置いている自治体も少なくない。しかし、以前のように、いったん里親委託をした後は、長期委託が多く、ほとんどを里親家庭に任せておけばよいというようなケースが減り、在所期間も短くなっている。2019年度中に退所した児童のうち、里親家庭では、在所期間2年未満が60％を超えている。また、里親家庭への一時保護委託は、10年前より約2倍になっている（厚生労働省 2021）。

　そのため、児童福祉司の里親委託に関する業務は増え、実家族調整や児童のニーズの聴き取り、また委託先の里親家庭との細かな調整を短期集中的に行うことを求められるようになった。また、特別養子縁組を前提とする里親委託件数も増えており、特別養子縁組成立後の半年間の支援も含まれるようになる。また、中途養育を担う里親家庭と子どもとの関係は、時には「不調」といわれるような状況に陥ることもあり、ただ、事務的に手続きを進め、お任せすればいいというようなものではない。そのため、里親家庭および特別養子縁組を希望する家庭に対する児童相談所業務は、多岐にわたり、複雑にもなったため、より専門性が求められるようになった。

◆フォスタリング業務と民間委託

　2016年の児童福祉法等の一部を改正する法律（平成28年法律第63号）において、子どもが権利の主体であることが位置づけられるとともに、子どもの家庭養育優先原則が明記された。そして、都道府県が行うべき里親に関する業務（フォスタリング業務）が具体的に位置づけられた。「包括的な里親養育支援」であるフォスタリング業務は、都道府県等（児童相談所）がフォスタリング機関となることが想定されている。ただし、前述したように、フォスタリング業務は、業務量が

増え、被虐待経験など、特別な支援と配慮を有する子どもが増えたことにより、関係機関連携や短期集中的な対応を複数回求められるケースが増えている。

このフォスタリング業務は、継続的で丁寧な支援を目指し、また、リクルート事業など、里親家庭の採用段階からの支援をするため、その強みを活かした民間機関への委託が可能とされている。民間フォスタリング機関の活用は、児童相談所の職員配置にプラスして配置することが可能となり、フォスタリング機関の多岐にわたる業務を、専門性を有して業務に当たれる職員を配置することが可能となった。

里親支援に関わる民間機関の職員は、ここ10年ほどで大きく増えている。2008年には、里親支援事業が開始され、2012年には、乳児院や児童養護施設に里親支援専門相談員の配置が可能となった。里親支援に関わる民間機関の専門職が増え、多くの業務が民間機関に委託されるようになってきた。ともすれば、里親支援は、すべて民間委託が可能となり、児童相談所業務から外れてしまうような印象も強くなる。しかし、『フォスタリング機関（里親養育包括支援機関）及びその業務に関するガイドライン』においても、「フォスタリング業務を民間フォスタリング機関へ委託する場合であっても、フォスタリング業務全体の最終的な責任は都道府県（児童相談所）が負う」とされている。よって、都道府県（児童相談所）は、「フォスタリング業務全体のマネジメントや危機管理について、責任を持って行う必要がある。また、里親登録及び里親委託措置は行政権限の行使であり、その判断の過程において、民間フォスタリング機関は関与するが、その最終判断はあくまで都道府県（児童相談所）が行う」としている。

そのため、民間委託したといっても、すべてを任せてしまうことはできず、都道府県（児童相談所）のみで取り組む場合とも異なる新たな民間機関との支援の構築をする必要が生じることとなった。どの業務を委託すればいいのか、「包括的」とはいえ、里親の認定に関わる手続きや子どもと里親の個人情報をどの範囲で民間機関と共有するのかなど、委託するにしても、「確認」と「整理」が必要となり、自治体側を不安にさせる要因ともなったのではないだろうか。

委託する事業内容や業務内容の詳細は自治体によって異なる。それは、自治体の地域性や、それまで児童相談所がどのように里親家庭に対して支援を行ってきたか、どんな強みがすでにあるかによって民間機関に求められる業務内容が変化

するのだと考える。また、どのようにお願いすべきかの答えが出ず、まずは、個人情報等の取り扱いが少ないリクルート事業など一部委託から依頼する状況も見られる。

◆民間機関との連携の実際

　里親支援の中で、「児童相談所に子どもの相談や悩みを打ち明けると、里親委託が適当でないと判断され、措置解除になるのではないか」「職員が数年に一度は変わってしまい、継続的な支援をお願いすることが難しい」と考え、相談を躊躇される里親がいるという話を耳にすることがある。一方、「熱心に関わってくれたことで、子どもに変化がみられた」「児童相談所担当者の丁寧なサポートによって、なんとか養育の継続が可能となった」という話もある。民間フォスタリング機関だからといって、それだけで里親家庭に寄り添える支援者になれるかといえば、そうではない。多忙の中でも、子どものニーズを聞き取ろうと努力をし、時には長く混乱を含む里親の声を、腰を据えて聴きながら、共に、「子どもにとってどうすればいいか」を考え、悩んでくれる児童福祉司や児童心理司に出会うこともある。里親は、多くの専門職がほしいのではなく、全体を把握してアセスメントしながらも、勝手には判断せず、共に子どもと里親の成長に歩みを合わせてくれる「人」を求めている。

　これまで、里親支援の中心に立ち、全体把握とアセスメント、コンサルテーション、スーパーバイザーを担ってきた児童相談所にかわり、民間フォスタリング機関は、その多くの部分を請け負う形となる。実際に、民間フォスタリング機関として、その地域の児童相談所開設と共に立ち上げた経験から述べるとすれば、民間フォスタリング機関は、想像以上の責任と判断と、力量が求められ、期待される存在であった。それは、いままで児童相談所に対して求めていた「判断力」「援助力」であり、最後の砦となる揺るぎない立ち位置である。それを、措置権を有さず、認定の最終判断機関ではない民間フォスタリング機関が多くの判断を求められる機関となることは、里親家庭からすれば、忌憚なく信頼関係を作ることが可能な存在になりうる一方、ややあいまいで不明確でもあり、「結局誰が何をしてくれるのか？」といった不安を引き出す要因ともなる。

　だからこそ、いままで柱として揺るぎなく立ち続けてきた「最後の砦」である

児童相談所職員のノウハウと、民間フォスタリング機関が有する強みを活かしあう必要がある。それぞれが、平行して支援するのではなく、一番身近に協働する相手として、お互いを知り、相乗効果として強みを伸ばし合う存在にならなければならないと考える。

◆今後の展望

　2016年頃から、「チーム養育」という言葉が、里親支援の中で使われるようになる。

　里親支援専門相談員は、施設のそれまでの経験とノウハウを活かした助言内容を生活の具体的なアドバイスに落とし込むことができるという強みがある。民間フォスタリング機関は、それぞれの母体となる事業者の特色と方向性を背景に、継続的な支援を構築できると考えられている。さまざまなニーズを持つ子どもと里親支援に関わる機関が、それぞれ特色のある強味を活かしながら児童相談所等と連携することが、さまざまなニーズを持つ子どもには必要である。今後、実親交流等支援も業務として主軸になる様相があるが、それについては児童養護施設や乳児院等のこれまでの機能を活かせるとも考えられる。フォスタリング業務は、この10年あまり変化を繰り返し、成長を止めていない。それは強みになる反面、里親はもとより、支援をする側も制度変化についていけていない部分も多い。そういった、「葛藤」や「躊躇」を、「チーム」が乗り越えて、いまそこに存在する里親子を見失わないためにも、連携の構築が急がれているように感じる。

（長田淳子）

民間あっせん機関と協働した養子縁組の取り組み

◆横須賀市児童相談所における民間あっせん機関との協働の経緯

　横須賀市は人口40万人弱の中核市で、2006年に児童相談所を開設した。保健所設置市として、公衆衛生・医療・母子保健機関等との連携は強みである。神奈川県からの技術的支援も継続し、2020年度には「こども家庭支援センター」として体制強化し、新たなスタートをしている。

　従来の施設養護の課題の1つとして、長期入所の児童の割合が高く、子どもたちは家庭を経験することが難しく、愛着の課題からくる問題行動が繰り返されるようになった。これまで、縁組里親や特別養子縁組について、積極的に取り組みを進めてはいない状態であったが、2015年に日本財団の支援によって「民間との協働による特別養子縁組」を、ソーシャルインパクトボンド（SIB）の手法を用いて、パイロット事業として展開することとなった。特別養子縁組について、実践経験豊かな民間あっせん機関と児童相談所による支援というこれまでにない新しい取り組みは、社会的養育を考えるにあたり、大変示唆に富んだ貴重な経験となった。

◆具体的取り組み

　民間あっせん機関からは、①特定妊婦に向けた「妊娠SOSカード」の作成と配布、②実親の面接と支援の実際、③養親選定の基準や考え方、④養親との同居後の支援、⑤関係機関向けの制度説明や講演会の開催など、個別のケースワークと支援体制づくりの両方の知見を提供してもらい協働することとなった。

　大まかな役割分担として、ケース発生時は、インテーク相談を児童相談所が担い「育てられない」とする意思を確認した場合、民間あっせん機関との協働をしていることを伝え、その後は、民間あっせん機関と児童相談所職員が共同で相談を継続した。特別養子縁組の対象として、主に新生児を取り扱った。母子保健や医療機関との連携の強みを活かせることや、所内に複数の保健師が配置されてい

る等、支援体制の構築は可能だった。また課題としている愛着障害への予防的取り組みを視野に入れ、支援のメニューの1つとして積極的に取り組むこととなった。対象として乳児院や児童養護施設に入所中の児童も検討したが、施設との調整や仕組みの構築の課題は大きく、実践には至らなかった。

　新生児委託の場合、初回の相談から同居開始までの期間は短い。出生後に相談があった場合、実親が退院するまでの数日間で養親を決定し、同居に至る場合もある。多くは妊娠中期から後期で相談につながり、健診受診も行っていない場合がほとんどである。限られた時間の中で、メールや電話も含めた支援を行う。出産まで受診にも同行し、医師からの説明も一緒に受け、実母の葛藤に寄り添う。育てるための方策も提供し、検討を重ねる。多くがハイリスク妊婦のため、要保護児童対策地域協議会を活用し、調査を兼ねつつ、関係機関からの支援を得て、出産に備える。新生児委託では医療機関の協力は不可欠である。実親への直接的な支援は民間あっせん機関が中心となり、児童相談所は関係機関調整を行い、双方の特性を活かしながら展開した。協働する中で、民間あっせん機関の細やかな支援に触れることもできた。

　1点目は、24時間体制での相談対応である。SNSを中心に、休日、夜間にかかわらず対応する。同居後の支援の際にも、時間を問わずSNS等での即時対応を行う。

　2点目は、実親や、生まれてくる子どもの権利保障への配慮である。実親に対し「自分だったらどう育てたいか、親としてできることは何か」を働きかけ、例えば、「動物が好きな家族に育ててほしい」などの実母の望みは極力叶えられるよう検討する。名づけも希望すれば母が行う。最終的な意思決定は、出産後72時間経過後に改めて行う。出産後に方針変更のあったケースはないが、出産直前に「自分が育てたい」として支援方針が変更となるケースはあった。

　3点目は、養親との同居後の支援である。今回の実践では、民間あっせん機関が養成した養親とのマッチングを数多く行うこととなったが、退院日当日から支援者が24時間体制での支援を行う。実親との面談を行ってきた同じ担当者が、養親の養育支援を行うことになり、実親の妊娠中の状況や、子どもへの思いをスムーズに養親に引き継ぐことが可能だ。

　4点目は、生物学的な父親との接触である。児童相談所では、親権者以外との

接触を行わないこともあるが、家庭裁判所での結審までの間、養親による養育の安定につながるよう、支援の1つとして行われる。実父との接触は、実母の了解を得て、連絡が可能な場合に限られたが、ある実父からは子どもへの思いが聞かれ、また「子どもが知りたいと思った時に」と写真を託す場面もあった。子どもが出自を知る大切な記録として保管した。

最も印象に残ったことは、養親の育成、選定である。養親希望者として登録に至るには、あっせん機関独自の厳しい条件設定が行われている。養親に対し「こどもの有無を前提としないパートナーシップのあり方」を問う質問や、夫婦の関係性の聞き取り、健康診断結果の重視など、厳密に指導をしている。役割の違いはあるものの、里親担当として大変学ぶことが多かった。

◆児童相談所としての役割

担当者として初めて特別養子縁組に取り組むうえで、「愛知方式」での新生児委託も参考とし、助言をいただいた。実践と同時に、さまざまな調整も必要となった。①既存の里親への説明と、縁組里親の登録準備、②市内医師会を通じ、産科小児科医師や総合病院への説明、③新生児委託の手順作成、④母子保健部署への説明、⑤教育関連部署や公立小中学校、高校への制度説明、等々である。所内においては、支援方針の整理や、里親担当と地区担当の役割分担など、ケース発生の都度、整理をしながら対応することとなった。3年間で11組の縁組が成立し、そのうち新生児委託は8件となった。

協働には、児童相談所としての責任のあり方が課題となった。「里親ではない市外の養親と、新生児を同居させること」や、市外または県外の養親が居住する管轄の児童相談所との調整に時間を割いた。市内でのマッチングには居住地が重なるリスクがあり、市外の養親がマッチングの対象になるためである。遠方ではあっても児童相談所として一度は訪問し、養育状況を確認する。結審までは管轄の児童相談所との双方がケースとして担当し、もし不調があれば横須賀市が対応することとした。養育の報告は結審まで毎月受け取り、そのつど会議報告を行う。結審後も15歳までは、年に一度、養育報告を受けその都度会議報告することとした。

実践では常に上司が児童相談所としての責任の持ち方を熟考し、かつ柔軟に対

応してくれたことで、担当者としては安心して取り組むことができた。

◆さいごに

　児童福祉法改正、民間あっせん機関による養子縁組のあっせんに係る児童の保護等に関する法律、民法等の一部を改正する法律など、近年、特別養子縁組に関する制度改正が著しい。民間あっせん機関との協働を通じ、児童相談所にとって、特別養子縁組の支援は以下の課題をクリアする必要があると考える。

　①実践数が少なく、職員の養成が課題

　②一定期間集中した支援のための所内体制づくり

　③特別養子縁組や特定妊婦の相談窓口の周知

　④養親（養子縁組里親）の育成方法

　⑤同居後の支援のあり方

　⑥実親のアフターケアのあり方

である。実親へは、子どもを託す気持ちや、待つ親の繊細な心の襞を取り扱うための面接技術の研鑽や、妊娠経過に伴う心理的変化への配慮も必要だ。子どもの親を決定していく緊張感や重責感も常に問われる。

　子どもの意思や成長に伴うリスクの確認できない段階での縁組にさまざまな課題があることは認識をしているが、可能な限り早い時期に、安定した親子関係を築く支援をすることは必要であり、可能でもあると思われた。今回、民間あっせん機関の果たしてきた役割や貴重な実践を知ることができ、社会的養育の必要性や難しさも再認識することができた。現在、特別養子縁組推進事業として取り組みは継続をしているが、今後も民間あっせん機関との役割の違いを活かし、実践を重ねていきたいと思う。

（小林幸恵）

第6章 引用・参考文献

厚生労働省「社会的養育の推進に向けて」2021年5月

宮島清・林浩康・米沢普子編著（2017）『子どものための里親委託・養子縁組の支援』明石書店

『里親と子ども』編集委員会編（2012）『里親と子ども Vol.7』明石書店

『里親と子ども』編集委員会編（2015）『里親と子ども Vol.10』明石書店

*

第7章

児童相談所が
たどってきた歴史

　この章では、児童相談所の歴史、その時々の子ども家庭相談における課題に対してどのように取り組んできたのかについて執筆をお願いした。歴史を学ぶ時、2つの学び方があると言われている。学校で教えられるような史実に基づく出来事として学ぶことと、人物や関係性を描いた物語として学ぶことである。その両面がそろった時に歴史を学ぶことが面白くなる。システム思考の「氷山モデル」というのがある。単に誰が何をしたという表面的に見える（史実）ことだけでなく、なぜそのようなことが起きたのかという背景と行動の因果関係を知ることが第一歩としてある。しかし、原因—結果の単純な因果律で理解できるものではなく、多くの因果関係が複雑に絡み合った社会構造（システム）があり、そのシステムを支える人の信念や考えがある。過去の歴史を学ぶことは、過去の知識を知ることが重要なのではない。過去の社会システムと行動を通して、現代の社会システムの中で、課題に対してどのような行動をとるのかを考えることが目的となる。

　児童相談所の使命は、子どもが成長していく過程で家族だけでは対応困難な課題に対して、課題解決のための道筋や方法を提示して、変化に向けた支援を行うことにある。この使命を全うするために今のシステムの中で何ができるのか、何がシステムに加われ ばいいのか、そんな命題をもって現場で工夫をしてきた先人たちの思いを汲み取って、現在、未来の業務に生かしてほしいと思う。「社会システムについて理解を深めれば、それが自分の判断・決断のベースになる」。

見えている

通常は
見えない

出来事
何が実際に起きたのか？

行動パターン（因果関係）
今まで何が起きたてきたのか？
どのような傾向が見られたのか？
どのような変化があったのか？

構造（システム）
何がパターンに影響したのか？
（政策、法律、世論、etc）
要素の相互作用、関係は？

意識・無意識の前提
人はシステムに対してどのような
仮定や信念、価値観を持っているのか？

図　歴史の氷山モデル
出典：「氷山モデル」を参考に筆者作成。

児童相談所の誕生
──草創期の児童相談所および児童福祉司制度

児童相談所の誕生が主題であるが、副題を児童相談所および児童福祉司制度としたのは、2つの制度が別個独立の機関として成立したことが草創期を特徴づける問題だったからである。以下、主に東京都と宮城県に焦点を当てて紹介する。

◆東京府・市における前史

戦前の東京府・東京市（後に都）には、30年におよぶ児童保護・児童相談の歴史がある。概観すると、職業紹介所付設児童保護部に始まって、幼少年保護所、幼少年保護所付設幼少年性行相談部、職業紹介所付設性能診査・少年相談部、児童鑑別委員会、児童研究所および少年鑑別所の鑑別事業、児童相談所における乳幼児対象の健康衛生相談・指導に至るものである。事業内容は、職業相談・紹介、不良児・浮浪児・被虐待児・貧困児保護、一時保護所処遇、児童鑑別、長欠児・不就学児・知的障害児指導、乳幼児の健康衛生相談・指導で、方法は調査、相談、家庭訪問、指導、収容保護、鑑別、移送、引取・引渡、連絡等、多岐にわたっている。

これらの事業は、内容も対象児も年齢・性別で区分され、実施主体が府と市に分かれていた。相互の連絡体制が敷かれていたものの分断された形で運営がなされていた。また、鑑別業務を除き、その大部分は終戦前に相次いで廃止・閉鎖に追い込まれている。戦況の悪化で事業継続が困難になっていたからである。

一方、上記の事業に関わる調査・相談・指導の担い手の制度も東京府にあった。1920（大正9）年4月1日付けで設置した有給・嘱託の児童保護員制度である。事業内容は、不良浮浪児童、長期欠席児童、身心異常児童、労働児童等、特別な保護を要する児童の個別的取り扱いに関する実務と、児童の在宅事情を把握するために一定の事項につき集団的調査をする実務であった。その後、児童保護員制度は漸次縮小され、1926（大正15）年8月に改正地方社会事業職員制が公布・施行されたことに伴い、1927（昭和2）年3月末に全員が任を解かれ、地方社会事業

職員令により、同年4月に新たに社会事業主事、社会事業主事補として任命されている。職名とともにその業務内容も配置先も変更になったが、今日の児童福祉司の原型ともいうべき業務をこなしていた。

この他に嘱託で鑑別機関に鑑別業務を担う職員が、保護所には専任の直接処遇職員が配置されていた。しかし、これらの担い手たちも、戦況の悪化に伴い、廃止や閉鎖、あるいは縮小の対象となる。

戦前の史実を概観したのは、児童福祉法によって成立した児童相談所および児童福祉司制度の原型ともいうべき上記の施策が、一部を除いて戦後に引き継がれることなく、断ち切られたことを踏まえる必要があると考えるからである。

◆戦争孤児等の保護政策と児童福祉法の成立

終戦後、戦争孤児や放浪する児童（以下、戦争孤児等）が数多く出現する。GHQの指令を受け、1945（昭和20）年9月20日に「戦災孤児等保護対策要綱」が決定されたことを受け、厚生省は1946（昭和21）年4月15日付け「浮浪児その他の児童保護等の応急措置実施に関する件」を通牒し、戦争孤児等の緊急保護対策として児童保護相談所の設置に着手する。緊急保護を最優先させながら相談機関の体制整備を急いだのである。厚生省はさらに同年9月19日、「主要地方浮浪児等保護要綱」を通牒する。この通牒に、後に児童相談所に組み込まれる一時保護所のあり方と鑑別業務が盛り込まれる。

これを受け、東京都は、すでに戦争孤児等の保護のために養育院分室に設置していた幼少年保護寮を中央保護所とする。名称は中央保護所であるが、後に前掲通牒の児童保護相談所の位置づけと役割を担った機関になる。

中央保護所は、児童福祉法の公布前の1947（昭和22）年4月10日付けで早くも中央児童相談所に組織換えをし、所管を養育院から民生局児童課に変更している。主な業務は戦争孤児等の緊急保護と鑑別である。後に児童福祉法に基づく中央児童相談所と付設一時保護所になる機関であるが、注視すべきは、児童福祉法の規定を先取りする形で児童相談所が整備されていたことである。

東京都を始め全国の主要都市が戦争孤児等の緊急保護に取り組んでいた一方で、国では厚生省内で立案された児童保護法案が国会で審議されていた。児童相談所に関わる審議の主な内容は、柱になる業務とそれを担う人材である。前者は運営

主体を都道府県とし、相談・措置、鑑別、一時保護の3つの柱とすることでまとまった。後者の相談業務の担い手については、有給・専任にするのか無給・名誉職にするか、名称をどうするか、どこに配置するか、無給の児童委員との役割をどのようにするかで議論が展開され、GHQの助言もあって、有給・専任の児童福祉司、無給の児童委員とすることでまとまる。

1947（昭和22）年12月12日に公布された全72か条の児童福祉法は、児童相談所を第15条から第18条、児童福祉司を第11条から第14条に規定し、第11条で「都道府県に、児童福祉司を置く」として、児童福祉司を児童相談所所員とは別の独立した機関とした。所員として所内に配置された「鑑別を 掌 る」鑑別員は、後に臨床心理判定員、心理判定員に名称変更され、東京都の今日の児童心理司の原型である。

◆児童相談所と児童福祉司を取りまく問題

以下、草創期の児童相談所および児童福祉司を取りまく問題を、東京都を例に4点あげよう。

第1は、児童相談所と児童福祉司の関係である。東京都は1948（昭和23）年6月8日付けで児童相談所条例を制定し、中央児童相談所の他に地域児童相談所を順次設置していく。その一方で、児童福祉司は同年4月から民生局児童課養護係所属で順次発令され、都知事の指揮監督下になる。勤務先は児童相談所とは別で、都内の区市の役所であった。

民生局は児童福祉法施行細則を踏まえ、同年9月14日、各児童相談所長宛て児童相談所事務要領を送付する。その中で、児童課養護係所属の「児童福祉司との連絡を密に」するよう求めている。「調査連絡」の項では、児童相談所長と児童福祉司の関係について、児童相談所長は「必要な調査」を児童福祉司に「委嘱することが出来る」とし、また、児童福祉司は「担当区域内の児童に関し、必要な事項を相談所長に具状し、意見を述べなければならないことになっている」とし、児童福祉司が児童及び保護者に対して指導措置をした時には、「その結果と意見を附して毎月一回相談所長に報告することになっている」と規定している。

児童相談所長と児童福祉司の連絡調整が複雑な関係になっていたことがわかる。児童福祉司は児童相談所長の指揮監督下になく、児童相談所とは別個に、単独で

行動し、独自に判断し、決定できる機関であった。児童相談所は児童福祉司と比べ、相談・措置に関しては権限の曖昧な機関であった。

　この問題は、後に法改正によって児童福祉司の身分が児童相談所に組み込まれて以後も、所内の位置づけが定まらず、所長との関係で問題がくすぶり続けることになる。

　第2は、「ケースワークに当る」児童福祉司の職階と資質である。資格要件に基づいて任用されたが、専門職とは言い難く、行政職の管理職級（二級吏員）で、名誉職的色彩が強かった。ケースワークの言葉も理論も耳にしたことがなく、そもそもどのような実務を担うのか皆目見当がつかない者が少なくなかった、という逸話が残されている。

　第3は、児童福祉司と切り離され、所に配置された鑑別員である。鑑別員には児童鑑別調査票が用意されているだけであった。当時を知る都庁職員OBが鑑別員に関わる興味深い事実を証言している。「児童福祉司と比べて冷遇されていた」「高額な判定器材がアメリカから取り寄せられたが、現場では使わなかった」という（座談会 1989）。後記するが、実地指導のために来日したキャロル氏からは、わが国の心理学がドイツ心理学の直輸入に過ぎない、単なる知能検査で終わらせず、心理診断にまで高めなければならない、などの指摘がなされている。

　問題は鑑別のレベルだけではない。事務要領は「鑑別員のいない相談所は、当分の間週3回中央児童相談所より鑑別員を出張派遣する」「精密な鑑別を要するものは、中央児童相談所の鑑別を受けさせる」としている。鑑別員が不在だったのである。

　第4は、児童福祉法第27条第1項の措置権の問題である。東京都では児童福祉法施行細則の改正により、それまで都知事から中央児童相談所長にのみ委任されていた措置権が1950（昭和25）年1月1日付けで地域児童相談所長に拡大された。それまでは地域児童相談所長に権限がなかったのである。知事の管轄下にあった児童福祉司がほぼ独断で措置（処遇）ができた背景には、措置権の委任の問題もあったと思われる。厚生省児童局刊行の『児童のケースワーク事例集』に掲載の東京都児童福祉司・伊藤龍朗の「要教護児を引取って」と題する実践報告は、そのことを端的に示している。

　このように、草創期の東京都の児童相談所の運営実態は曖昧模糊としていた。

こうした状況を改善するためであろうか。遅ればせながら、1951（昭和26）年10月、民生局児童課は所長、児童福祉司、鑑別員向けに、相談、鑑別、措置、一時保護について解説した『児童福祉法と児童相談所』と題する冊子を刊行している。

◆専門機関として高く評価された宮城県

わが国の児童相談所の体制整備とレベルの向上を図ることを目的に、国際連合・社会活動部から派遣されたのがアリス・K・キャロルである。1949（昭和24）年11月から翌年の8月まで、彼女が実地指導に入った主な児童相談所は大阪府、福岡県、宮城県の3ヵ所である。その中で彼女が専門相談機関として高く評価したのは宮城県である。

宮城県の特長は、所長に精神科医を配置したこと、学問的素地を身につけた児童福祉司をそろえ、法令にとらわれることなく所員と一体になって活動したこと、所長が児童福祉司、鑑別員、一時保護所職員に専門的指導・助言をしてけん引したことである。また、1950（昭和25）年9月には監督児童福祉司を配置してスーパービジョンに当たらせている。

さらに同年に『児童相談所紀要』第1輯を刊行し、以後、継続させている。紀要の執筆陣は児童福祉司、鑑別員、一時保護職員、医師らである。また、同年には、『中央児童相談所における児童調査の概要』の第1輯が宮城県民生部から刊行されている。

厚生省児童局が1950（昭和25）年3月に刊行した『児童のケースワーク事例集』は、宮城県の児童福祉司や児童相談所の鑑別員らがキャロル氏から得た指導・助言を要約体で紹介している。通訳で厚生省の浅賀ふさも加わった事例検討会のレベルの高さが読み取れる。

なお、彼女の指導・助言内容を綴った資料として、宮城県の児童福祉司・鈴木銀一（後の教育評論家・鈴木道太）が『キャロル女史の講義』『職務日誌』と題する記録を残していることも明らかになっている（山田2021）。

彼女は、児童相談の手引書の作成にも尽力し、『児童福祉マニアル』を完成させている。キャロル氏の機構改革案は、児童相談・措置、一時保護、診断指導の3部門の分離独立と児童相談所の診断指導への特化であった。

　同書は草創期の児童福祉司や鑑別員らにとっては貴重な参考書で、バイブル的な存在、必読書であったと言われている。しかし直訳の文体で、誤植が多く、民主主義思想の基盤の上に成り立つソーシャルワークや心理技法の理論と技法が、基礎的な知識・技法を持たない児童福祉司や鑑別員らにどこまで理解できたかは定かではない。

◆モデル児童相談所の指定と全国児童福祉司会の結成

　草創期の2つの制度に関わる出来事をさらに3点あげておこう。

　第1に、児童福祉司・鑑別員対象の厚生省主催の講習会を始め、地区ごとに講習会や会合が持たれ、社会事業に造詣の深いGHQの係官から指導を受けていたことである。1949（昭和24）年10月刊行の『現代社会事業の基礎』によると、中国地区民事部福祉係官ドロシー・デッソーが、児童福祉司の合同会議で児童福祉司の取り扱っている在宅児童の事例について、ソーシャルワークの原則を踏まえ、実に懇切ていねいな指導助言をしている。

　第2に、厚生省が宮城県、大阪府、福岡県の3ヵ所を1951（昭和26）年4月1日付けでモデル児童相談所に指定したことである。厚生省のねらいは、3ヵ所を手本に全国的なレベルアップを図ることであった。しかし児童相談所を取りまく事情は財政的に貧弱で、むしろ行政機関の色彩を強めていく。また、後の法改正で児童福祉司が児童相談所に組み込まれるが、所内の位置づけが不明確なまま、ぎくしゃくした関係が続いていく。

　第3に、自主的な会合を持っていた東京と大阪の児童福祉司会を中心に全国的な会合に輪が広がり、1954（昭和29）年11月に全国児童福祉司会を結成させたことである。結成の動機は改正法に児童福祉司の地位の変更が盛り込まれたことである。これに異を唱え、会誌を発行し、都道府県に存置する運動を展開する。児童福祉司によるこうした運動が児童相談所の総体的なレベルアップにつながったのかどうかは定かではない。

　草創期の児童相談所は、戦争孤児等の保護に当たる一方で、いくつもの難題を抱え、試行錯誤しながら、昭和30年代を迎えることになる。　　　　（藤井常文）

障害相談や不登校相談への対応の歴史

◆障害幼児母子通所指導

　私が京都府の職員となって舞鶴児童相談所[*1]勤務を命じられたのは、1970年代の半ば。この頃、児童相談所で課題の1つとされていたのが、障害を持つ乳幼児の発達保障と、彼らを育てる保護者への支援であった。

　当時、児童相談所は、3歳児健診精密健診などを業務としていたが、「障害を発見しても受け入れ先がない」（鎌田 1983）という現実があった。私も新米の心理判定員（当時の呼称、以下同じ）として、「重度の自閉症」と診断された幼児の通所指導を担当したのだが、子どもに目立った変化があるわけでもなく、保護者の悩みにも応えられず、苦しい思いをした記憶がある。そもそも障害児への関わりは、プレイセラピーを行う心理判定員が中心で、母親面接などはおろそかにされ、観察記録も不十分であった。つまり、当時は児童相談所の種々の機能が十分発揮されていなかったのである（高橋・鉄川 1979）。

　舞鶴児童相談所で障害幼児母子通所指導（以下、母子通所）が始まったのは、こうした背景があってのことだ。母子通所は、上記の弱点を補うため、心理判定員、児童福祉司、児童指導員、保母等、児童相談所のあらゆる職種から参加することとし、開始に先立ち全員で発達問題の学習も行った。

　さて、母子通所は、発達上何らかの課題を持つ概ね6名程度の幼児を対象とし、

第7章　児童相談所がたどってきた歴史

*1　なお、舞鶴児童相談所は、京都府の児童相談所再編計画のなかで、1987年に廃止されている。今では、管轄自治体の児童福祉担当職員でさえ、舞鶴に児童相談所があったことを知らないような過去のことだが、廃止をめぐっては、約7年にわたって京都府当局と現場職員が、さまざまな議論を続けた。立場の違いが激しい対立を呼ぶこともあったが、それは必然的に、児童相談所の意義やそのあり方について深く検討する場ともなった。こうした経過は必ず書き残しておくべき児童相談所の歴史の一コマだと信じた私は、再編計画によって舞鶴児童相談所が廃止された後、「誰のために闘うのか──児相再編物語」を著した（本稿は拙著『子ども虐待ソーシャルワーク──転換点に立ち会う』（明石書店）に掲載している）。

週1回、午前の時間帯に実施した。

　プレイルームにセラピスト3人を配置し、観察室には4名の記録者。一方、2名の児童福祉司が母親のグループ面接を実施した。加えて、一人ひとりの母親と各担当者が交換ノートを交わしている。ノートは都合2冊。母親がその時々の思いや疑問を自由に記入、スタッフがそれに応答し、毎週交換した。

　午前の母子通所が終わると、午後にはスタッフ全員が集まり、プレイルームでの子どもたちの様子、母親面接の状況などを報告しあい、討議した。まさに1日かけて、児童相談所全体で母子通所に取り組んだのである。

　舞鶴児童相談所で発刊された当時の『京都府舞鶴児童相談所レポート』をみると、1978年から1983年まで、ほぼ連続して障害児支援に関する報告があり、その内容も、母子通所の実績報告だけでなく、母子通所を「卒業」した母親に集まってもらい、スタッフを交えた座談会を行ってまとめたもの（小牧・鎌田 1984）や、交換ノートについての考察（団 1983）等があった。まさに児童相談所挙げての取り組みであり、利用者目線で考えようとする姿勢がうかがわれる内容だ。

　ところで、私は職場の先輩に誘われ、1979年に東京・日本青年館で開かれた第5回児相研セミナーに参加した。そこで驚かされたのは、管内人口20万あまり、地方のごく小さな児童相談所での私たちの実践と類似の取り組みが、日本の中心地、東京でも行われていたことだ。

　東京都墨田児童相談所の鈴木政夫さんが、このセミナーで報告した「墨田児相発達遅滞児通所グループ」は、背景も実施方法も私たちの取り組みとの共通点が多かった。すなわち、「3歳前後の発達のおくれのある子で、保育園・幼稚園・障害児通園施設等に入れない状況にある児童」を対象に、「子どもの集団指導による発達保障」「親の学びあいにより養育の態度やしかたを獲得すること」を目的に、週1回の通所を実施していたのである（鈴木 1980）。

　本報告を受けた分科会討議では、各地の児童相談所から、それぞれの自治体で通園施設が整備され、障害児保育なども積極的に行われるようになった状況も報告された。つまり、障害児への支援は、児童相談所による直接的な取り組みから、次第に地域に移行していく流れが始まっていたのであった。

◆ニードを掘り起こす

　母子通所を児童相談所のあり方という観点で振り返ると、舞鶴でも東京でも、職場全体で取り組もうとする姿があった。それは、私たちが夏に実施した療育事業においても遺憾なく発揮された。

　本事業は、今では到底考えられないプランによって始まっている。というのは、相談や通告もないのに、児童相談所の側から管内全小学校にアンケートを送り、対象と考えられる児童（初期の対象児は中間遺尿のある子ども）を発掘したのである。その趣旨は、次のようなものだ。

　「中間遺尿については、該当児が元気に登校しており（中略）児相のケースとして特に取り上げたことは少なかった。しかし、小学校在学児が、常に下着が汚れて臭っている状態で学級集団にいれば、対人的な関わりの弊害は、想像に易く」「そのあたりの問題に対して我々が果たせる役割があるのではないか。これは児相まで直接は届いてこないけれども、掘り起こし力を貸すべきニードなのではないか」（一井他 1979）

　こうした問題意識から、療育事業の対象児は、その後「肥満児」「精神身体症状のある子ども」へと展開し、多くの成果をあげたのであった（鎌田 1982、川﨑1981）。

　余談だが、当時の舞鶴児童相談所は相当に熱量が高かったのだろう、「年末反省会」という希有な取り組みをしていた。年末の数日間、所長以下全職員が参加し、各自その年に担当した事例などを思い浮かべつつ、自らの業務を振り返って発言、それを受けてスタッフ全員がコメントする。やりとりは白熱した。

　そんな中、中心的に活動していた職員の異動問題が起きる。「まだまだすべきことがあるのに！」と危機感を抱いた私たちは、当人を含む3人が年休を取って本庁まで出かけ、異動を撤回するよう児童家庭課長に直談判した。前例なき行動で、結果は変わらなかったが、交渉前に立ち寄った喫茶店で確認したのは、種々の取り組みによって職員の凝集性が高まり、児童相談所全体として相談援助のレベルが向上したという点だ。私個人にしても、児童相談所勤務を通じて人間的な成長を実感したからこそ、わざわざ本庁まで出向くことにもためらいがなかったものと思う。

◆琵琶湖一周サイクリング

　さて、このような取り組みをしている児童相談所に持ち込まれてきたのが、不登校相談である。当初の統計分類では「長欠・不就学」と呼ばれ、戦後の混乱期、劣悪な環境から登校も難しい状態の子どもなどが対象とされていたが、この頃になると、「学校恐怖症」「登校拒否」等の言葉が流布したように、対人関係に課題があって登校につまずく例が目立つようになっていた。私たちは、個別的な対応を行うだけでなく、療育事業などで培ったノウハウを生かしてグループワークを指向した。それが結実したのが、京都府の各児童相談所で取り組まれた「琵琶湖一周サイクリング」や「丹後半島一周サイクリング」だ。

　この取り組みでも、さまざまなエピソードが生まれた。自転車に乗れない中学生が、（伴走車に乗る形で）サイクリングに参加し、休憩時間に自ら自転車に乗る練習を始めたり、触れられたくないはずの登校問題を、子どもたちが自ら話し合う場面も生まれた（迫間・川端・浜中 1988）。サイクリングやその後のグループ通所に参加した者同士が後に結婚し、当時のスタッフがお祝いに駆けつけたこともあった。

　また、サイクリング途中の宿舎で発生した盗難事件では、私たちのグループが強く疑われ、直ちに調査するよう求められたこともあった（川﨑 1989）。窃盗した児童を特定して謝罪させ、それを他の児童に知らせず、知られず、なおかつ全員がサイクリングを完遂するという難題だったが、私たちは、こうしたことからも鍛えられ、ますます児童相談所の業務にのめり込んでいった。

　その頃、児童相談所は世間にあまり知られていなかったが、社会の片隅で輝きを放っていたことは確かだった。先に紹介した児相研セミナーは、「子どもの生活と権利を守り、働きがいのある職場にするために」をスローガンに開催されていたが、子どもと家族の支援こそが児童相談所職員の喜びであり、エネルギーの源泉であった。

　私事にわたることで恐縮だが、ある年の春、琵琶湖畔を走る私に所長から電話があり、心理判定員から児童福祉司となるよう内示があった。児童虐待問題はすぐそこまで足音を忍ばせており、児童相談所も、また私自身も新しい時代へ進む節目を迎えていたのであった。

（川﨑二三彦）

03 非行問題対応の歴史

◆非行相談の状況から戦後を振り返る

　戦後、76年が経過し、児童福祉法が制定され74年が過ぎている。児童相談所が取り扱う非行相談は、触法相談とぐ犯相談に大別される。統計上では触法少年は犯罪白書であげられ、ぐ犯相談（ぐ犯等相談）の一部は犯罪白書に含まれるが、多くが福祉行政報告例にあげられる。これらの統計から戦後を振り返ると、触法少年の第1のピークは1951年で3万2777人（対1000人口比3.0）、第2のピークは1962年で5万7808人（同4.7）、第3のピークが1981年で6万7906人（同8.9）、直近の2019年で6162人（同1.4）にまで下がっている。一方の福祉行政報告例では非行相談として括られ、1962年で6万6331件、1981年で3万3504件、2020年で1万615件となり、児童相談所の非行相談は減少傾向にある。なお、2020年度の非行相談は1万615件となり、全相談に占める割合は2.0％である。

◆児童相談所の非行相談の歴史を作った4人の児童福祉司

　非行相談の状況からみると1984年までは3万件前後を推移していて、全相談に占める割合も約10％前後であった。本稿では、戦後の非行相談が比較的多かった時期、「非行のソーシャルワーク」として論文や著書を出して、全国の児童福祉司たちを励ましてくれた4人の先輩児童福祉司の実践論などを紹介する。彼らの論考は、現在の非行相談ソーシャルワークにも多くの示唆を与えてくれる。

◆筑前甚七氏の実践（1948〜1971年）

　筑前氏は1948（昭和23）年9月、塩釜に児童相談所ができる時、宮城県児童福祉関係者に誘われ、所長以下3名の職員で構成される児童相談所の初代児童福祉司となっている。充分な設備などなく、手探りで「ケースウォーク論」を学び、1950（昭和25）年8月には国連から派遣されてきたアリス・K・キャロル氏の講義を受けて感銘を受け、心の中で「日本一のケースワーカーになってみせる

ぞ！」と自分に言い聞かせたという。宮城県児童相談所紀要第2集（1954年3月発行）に「崩壊家庭で育った児童のケースワーク」をまとめ、その後の著書にも紹介している。また、非行のスーパービジョンの5つの要点を紹介している。①ワーカーの記録を読み、社会診断が立てられているか否か、②ワーカーがケースの緊急性の判断を誤らないようにする、③親のタイプをつかみ、どのようなケースワークが有効であるか、④施設入所が適当なのに、親の抵抗にあった場合の対応、⑤ワーカーは客観性を失わずに、自己を見つめ相談に務めること、などをあげている。筑前氏が示したスーパービジョンの要点は、現在の児童福祉司スーパーバイザーの実践にも役立つものである。

◆鈴木政夫氏の実践（1969～1987年）

　鈴木氏が活躍した1980年代前半は、戦後非行第3のピークの時代であり、東京都の児童福祉司として、非行相談・実践に取り組み、5点の論考をまとめている。非行相談の実践として、①まず、事実をきちんと確認すること（警察の通告書にも誤りがある）、②（非行は）育て方の赤信号「助けて」の叫びであり、その内容を明らかにすることが社会的に負わされた責務であること、などを指摘している。そのうえで、「非行を発達のつまずきとしてとらえ（中略）子どもの要求実現を社会の発展方向に一致させることを援助する」ことが大切であると述べている。

　また、実践だけでなく、児童相談所で働く仲間たちと共同で、一時保護所や教護院（現児童自立支援施設）実態調査に取り組み、行政の責任として行政施策の充実を要求することなどを提起している。鈴木氏は子どもの権利擁護の視点、実践と研究の重要性、ソーシャルアクションなどを指摘している。

◆加藤彰彦氏（ペンネーム野本三吉）の実践（1982～1991年）

　加藤氏（以下、野本氏とする）は多くの著書を著しているが、その中で「横浜市の児童福祉司としての記録」を2冊出している。『子どものいる風景』は、野本氏が児童福祉司5年目に出した、比較的初期の頃の実践記録である。その1事例が、「重男君の詩」であり、野本氏にとっては「初めての本格的な触法少年」であった。以下、事例の要約を紹介する。

　野本氏と重男君との出会いは学校訪問からである。その後、「夜10時過ぎに家

を訪ねた」「部屋の中は乱雑で足の踏み場もない。どうも落ち着かないので片付ける。持っていった菓子を出し、お茶を入れて2人で話す」「そして、できることなら一時保護所に入ってみないかとすすめる。すると、素直にうなずくのであった」「翌日、朝7時に重男君の家に行った。台所や部屋を片付け、用意したオカズをテーブルに並べ、そばを煮ていると重男君が起きてくる」。2日間の猶予時間を経て、重男君は20人近くの仲間の寄せ書きを持って、1人で児相に来所している。3週間の一時保護中、父親もタクシー会社に就職し、退所時には2人して肩を寄せ合い帰って行った。しかし、次の日の夜、暴走族の集会に出て捕まってしまう。逮捕は免れたものの、不安に耐え切れずシンナー吸引に浸っていく。注意する父への暴力、家裁出頭拒否で重男君は少年鑑別所に送られる。それから1ヵ月後、重男君は再びシンナー吸引で補導され、二度目の少年鑑別所生活の後、少年院送致となる。審判に立ち会った野本氏に、重男君は手錠のかかった手で握手を求めてくる。その1ヵ月後には、父が病気で亡くなっている。重男君からの手紙には「父の体をあずかったと思い頑張りたい」と書かれていた。

　野本氏の非行ソーシャルワークは、子どもに真摯に向き合う姿勢、子どもたちから学ぶ姿勢などを示している。また、そこから導き出された「思春期の子どもたちが求めている人生の意味。自分とはなにかという深い問い。何のために生きているのかという迷い。死ぬことの恐怖。友情、恋愛、憧れ、尊敬といったナイーブな心の揺れ。そうした感情の真っただ中にいる子どもたちとふれあいながら、生きるとはなにか、ということを、ぼくらもまた真剣に問い直すことができる」など、子どもに関わる上での示唆に富む言葉を残している。

◆川﨑二三彦氏の実践（1989～2000年）

　川﨑氏の実践記録『子どものためのソーシャルワーク② 非行』は、児童福祉司として関わった4つの非行ケースを紹介している。その1つである「鑑別所の涙」は、児童福祉司の初期、初めて家庭裁判所送致をした事例である。その援助の過程で子どもや親、そして川﨑氏がどのように揺れ、どのように収まっていったのかが克明に描かれている。以下、事例の要約を紹介する（「　」は子どもや親の言葉など、〈　〉は川﨑氏の言葉を引用）。

　京太郎君は母と2人だけの母子家庭で、母は知的障害が疑われる人で生活保護

受給中である。祖父母もいるが、病気のため入退院を繰り返している。相談の端緒は、中1の11月中学校からの相談で、学校でも家庭でも落ち着かず、「好き放題の生活」「施設入所が必要」といった強い要請から始まっている。そんな状況の中で、4月に新任の川﨑氏に引き継がれている。前任者から、「①再度の一時保護が必要、②施設入所が必要、③無理なら家裁送致を検討」と言われ、川﨑氏はうろたえる。着任早々、中学校からは「今日も怪我をさせた」「施設方向は変らないんですね」と催促の電話を受ける。それでも、何とか京太郎君に会おうと家庭訪問を繰り返し、2回目の一時保護を説得する。京太郎君は「遠慮する」「1週間は嫌だ」「家裁に行く」と拒否するが、川﨑氏の粘り強い説得で5月には2泊3日の一時保護を実施する。しかし、その後も再非行が続き所内のケース会議で京太郎君の家裁送致を決定した。鑑別所で面会した川﨑氏は、京太郎君にお母さんの入院予定を伝え、〈君ががんばることがお母さんには一番の薬なんだからね〉と語りかけると、京太郎君の目から大粒の涙がこぼれ落ちた。そこで、川﨑氏は改めて〈彼にとってもっとも大切なのは母親なんだ。この気持ちをしっかり汲んでやらなければ〉と確信する。家裁の審判には、本人を除けば教師と川﨑氏だけで、肉親の姿はなかった。こうして、京太郎君の施設入所が決まり、教護院（現児童自立支援施設）で頑張り、中学校卒業後は住み込み就職、母を助けるまでになった。川﨑氏の非行ソーシャルワークは、記録の重要性、非行の背景の理解、子どもや保護者に対する向き合い方、ケースマネージメントの重要性などを示している。

◆4人の児童福祉司から学び、次につなぐ実践を

　4人の先輩児童福祉司は、それぞれ違う時代を生き、児童相談所に配属になってから自らのソーシャルワークを開花させていく。ソーシャルワーカーは自らをさらけ出しながら、子どもや親と向き合ってきたことがわかる。そして、後輩たちに自らの実践を記録にして残し、伝えようとしているのである。今、児童相談所は児童虐待の対応に追われ、「介入型のソーシャルワーク」が主流となっている。つながりにくいと言われるぐ犯相談が増えている現状であるからこそ、親子の関係性を大事にしてきた先輩たちの非行相談ソーシャルワークや提言などから学ぶことが重要ではないかと思う。

（渡邊 忍）

家族療法の導入と展開

　ここでは史実に基づく報告ではなく、1人の児童相談所の心理職の体験として、家族療法の取り組みを振り返ることで、与えられた仕事をこなすだけでなく、より良い支援を目指して新しい学びと、実践の大切さを伝えられたらと思う。児童相談所での家族療法への取り組みは、各地でそれぞれの資源に応じて、児童相談所の支援の方法に組み込まれていった経過がある。そのすべてに精通しているわけではないので、筆者が活動していた関西を中心とした内容になることをお許し願いたい。

◆家族療法との出会い

　筆者が家族療法に関心を持ったのは、テレビのドキュメント番組であったと記憶している。大阪の淀屋橋心理療法センターの精神科医、福田俊一氏が家族全員を集めて、家族療法を実施すれば短期間（10回程度のセッション）で症状の改善が可能というもので、いろいろなところで取り上げられていた。家族療法自体は、統合失調症の家族研究などから始まり、その中で治療法として研究されていた。1970年代に入り、書籍で紹介され、実践もされていた。広く知られるようになったのは、1980年代に入ってからで、多くの書籍が出版され、1984年には、「日本家族研究・家族療法学会」（現「日本家族療法学会」）が創立され、広く家族療法が知られ、学びの機会も増えていった。

　その頃の児童相談所では、継続的指導・治療が必要と判断された場合、通所指導（カウンセリング、箱庭療法、遊戯療法など）を行っていた。基本的には、保護者を児童福祉司、子どもは判定員（児童心理司）が担当して個別に指導するものであった。長い時間をかけてじっくりと子どもの症状の改善をはかるものであった。これは、問題とされる行動や症状を持つ人、なぜそのようなことになっているのか原因の分析、アセスメントによって悪いところを改善するという「原因→結果」の因果関係に基づく支援であった。それに対して、家族療法は、家族をシ

第7章　児童相談所がたどってきた歴史

ステムとしてみて、家族関係のあり方に焦点をあて、介入していくもので、支援
の方法の幅を広げるものであった。

◆家族療法の学び

　この頃の児童相談所は、障害の診断と療育、非行、不登校の相談が中心で、今
では考えられないことだが、残業もほとんどなく、定時に仕事を終えることが普
通であった。仕事を終えてから、カウンセリングや心理療法、ソーシャルワーク
などの講座に通って、さらなるスキルアップを目指していた。主な研修先であっ
た京都国際社会福祉センターで、対人援助職の基礎的な講座を修了した時に、家
族療法専門課程という家族療法のセラピストを養成する2年間のコースが1985
年に開設され、10人の仲間と学ぶことになった。この講座は、京都国際社会福
祉センターが、スイスから招聘していた、G.D.シメオン氏を講師としたもので、
システム理論に基づく、サルバドール・ミニューチン氏によって創始された構造
派の家族療法であった。

　現任で職場と対象家族の承認を得て、スーパービジョンを受けながらの養成訓
練となった。自分の担当ケースだけでなく、他の受講生の事例からも学べるもの
で効果的な学びだったと思う。このような研修はいろいろな制約から今は難しい
ものとなっているが、共にトレーニングを受けた団士郎氏と早樫一男氏による
ワークショップが現在も続けられている。

◆家族療法室

　家族療法は、それまでの個別の心理療法とはベースになる考え方をはじめとし
てあらゆる面で異なったものであった。設備でいえば、家族と面接する部屋、ワ
ンサイドミラー越しに面接の様子を観察する部屋、録音・録画の機材、両室を結
ぶインターホンなどの設備があることが望ましいとされていた。児童相談所には
箱庭療法などの既存の心理療法のための専用の部屋はあるのだが、新しい療法で
あり、設備が整っているわけではなかった。筆者が勤務していた児童相談所は新
設であり、遊戯療法室にワンサイドミラーを備えた観察室、録画・録音の設備が
整えられていたので、それを活用して家族療法に取り組んだ。公的には、新たに
建設される児童相談所には、家族療法室として設備されていった。ちなみに滋賀

県の児童相談所では、1984年に新築された中央児童相談所（現中央子ども家庭相談センター）には、家族療法室という名称の部屋はない。それが、15年後、1999年に新築された彦根児童相談センター（現彦根子ども家庭相談センター）には家族療法室という名称で、円卓を入れて違和感のない広さの部屋にワンサイドミラーを備えた観察室、監視カメラとビデオ録画のシステムなどが整備された。

　家族療法に取り組む環境の整備とともに、児童相談所の有効な支援方法として全国的に取り組みの輪は広がっていった。その広がりの一端を担っていたのが次の研修会である。

◆児童相談所とその周辺領域における家族療法と家族支援の実際

　この研修会は、有志により全国を持ち回りで開催される手作りの研修会として今年（2021年）、30回目となっている。始まりは、1991年に京都府の児童相談所の団史郎氏と広島市の児童相談所の岡田隆介氏の呼びかけで、「児童相談所における家族療法の実際：経験交流勉強会」が開かれ、25都道府県、32の児童相談所から60人の有志が集まり、事例検討や家族療法導入の状況などを共有した。その後、対象を関係機関に広げ、地域の有志による実行委員会形式で開催され、地域の支援のネットワーク作りにも貢献している。

　このように、現場の工夫やより良い取り組みを手作りで共有する研修や大学で家族療法を研究されている先生の指導を受けるなどして、家族療法は広がっていった。より良い支援を求めて、学び、実践し、報告・発表して刺激しあっていくのが児童相談所の強みであった。

◆家族療法の影響

　家族療法は、家族と面接するセラピストと別室で面接の様子を観察するスタッフなど、数名で取り組むものだが、職員が少ない当時の児童相談所としては、業務への負荷が高かったと思う。また、実際の家族面接と並行して、スタッフの研修をしなければならず、所全体のコンセンサスが必要になり、中核となってけん引していく人材も必要となった。人事異動によって取り組みが停滞してしまうことが起きてしまうことも少なくなく、充実は難しい課題であった。

　当初、基本とされた家族全員面接に取り組んでいたのだが、平日の昼間に全員

第7章　児童相談所がたどってきた歴史

が集まることのできる家族は限られていて、家族療法のマインドを用いた面接へと変化していった。

　筆者が学んだ構造派の家族療法は、生体システム論をベースに各階層における構成要素やサブシステムの境界や関係性などをとらえ、症状は家族を維持する働きをしていると考えるものである。このシステム論の考え方は、家族をとらえるだけでなく、上位システムである支援の階層（家族と関係機関のシステム）においても、効果的に活動できる術を考える手助けとなった。また、グループワーク（集団療法）でも集団をアセスメントしたり、効果的な運営を行っていくのに役立っている。

◆おわりに──児童相談所のこれから

　現在の児童相談所は児童虐待対応に多くの労力を割くことになっている。ニードを中心とした待ちの相談活動ではなく、子どもの安全な育ちを確保するために介入的な相談・支援活動となっている。現職の頃は、サインズ・オブ・セイフティやパートナリング・フォー・セイフティなどの子どもの育ちの安全に焦点化したソーシャルワークの枠組みを業務に取り入れていた。これらの枠組みは、育ちを歪ませるリスクをマネジメントしながら、安全につながる強みをいかに増やしていくのかの支援に取り組むもので、家族療法と共に学んだ解決志向の面接技法（ソリューション・フォーカスト・アプローチ）を使いこなす必要があり、業務に取り入れていきやすかった。

　個人の体験をベースに家族療法について述べてきたが、学びと実践、そして共有と進化についても読み取っていただけるとありがたい。児童相談所の現場はより良い、効果的な支援を目指して工夫を重ねていくことを大切にしてきた。家族療法のマインドは、児童相談所業務のベースとなっている。これからも新しい方法を取り入れ、より効果的な家族支援の方法を工夫していってほしいと考える。

（菅野道英）

05 子ども虐待への対応の歴史

◆戦後の児童問題への取り組み

日本の児童虐待対応の歴史は浅い。戦後、虐待をテーマとして積極的に取り組まれるようになったのは、大阪府や大阪市の専門職種による研究会活動に端を発しており、1985（昭和60）年頃に始まっている。

しかし、それ以前には虐待問題が存在しなかったのか、といえばそうではなく、1933（昭和8）年には日本でも児童虐待防止法が制定されていたし、明治、大正期から積極的に取り組んでいた先駆者たちの活動もあるので、いつの時代、またどこの国においても、弱者たる子どもが被害者となる児童虐待は、あまねく存在する社会現象といえる。

戦前の独立法としての児童虐待防止法は、戦後に児童福祉法が制定された時、法律としては消滅したが、そのなごりが児童福祉法第34条の中に取り込まれ、今も法律として機能している。この条文は子どもへの禁止行為を具体的に例示している他、刑法ともリンクし、大人がこの条文に触れる行為をすれば児童福祉法違反として逮捕、立件される。

ちなみにこの条文に書かれている禁止行為を一部取り上げれば以下のようになる。

・身体に障害又は形態上の異常がある児童を公衆の観覧に供する行為
・児童にこじきをさせ、又は児童を利用してこじきをする行為
・公衆の娯楽を目的として、満15歳に満たない児童にかるわざ又は曲馬をさせる行為
・満15歳に満たない児童に酒席に侍する行為を業務としてさせる行為
・児童に淫行をさせる行為　等々

以上の内容を見れば、時代の古さを感じるが、この条文から想定がつくように、戦前の児童虐待の主なテーマは、子どもをお金儲けの手段として利用することの禁止であったとみなすことができる。

　戦後は、児童福祉法に基づき、都道府県に設置された行政機関である児童相談所が、児童問題全般に対して重要な役割を果たすことになる。しかし、児童虐待に関していえば、一般養護問題の中に埋没し、世間の関心からは忘れられていくことになる。

　一方、欧米では、1875（明治8）年にニューヨークで世界初めての児童虐待防止協会が創設され、協会設立が欧米の各地に広がる契機となった。しかし、臨床医学の分野では、1961（昭和36）年、米国の小児科医ケンプ（Kempe, C. H.）が小児学会で症例発表したバタード・チヤイルド・シンドローム（battered child syndrome）が重大な契機になってその用語が定着したとされている。

　以降、いくつかの有名な虐待死亡例などをとおして、徐々に児童虐待問題への関心が高まり、1970（昭和45）年代には米国や英国などではすでに大きな社会問題として浮上し、法律も整備されていった。当時、欧米に留学した日本の研究者たちは、欧米では児童虐待が最大の子どものテーマになっているのに比して、日本ではなぜ問題視されていないのか理由がわからなかった。そのようななかにあって、日本では望ましい家族制度があるおかげで、このような問題が発生しないのだという論調の論文さえ発表されていた。

　ところが、児童相談所の実務現場では、しばしばシビアな虐待事例に遭遇し、その対応に手を焼く現実が存在していた。しかし、被害者、加害者とも問題をアピールする意図と手立てを持たなかったため、社会がこの問題に気づき関心を持つことが容易ではなかった。また、戦後のわが国で徹底していた家庭内問題への社会的不介入の姿勢が、それをより困難にする土壌をつくりだしていた。この状況を大きく変える転機をつくったのが大阪の実務家たちの取り組みである。

◆大阪での児童虐待防止研究会活動

　大阪で児童虐待問題が意図的、継続的に取り組まれるようになったのは、1985（昭和60）年頃である。当初は大阪府および大阪市において、別個の研究会などの取り組みがなされていた。筆者は当時、大阪市中央児童相談所（現大阪市こども相談センター）の措置係長職にあったが、当初の動機は実務力向上のための有志による職場内勉強会であった。月1回業務時間終了後に20人程度のメンバーで、困難な事例検討などを行っていた。

　当初意図されていなかったが、この勉強会に提出される困難事例は、最終的に児童虐待事例に 収 斂されることになった。つまり、当時の児童相談所においては、児童虐待に対処するための有効な援助方法がなく、ケースに遭遇した者は、無理難題を突き付ける親に振り回され効果的な解決につながらず、対応に苦慮していた。

　しかし、当時児童虐待に関する日本の書物は、主に米国の実情を紹介した池田由子の書物『児童虐待の病理と臨床』（金剛出版1979）があるくらいで、文献、資料がない状態にあった。そのような現実を踏まえ、処遇に関するノウハウを少しでも拾い集めてまとめることが実務上欠かせないとして、勉強会の集約作業の結果を『大阪市中央児童相談所紀要──特集　児童虐待の処遇について』にまとめて発表したのが1989（平成元）年である。

　なお、この紀要は発行するやいなや全国の児童相談所から追加の送付要請があいつぎ、急遽増刷に至ったことをよく記憶している。

　この活動と時を同じくして、大阪府も児童虐待への取り組みを開始している。1987（昭和62）年、大阪府下の医療・保健・福祉の有志が集まり、Child Abuse 研究会を発足させ、その活動を精力的に継続していた。また、当時、本庁内機構改革で新たに設置された保健と福祉の合体組織である保健福祉推進室は、大阪府下の児童関連機関（児童相談所、保健所、家庭児童相談室、小児科医）における児童虐待の実態調査に着手し、その調査結果を『被虐待児のケアに関する調査報告書』として報告したのが、1989（平成元）年である。つまり、大阪市と大阪府は、別個に児童虐待問題に取り組んでいたということになる。

　さらに、大阪府は、『被虐待児童の早期発見と援助のためのマニュアル』を、1990（平成2）年に、全国で最も早く作成し、関係先に配布している。

　また、この時期に関西テレビが児童虐待をテーマにした番組作成を行い、それを契機に資金の提供を行い、さらには大阪府が協力して、全国初めての民間団体である「児童虐待防止協会」が立ち上げられて、電話ホットラインが、1990（平成2）年に始まっている。ちなみにこの翌年に東京でも民間組織「子どもの虐待防止センター」が旗揚げされ、その後の全国の民間組織の立ち上げにつながることになる。

　なお、大阪市、大阪府の研究会活動は後に合体し、1993（平成5）年に、大阪

児童虐待研究会「関係機関による事例研究会」を開始、約10年にわたって活動を継続させている。この研究会活動によって、大阪の専門職が統一した形で虐待問題に取り組む体制が形作られた。また、日本子ども虐待防止学会の第1回学術集会は、1994（平成6）年に東京で開かれた国際シンポジウムとされている。そしてその時に提案された全国組織の結成は、1996（平成8）年に開かれた第2回学術集会大阪大会で結実し、現在の学会活動につながっている。

◆児童相談所と弁護士の連携

　これらの動きの中、制度上大きな転機となったのは、児童相談所と弁護士の連携である。当時、近畿の弁護士会所属の少年問題委員会は、話題になりつつあった児童虐待問題に関心をもち、いくつかの児童相談所現場に実態の聴き取り作業を行っていた。

　大阪市中央児童相談所にも3人の弁護士が訪れヒヤリングの作業を行ったが、この時、弁護士たちは児童福祉の現場が虐待問題の対応に苦慮している現状を初めて知ることになる。そして、これが契機となって、大阪の弁護士会館にて弁護士主催の多職種の研究会が別途立ち上がることになった。この研究会は、「児童虐待防止制度研究会」として1990（平成2）年4月に活動を開始し、月一度40～50人の構成メンバーで2年程度継続することになる。研究会の成果は、一冊の書物『子どもの虐待防止』（朱鷺書房、1993）として出版されるが、弁護士たちの実務家としての活動が、状況を大きく変化させた。

　彼らは実際の援助活動を手がけることを望んでいたが、児童相談所と弁護士が連携して対処するケースを初めて実践したのが大阪市中央児童相談所であった。

　1991（平成3）年、第一号のケースは、3歳女児に対する身体的虐待のケースである。二度目の大腿部骨折による入院の時、病院から警察に通報が行き、警察の書類通告によって児童相談所が受理したケースであった。このケースにはそれ以前の経緯があり、他の県で虐待ケースとして認知されていたという背景がある。近隣住民から保健所を経由して虐待を把握した児童相談所であったが、養育者が一目瞭然の暴力団風であったため対応に逡巡（しゅんじゅん）していた。しかし、思い切ってチーム訪問を敢行した時は、すでに所在がわからなくなってしまっていた。

　大阪での最初の入院時も、まだ完治しない段階で保護者が強引に退院させてい

たため、スピードが要求されること、保護者とのトラブルが想定されること、また行方がわからなくなることなどから、3名の弁護士が児童相談所とチームを組み、司法手続きで対処することを決断したのである。

　ところで、弁護士は委任を受けなければ動けないため、親族を探し当てて委任状を取り、親権喪失宣告、保全処分、児童福祉法第28条の3申立を同時に行った。

　申立後、家庭裁判所と直談判をし、保全処分の決定を得て、弁護士が親権代行者になって子どもの保護を行い、別病院に転院させるとともに、保護者とは裁判所の場で話しあった。

　このケースは、治療完治後一時児童養護施設で保護されたが、その後、離婚し別男性と再婚していた非親権者の実母が養育できることが調査で判明し、後に親権変更を行って子どもは無事母親のもとで暮らせるようになった。

　弁護士と連携した取り組みは、迅速さ、明快さにおいて従来の壁を大きく乗り越え、新たな援助の道を切り開く道しるべとなった。これを機に筆者たちは次々と児童相談所・弁護士協働でのケース実践を展開させてその成果を紀要等の形で積極的に情報発信したが、これが1997（平成9）年の厚生省通知に結びつくことになる。

◆厚生省（現厚生労働省）児童家庭局通知の発令

　厚生省は、虐待問題の関心の高まりの中で、この問題に目を向けざるを得なくなる。しかし、当初は統計さえもないことに気づき、全国の児童相談所に報告を求めて統計を取り始めたのが、1990（平成2）年度である。

　また、各地で民間ネットワークが立ち上がって支援活動が活発化するにつれ、対応と権限の中心である児童相談所に関心と期待が向けられるようになる。

　ところが、親との関係構築を重視する児童相談所では、民間から通告を受けても、保護や援助がうまくいかず、子どもが救済されないまま死亡してしまうケースがあとを絶たなかった。その結果、全国的レベルでマスコミや関係者による児童相談所バッシングが起こり、厚生省も頭を痛めていたが、その打開策として浮上したのが、大阪で実践を積み上げ成果をあげていた権限を活用した介入型の援助手法である。

　これにより、厚生省は従来の手法を大きく方向転換させ、権限に基づく新たな

介入型の援助の方針を、1997（平成9）年に、児童家庭局長通知の形で発出した。通知の主な内容（筆者要約）は以下のとおりである。

・国民に広く通告義務を周知させるとともに、民生・児童委員、医師、教職員等の関係者への啓発活動に努めること
・通告は守秘義務違反には当たらず、通告者の情報源に配慮すること
・立入調査にあたっては必要に応じ警察との連携による調査を行うとともに、状況に応じ遅滞なく児童の一時保護につなげるなど、児童の福祉を最優先した臨機応変の対応に努めること
・一時保護に当たっては同意を得て行うことが望ましいが、得られない場合は児童の福祉を最優先した対応を図ること
・保護者の同意が得られずに行った一時保護等について、保護者が引き取りを求めてきた場合はこれを拒むこと
・児童について施設措置を採るにあたって、保護者の同意が困難である場合は、児童福祉法28条に定める家庭裁判所の承認の申立を行う等により児童の最善の処遇を最優先すること
・家庭裁判所の承認を得て施設入所した場合、保護者の引き取りはこれを拒むこと
・児童相談所長による親権喪失申立請求はまれであるが、親権者が強引に連れ戻し、虐待等を続けているような場合は、申立と保全処分を積極的に検討すること

◆児童虐待の防止等に関する法律（児童虐待防止法）の制定

　このような動きの中で、独立した法律の制定を求める声が拡大する。当時の厚生省は立法措置には消極的であったが、国会議員の中で立法化の声が高まり、超党派での取り組みが始まる。衆議院青少年問題特別委員会は、精力的に各分野の専門家を国会に招致してヒヤリングを行い、2000（平成12）年5月に独立法としての児童虐待防止法が成立し、同年11月から施行となった。

　上記の通知とスタンスを同じくした法律の施行により、児童相談所の児童虐待に係る実務や制度は、さらに一層大きな変化の渦に巻き込まれていくことになる。

（津崎哲郎）

東日本大震災後の児童相談所の取り組み
──岩手県宮古児童相談所における対応

◆初期対応

　2011年3月11日に発災した東日本大震災はまさに未曽有の大災害であり、特に津波による被害は甚大なものであった。岩手県では死者は5000人を超え、行方不明者は今なお1000人を超える。震源に近い沿岸中部から南部地域の被害は大きく、筆者が在籍した児童相談所は、海から約2キロ離れていたものの100メートル手前まで津波が到達。幸いなことに人的な被害はなく建物も大きな被害はなかったが、さらなる津波被害のおそれとライフラインが不通となったことから、電気が復旧するまでの3日間ほど、一部の保安要員を残して一時保護児童と職員は市施設へ避難した。

　発災3日後に庁舎業務を再開できたものの、通信手段は私用の携帯電話や臨時公衆電話に限られ、役所が被災した市町村とは連絡を取ることもできず、情報収集は困難を極めた。主だった幹線道路は緊急車両の通行に限定されたため調査も進まず、地元紙で情報を収集するという状況であった。当時、ほぼ唯一のガイドであった「児童相談所災害対応マニュアル」（兵庫県）を参考としながら、社会資源の乏しい地域で何ができるのか、考えるだけの日々が続いたが、発災から1週間ほど経ち、徐々に一般車両の通行が再開し、他県等からの応援職員の派遣を受け、管内の避難所を順次訪問し、要保護児童の把握と相談窓口の周知などを始めた。

◆要保護児童・親族里親への支援

　本県では、被災孤児が94人、被災遺児が490人確認されたが（表1：2021年3月31日現在）、震災直後から地元保育所や学校による安否確認が進められており、孤児等は親族・知人に監護され、一時保護が必要な事例はなかった。しかし、親族であるがゆえの使命感だけで子どもを引き取った方が少なくなく、すでに高齢であった方は自分亡き後の準備をされていたり、母子家庭の母が亡くなったケー

第7章　児童相談所がたどってきた歴史

スでは支援金目当ての離父が登場するなど、単に養育者が確保されればそれで済むという話ではなかった。親族里親等の支援のために各地でサロンが開催された

表1　東日本大震災における被災孤児・遺児の状況

	岩手県	宮城県	福島県
被災孤児	94人	139人	24人
被災遺児	490人	970人	180人
計	584人	1,109人	204人

注）2021年3月31日現在　各県調べ

が、その中である里親が「孫にはいろいろと支援が来るが、私のところには何もない」とポツリと話されたことは、私が孤児の支援ばかりに目が向き、親族里親の使命感に寄りかかり、その裏側にある被災者であり遺族でもある里親自身の想いまで考えをめぐらせる余裕がなかったことに気づかされた場面でもあった。

　一方、遺児家庭に対しては、県福祉事務所に配置された遺児家庭支援専門員による相談支援やサロンなどが行われていた。私は担当地区の専門員と遺児家庭に関する情報を共有し、専門員活動への助言、必要に応じて面接や訪問へ同行した。遺児家庭では、配偶者の喪失による混乱、その後の精神不調やパワーロスからネグレクトやひきこもり状態となったり、財産分与や跡取り問題などの親族間不和で苦慮する家庭も見られた。また、父子家庭においては、不得手な家事、保育所や学校とのやりとり、思春期女子の養育の困難さなど、これまでの母子家庭を中心としたひとり親支援の枠組みでは対応が難しい例もあった。

◆被災した子どもの心のケア

　要保護児童への支援とともに、災害時の対応で大きな柱となるのが心のケアであるが、間もなく避難所等で保育が始まり、4月には学校が再開するなど、早期に子どもの日常が動き始めたことが何よりのケアとなった。学校では県外からのスクールカウンセラー派遣や「心とからだの健康観察」（子どものストレスチェックや心理教育）が実施され、県内外の児童精神科医の協力により被災地域3ヵ所（児童相談所、保健所、児童家庭支援センター）に子どもの心のケアセンターが開設された。子ども自ら不調を訴えることが難しいため、心身症状や行動上の問題をきっかけとして来談するケースが多かったが、もともと震災前に「気になる子」として把握されていた子どもも多く、身近なところで支援体制が整えられたことで相談につながりやすくなった。また、児童精神科医によるコンサルテーション

や研修開催など、支援者支援の点でも貴重な存在となった。児童相談所と児童家庭支援センターでも心理職を中心に心のケアに対応していたが、ケアセンター開設後は来談調整や心理検査などの相談補助、アフターケアなども合わせ、心のケアセンターと連動した支援が展開された。

◆先鋭化した日常

　避難生活によるストレスから児童虐待等の増加が懸念されたが、相談対応件数は減少。実際に虐待が減ったのかどうか確証はないが、仮設団地という狭いがつながりの薄い生活環境においては、他者への無関心の一方で衆人環視・相互牽制により不適切な行動が自重されたり、地域全体の不安定さに埋もれたのではないかとも考えられる。しかし、住宅再建や災害公営住宅への移行が進み始めると様相は変化し、復興が進む家庭と仮設住宅に残らざるを得ない家庭との格差が広がり、虐待や非行に関する相談も増え始めた。保護者自身も余裕がなく放任的な養育が見られるようになり、たまり場となった仮設住宅の空室での飲酒や喫煙、性的な逸脱行動、子ども部屋だけがごみ屋敷と化したケースもみられた。また、緊急連絡のために携帯電話を持つ子どもも増え、オンラインゲームやSNS関連の問題も顕著となった。復興の進捗とともにさまざまな問題が生じ始めたが、これらの家庭を見ると、震災前から何らかの脆弱性を抱えている場合も多かった。そのうえ、被災による直接的な影響や復興格差の進行により問題が浮き彫りとなり、認知された時には既に複雑化・多問題化していて支援が困難なケースも散見された。さまざまな課題が、震災を機に「先鋭化した日常」（道又 2012）として顕在化した。

◆震災対応を通して課題として見えたもの

　要保護児童対策地域協議会など子ども家庭支援の中心を担う市町村職員は、自らが被災者・遺族である場合があるうえ、基礎自治体として災害対応が最優先となるため、通常の相談支援が実施できなくなる。実際、市町村と連携がとれず孤児等の状況把握に時間がかかるなど、早急な支援が展開できたとは言えなかった。国はこれまでの災害対応の状況を踏まえ、「災害時における児童相談所活動ガイドライン」を策定したが、災害時に参照するのではなく、平時からこのガイドラ

インの趣旨を理解し、支援体制を整えておかなければならないだろう。

　また、被災した地域は、基幹産業の縮小や人口減少が進み、社会資源も少ない地域であったが、震災前よりも支援が手厚くなった。しかし、震災から半年、1年と経過し支援が縮小し始める中、時間が経過してからトラウマ反応が顕在化する例もあり、子どもたちの成長に合わせて支援をどう継続させていくかという課題に直面した。本県では、子どもの心のケアセンターを発展的に継承し、診療機能を持つ「いわてこどもケアセンター」を開設したが、震災直後の外部依存型の支援から、中長期的な視点に立った地元主体の支援体制への転換期をあらかじめ考慮しておく必要があるだろう。

◆震災から10年を経過して

　児童虐待相談対応件数の増加や相次ぐ死亡事案の発生により、児童相談所に対する社会的要請は大きく変化し、児童福祉司数の倍増とともに新採用の任用が進み、震災当時を知る職員も少なくなった。被災地域には高い防波堤が築かれ、市街地の造成が進み、震災前とは違った光景が広がっている。被災した子どもたちは大人になり親になり始め、時間の経過を感じさせる。震災から10年が経過した現在、1956年の経済白書（年次経済報告）の結語において「もはや戦後ではない」と言われた時期と重なる。これは、「震災後」は復興事業のように終わるものではなく、被災地域の日常となっていると理解する必要があるということである。震災後に生まれた子どもたちは、被災地域の日常の中で震災の影響を受けながら育っている。震災は地域が抱え続けるトラウマのようなものであり、終わりなき震災後を前提とした支援の継続が求められている。　　　　　　（米澤克徳）

沖縄の児童相談所の歴史と現在

◆戦争と沖縄

　沖縄では、第2次世界大戦終戦前の数ヵ月にわたって、本土では経験をしなかった地上戦がほぼすべての住民を巻き込んで繰り広げられ、当時の人口の4人に1人（沖縄県発表）が亡くなり荒廃を極めた。そのことは、子どもの精神状況にも大きな影響を与えたはずであり、最近になっても戦争中に子ども・若者期にあった方も含め戦時トラウマの研究が継続している（吉川 2017）。また、戦前の沖縄には全く存在しなかった孤児院が、米軍によって戦争終結時から設置され、1000人を超えた子どもたちが収容されていたこと（約10ヵ所）が最近になって研究されている（浅井 2016）。

　さらに沖縄の児童相談所の歴史を語る時、戦後27年間という長期にわたって、日本本土と切り離され米軍の占領下に置かれていたことも忘れてはならないだろう。そのことは、本稿の主題である沖縄の児童相談所の状況を論述する場合だけでなく、（児童相談所の状況と深く関連する）戦後の子どもや家族の生活のあり方そのものを語る時にも重要である。内地（現在でも沖縄県内では日常的にこの言葉を用いる）との間に復帰50年になろうとする現在でも存在する、生活状況の大きな相違や格差は占領下におけるさまざまな制度や施策のあり方が深く関わっている（上間ほか編 2022）。

◆占領下の沖縄の社会保障と児童福祉

　まず、戦後の憲法や民法改正も作用せず、日本国憲法の枠外に27年間も置かれ続けてきたことはあまりに大きい。戦前の家父長的・非民主的な家族制度をその間引きずり続けてきただけでなく、子どもや家族の福祉に直結する「生存権」の規定も27年間なかったのである。さらに言えば、本土で、戦争で傷ついた子どもたちの権利を保障するために成立した、児童憲章や児童福祉法は、沖縄には27年もの間、基本的に適用されなかった。

　社会福祉や社会保障制度の歴史も、沖縄と本土で異なっていた。子どもや家族の生活に最も身近な点としては、復帰までは国民皆保険制度がなかったことがあげられるだろう。1959年に皆保険となった本土と異なり、沖縄では1966年の琉球政府による医療保険法施行までは公的な保険そのものが全くなかった。また、琉球政府の医療保険法は、地方自治体や常時5人以上の労働者を使用する事業主などに、雇用されている労働者およびその被扶養者のみを対象としていた。人口の約3分の1のみしか対象でなく、残りは適用除外されていた。また、本土のような現物給付でなく現金給付（償還払い）であり、いったん全額を医療機関で支払った後、社会保険福祉事務所まで行って手続きをしなければならかった（春田2020）。

　児童福祉や児童相談所の状況ももちろん深く影響を受けていた。本土の現在の児童相談所を規定する児童福祉法は1947年成立であり、翌年法律に基づいて児童相談所は開設された。一方、沖縄では、琉球政府がようやく1953年10月になって児童福祉法を成立させている（沖縄県生活福祉部 1998）。法案の審議過程では、アメリカ児童憲章や子どもの権利を意識しながら議論が行われた経過があったが、最終的には本土の児童福祉法とほぼ同じ内容のものとなっている。琉球政府には児童相談所の必置義務があり、1954年4月に開設され、児童福祉司3人および児童指導員1人が配置されている（心理判定員の配置は1959年までなかったようだ）。

　その後、1972年の復帰までの20年間近くは、琉球政府による児童相談所運営や児童福祉施策が行われたわけだが、本土が高度成長期に合わせ児童福祉施策を整備したのに対して、沖縄ではかなり後れを取っていたと言うべきだろう。復帰までの児童福祉関係の状況を象徴するものとして、児童福祉施設の数を上げることができるだろう。児童養護施設に関しては、復帰前、沖縄には長い間2施設しか存在しなかった（1972年3月の復帰直前に1ヵ所設置された。現在は8ヵ所）。全国的に言えば、1975年ぐらいまでに現在数とほぼ匹敵する500ヵ所以上の数が整備されていた。さらに言えば、重症心身障害児施設が初めて設置されたのも、復帰直前の1972年3月であった（保育所も厳しい状況にあった。おきなわ・保育の歴史研究会（2013）参照）。

◆復帰後の児童相談所

　復帰時（1972年）の児童相談所（2ヵ所）の児童福祉司の状況を表す描写として「復帰時点の各施設はほぼどの施設でも満床状況であり、担当ケース数は、1人平均中央児相90.7ケース、コザ児相が200ケースであった。そのためどの児童福祉司にあっても『行き詰まりの児童福祉行政』の感があった」とある（沖縄県生活福祉部編 1998:63）。

　また、復帰したから、すべての問題が解決したということではなかった。1つには、現在でも続いていることであるが、小さな島にもかかわらず、大量の米軍基地が住宅地や商業地を占拠し続け、経済的な発展の阻害要因となっている。また、復帰前後にドルショック（1971年）やオイルショック（1973年）があり、さらにはドル円通貨の切り替えによるインフレなども襲い経済的には深刻な状況が続いた（経済的な一定の安定は、観光がブームとなった1990年代の後半を待たなければならなかった）。

　こうした状況を反映し示すものとして、養護相談などの統計があるだろう。内地では、養護相談は相談数で見る限り、高度成長期以降、1970年代から90年代にかけ、徐々に落ちつく傾向を見せていた。ところが沖縄では復帰後に相談数が急増している。1973年から77年の5年平均で年間215件だったものが、1978年からの5年平均で年間444件となっていた。また、（児童）養護施設の入所児童数の推移も沖縄県の復帰後の厳しい状況を表象している。全国的には、1980年代から1990年代にかけては、入所児童数は減少し、定員割れ問題（開差是正問題）が、大都市圏を除く（児童）養護施設の関係者の間では問題とされていた。ところが、沖縄では復帰後、入所児童数が急増さらに高止まりし、（児童）養護施設定数の合計に近い数に及び、1980年代から90年代にかけ（児童）養護施設はほぼ満床の状態で推移していた。なお、2000年代からは、虐待相談の増加もあり、全国でも沖縄でも満床に近い状態が続いている。

◆児童相談所と米軍関係

　ここまで、沖縄における児童福祉の歴史を述べてきたが、以下は現在の沖縄における児童相談所の特徴的と言える現状や課題を伝え、そして今後の展望について述べたいと思う。

　まず児童相談所の対応において特徴的と言えるのが「米軍ケース対応」であろう。先述したように沖縄には、いまだに全国の7割以上を占める米軍基地が残り、そこには多くの米軍関係者が生活している。米軍関係者は基地の外（一般県民が生活する中）でも暮らしており、沖縄の女性と交際する米軍関係者も多く、子どもたちは地域の学校に通う場合もある。基地外に住んでいる家庭で養育困難による相談、また不適切な養育等があれば通告や相談が学校や地域からあり、市町村や児童相談所等が対応することとなる。

　しかしそこにはさまざまな壁が生じる。1つ目は、米軍関係者の家庭が我々と同じ地域で生活している実態があるにもかかわらず、住民票（住基）が存在しないケースがあるということ。2つ目は、養育支援や助言指導を実施する際、言語や文化等の違いにより、双方で意思疎通が困難になること。3つ目が米軍関係者によるDVや離婚、子どもの親権、面会、引き渡し等に対し、一歩基地の中に入ってしまうと、日本とは異なる法律が適用され対応が大きく違う（対応が一切できなくなることもある）ということである。これらの課題等に直面しても、児童相談所は子どもの安心・安全を第一に守る必要がある。それらの問題に対して迅速に進めていくために、基地内にあるファミリーアドボカシープログラム（基地内の児童相談所や子育て相談部門にあたるもの）や憲兵隊と連携を図っていくことが求められている。こうした知識が不足していると、県内で同じように暮らしている（米軍関係者の）子どもの命を適切に守るということが阻害されてしまう可能性がある。

◆負ってきた歴史と現在

　また、本稿の前半で述べてきたような歴史的背景により、児童福祉の発展の遅れ、それに伴い日常生活や文化等への影響が生じていると言えるだろう。貧困問題、低学力、若年妊娠・出産、離婚率の高さ、シングル家庭等、沖縄県はどの指標を見ても全国と比べ多くの課題を抱えている。

　そうした数々の困難に直面している家庭（大人も子どもも）を援助し面接や家庭訪問の場面で感じるのは、「あきらめ」という感情や無力感の強さである。「相談しても良くならない」「どうせ自分が悪い」「本当に辛くなったら自分から言うよ」「なんとかなる（する）よ」等の言葉が多く聞かれ、すでに困難な現状にあ

るものでも、当事者は自ら助けを求めることが少ない。

　この感情はとても根強く、今にはじまったものでなく、世代間でも同様な感情が保持・継続されていることが多い。そのため問題に直面しても周囲の支援者や行政へ助けを求めず、時には暴力（暴言）等で簡単に解決しようとする（適切な対応がわからない）家庭も多い。しかし、根本的な解決に至らないため、何度も問題となり得る場面が繰り返されている。それが継続されると自己肯定感やレジリエンスの低下に影響し、結果的に社会との距離が生まれ孤立等へとつながっていく。これらの問題が世代間で無意識的に引き継がれている現状があり、困難な場面でも当事者にとって、その状況が「当たり前」となり、問題が問題視されていないことが多々ある。そのような状況の中で児童相談所の職員は、当事者に対し丁寧に寄り添い、対話の中で自身が負っている困難状況が当たり前でないこと、より良い改善方法が必ずあることに気づけるように、自身が育ってきた歴史的背景を振り返りながら、気づき、実践（行動）できるような支援を粘り強く行うスキルが、沖縄では特に求められているのであろう。

◆離島県「沖縄」とこれからの児童福祉

　沖縄県の児童相談において、もう1つの特徴的な課題としては、社会資源の限界があるということではないだろうか。全国唯一、隣県と接しない「離島県」である沖縄県では、本島と離れた離島で生活する子どもたちの安心・安全を守るため、児童相談所では一時保護等を実施する際に飛行機等を活用することもあり、子どもによっては、海を渡る初めての経験が一時保護ということもある。隣県と接している沖縄県外では、多種多様な児童相談を受け、状況によっては隣県にある社会資源を活用されることも想定されるが、沖縄ではそれが非常に困難な状況である。先述した通り、両児相に設置されている一時保護所をはじめ、県内（離島含め）にある児童養護施設等も恒常的に満床状況であり、子どもを適切に守る社会資源が不十分と言えるのではないだろうか。本当に支援を必要としている子どもたち（養護のみでなく）を1人でも多く守り育んでいくために、今後、沖縄県内の歴史や現状、ニーズに合った社会資源を構築していくことが必要である。

　最後に今後の課題として、沖縄における福祉人材についても少し触れておきたい。まず、沖縄県庁内（児童相談所等出先機関を含む）における課題である。沖縄

県では1991年より「福祉職」として専門職採用が毎年数人程度あり、現在では174名の福祉職（2021年4月1日現在）がいる。だが、福祉職が配属される県行政機関は多岐にわたり、数年間ごとに異動をしてさまざまな部署での職務を経験する必要がある。このため、福祉職における対人援助業務上の経験年数は決して十分とは言えない状況である。また、他県に比べて量的にも少ない現状がある。県庁内部で人材育成をどのように実施していくのかが喫緊の課題である。

　また、人材難（確保や育成）は市町村等関係機関も含め県全体の問題であることから、児童相談所自らが率先して関係機関等と顔の見える気軽で良好な関係を築きながら、目まぐるしく変わる法律や制度、子ども理解、保護者対応等を学び、子どもを守るために県や市町村の垣根を超え、さまざまな現場で活かせるような取り組みを実践しながら確立していく必要があると感じる。

　現在、本稿の筆者（森田）は任意団体で活動を実践中である。活動内容としては、さまざまなテーマを用いた勉強会、教職員と児童福祉分野職員が1台のバスでめぐる「児童福祉施設バスツアー」、地域も巻き込んだ「地域円卓会議」などである（現在も活動中）。このような活動を継続し続けることで、沖縄の歴史的背景を十分理解し、子どもたちの明るい未来と社会のために、今後は「予防的視点」を大切にしていきたい。そして私たち大人が子どもたち一人ひとりの人権を尊重しながらより良い環境を整え、実現させていく必要がある。児童相談所が予防的視点に立ち、新たな支援・援助方法の仕組みを確立することで、子どもや家族、他の機関の支援者に対しても適切な援助が提供されていくことにつながっていくだろう。

　今後も沖縄に合ったさまざまな形を模索・実践し続け、地域にある教育・民間団体等とも協働しながら、バトンタッチ型支援ではなく、のりしろ型支援（寄せ鍋型支援）で子どもたちや家族の1人でも多くの笑顔を育んでいきたい。そして児童相談所や市町村も含めたさまざまな支援者一人ひとりも笑顔になれるような取り組みをこれからも挑み続けていきたい。すべては子どもや家族・支援者の明るい未来のために。

（山野良一・森田修平）

第7章　引用・参考文献

浅井春夫（2016）『沖縄戦と孤児院──戦場の子どもたち』吉川弘文館

団士郎（1983）「障害幼児母子通所指導──母親とのノートから」京都府舞鶴児童相談所1982年レポート

ポール・ファーマー著、岩田健太郎訳（2014）『復興するハイチ』みすず書房

藤井常文・倉重裕子（2010）『キャロル活動報告書と児童相談所改革』明石書店

藤井常文編集・解説（2018）『戦前日本の社会事業・社会福祉資料 第3期第1巻 児童保護事業』柏書房

藤井常文編集・解説（2018）『戦前日本の社会事業・社会福祉資料 第3期第5巻 児童相談』柏書房

春田吉備彦（2020）「米軍統治下の沖縄における医療保障制度の展開と離島へき地医療の実情」『沖縄大学経法商学部紀要』1号、1〜13頁

濵田英毅（2019）「歴史を学ぶ本当の意義」（玉川大学の通信教育）https://www.tamagawa.jp/correspondence/about/column/detail_16638.html

迫間勝樹・川端昌代・浜中一徳（1988）「夏を駆け抜けた8人──琵琶湖一周サイクリング、グループ通所指導より」宇治児相レポート '88

「東日本大震災に伴い震災孤児を受け入れた親族里親等に係る特例承認について」（平成23年8月19日付厚生労働省雇用均等・児童家庭局家庭福祉課事務連絡）

兵庫県立児童相談所（中央・西宮・姫路・豊岡）（1996）「大震災と児童相談所──児童相談所1年間の活動記録」

兵庫県立児童相談所（中央・西宮・姫路・豊岡）（1997）「児童相談所災害対応マニュアル──阪神・淡路大震災の体験から」

一井澄男・川﨑二三彦・団士郎「中間遺尿のある子たちの夏期集団指導」京都府舞鶴児童相談所1978年度レポート

池田由子（1979）『児童虐待の病理と臨床』金剛出版

石井俊瑞（1951）『児童福祉法と児童相談所』東京都民生局児童課

児童虐待防止制度研究会編集（1993）『子どもの虐待防止──最前線からの報告』朱鷺書房

「児童相談所のあり方に関する研究──児童相談所に関する歴史年表」子どもの虹情報研修センター、2013年

鎌田得宏（1983）「障害幼児母子通所指導について」京都府舞鶴児童相談所1982年レポート

鎌田得宏（1982）「肥満児を対象とした夏季集団指導のとりくみ」京都府舞鶴児童相談所1981年レポート

川﨑二三彦（1981）「遺尿児から肥満児へ──夏期集団指導を通じてみた児相の治療的アプローチについて」第6回児相研セミナー報告書

川﨑二三彦（1988）「そのとき、スタッフは」京都児相レポート '89

川﨑二三彦（2000）『子どものためのソーシャルワーク② 非行』明石書店

小牧邦和・鎌田得宏（1984）「座談会・お母さんたちと語る──障害幼児母子通所に想う」京都

府舞鶴児童相談所1983年レポート

厚生省児童局編（1950）『児童のケースワーク事例集』日本児童福祉協会

LeverageShare編集部「『人・組織』管理の在り方」STEP7 〜 8（入門編）──「デジタルシフト」と「新しい働き方」の情報発信源 https://leverage-share.com/study/post-1333/

前田正治他編（2021）『こころの科学 Special Issue 東日本大震災と心のケア』日本評論社

米澤克徳（2015）「現場実践レポート 東日本大震災津波と私の1461日の軌跡」『子どもと福祉8』明石書店、101 〜 104頁

松浦直己編（2018）『被災地の子どものこころケア──東日本大震災のケースからみる支援の実際』中央法規出版

道又利（2012）「津波の町の精神医療──東日本大震災後の岩手県気仙地域における精神医療の状況」『デイケア実践研究』16（1）、99 〜 115頁

野本三吉（1986）『子どものいる風景──孤立から自立への闘い』国土社

沖縄県生活福祉部編（1998）「戦後沖縄児童福祉史──児童福祉法制定50周年記念」

おきなわ・保育の歴史研究会（2013）『復帰40周年記念 沖縄保育のあゆみ』

大阪市中央児童相談所「大阪市中央児童相談所紀要──特集 児童虐待の処遇について」1989年

大阪児童虐待調査研究会「被虐待児のケアに関する調査報告書」1989年

大阪府児童虐待対策検討会議「被虐待児童の早期発見と援助のためのマニュアル」1990年

ビヴァリー・ラファエル著、石丸正訳（1989）『災害の襲うとき──カタストロフィの精神医学』みすず書房

「『災害時における児童相談所活動ガイドライン』について」（平成25年4月18日付雇児総発0418第1号厚生労働省雇用均等・児童家庭局総務課長通知）

「里親制度の運営について」（平成14年9月5日付雇児発第0905002号厚生労働省雇用均等・児童家庭局等通知）

鈴木政夫（1980）「児相における通所指導と地域における親の会の比較検討」第5回児相研セミナー報告書

高橋正ünü・鉄川重利（1979）「障害幼児母子通所指導」京都府舞鶴児童相談所1978年度レポート

東京都児童相談所創設40年記念企画座談会「東京都児童相談所の草創期をふりかえって」（未定稿）1989年3月

津崎哲郎・橋本和明編著（2008）『最前線レポート 児童虐待はいま──連携システムの構築に向けて』ミネルヴァ書房

上間陽子・川武啓介・北上田源・島村聡・二宮千賀子・山野良一・横江崇編（2022）『復帰50年 沖縄子ども白書2022』かもがわ出版

山田恵子（2021）「児童福祉の開拓者としての鈴木道太──『キャロル女史の講義』ノートと児童相談所におけるケースワークの草分け」増山均『鈴木道太研究──教育・福祉・文化を架橋した先駆者』明誠書林

吉川麻衣子（2017）『沖縄戦を生きぬいた人びと──揺れる想いを語り合えるまでの70年』創元社

＊

第8章

これからの
児童相談所を
展望する

≫≫≫第8章のアウトライン --

　児童相談所職員は、子ども虐待の疑いの通告に日々対応し、子どものために懸命に働いている。しかし全国の児童虐待相談対応件数は、統計を取り始めてから、一度も減少することなく増え続けている。そのため毎日激務である。2016年の児童福祉法改正により児童福祉司の数が法定化され、児童福祉司の数は増えてきたが、新人や経験年数の少ない職員の割合が増え、人材育成が急務である。そのような中、ベテランの児童福祉司でなくとも適切な判断が行えるようにAIを用いた児童虐待情報の蓄積とその解析による判断について、さまざまな調査研究や実践が始められている。

　さらに、増え続ける児童虐待を減少に転じさせるには、虐待の予防が必須であり、どうすれば虐待の未然予防ができるのか、必要な親子への早期の支援は何かなども模索されている。

　国は2022年3月、児童福祉法改正案を提出し、閣議決定され、第208回通常国会で審議され、6月8日参議院で全会一致で可決・成立した。その主な内容は、①虐待の未然防止等のため、子育て世帯に対する包括的な支援のための体制強化、②子どもの権利擁護のため、児童相談所における児童への意見聴取等の仕組みの整備、③一時保護開始時の判断に関する司法審査の導入、④子ども家庭福祉の実務者の専門性の向上、などである。

　このような子どもを取り巻く状況の中、本章では長年、子どもや児童虐待と関わってきた著者たちが、これからの児童相談所について今日の課題とこれからの方向性を示してくれた。

　人材育成のあり方、早期支援による虐待予防、デジタルテクノロジーの活用、地域のサポートシステム、通告の一元化、一時保護の司法関与、フォスタリング機関との連携、児童相談所による子ども子育て支援等、現在、日本の児童相談所が抱えている課題とその展望を読んでいっしょに考え、これからの児童相談所を共に作っていっていただきたい。

子ども・子育て支援と児童相談所

◆**子ども・子育て支援が求められる理由**

　子ども・子育て支援というと、一般には、子ども・子育て支援法に基づく施策をイメージすることが多い。その中には、社会的養護に関連する事業もあるが、児童相談所が直接関わる事業はない。しかしながら、児童相談所が関わる子どもも、社会の中で育つ存在である。ここでは、子ども・子育て支援を、このような広義の概念として使用する。

　子ども・子育て支援が求められている理由は、大きく5つある。

　第1は、親（保護者）から、支援の必要性や苦衷の声が聞こえてきたことである。その背景には、①子育てを身近に見たり、経験したりする機会が減少し、子どもが育つということの実感がなくなってきていること、②細かな子育て情報が届けられることにより、主体的な判断ができにくくなっていること、③多様な生き方をすることが尊重される社会となり、子育て以外の生活が重視されるようになっていること、などが考えられる。

　第2は、家庭を支えていた地域の子育て力が低下してきたことである。地域は家族自体を育みつつ、子どもの社会化に関わってきた。一方、「地域社会の崩壊」あるいは「地域社会の再生」という言葉があるように、機能的意味での地域・コミュニティの危うさが指摘されている。地域社会の機能の1つであった子育てを含む支え合いも当然弱まっている。子ども・子育て支援には、その代替的機能も求められている。

　第3は、就学前、とりわけ3歳未満児における在宅子育て層（平日の日中、保育所、認定こども園、幼稚園などに属していない子どもがいる家庭）の多さである。従前に比べやや減少したとはいえ、3歳未満児についていうと、6割程度はこれに該当する。この層では、日中世話できる人が家庭におり、家庭で養育できる（あるいは家庭ですべきである）という認識のもと、固有の公的支援がほとんどなかった。

　第4は、虐待や発達障害など、専門的かつ集中的な支援が必要な子どもや家庭が顕在化してきたことである。特定妊婦や親自身の発達障害や精神疾患など、社会的にも、本人自身の視点からも、支援が必要な場合もある。医療などとは異なり、社会的養護に関しては、安価で利用できる民間専門支援機関がほとんどなく、公的機関に依存する場合が多い。その結果、市町村や都道府県（児童相談所）への期待が高まることになる。

　第5は、深刻な少子化で、社会の維持が困難になっていることである。コロナ問題があったとはいえ、2021年の出生数は81万人台となった。数年後には、確実に70万人台となる。子ども・子育て支援策には、直接的ではないが、出生数への貢献が期待されるということである。

◆子ども・子育て支援の意義

　少子化対策としての子ども・子育て支援事業ではなく、親子の育ちを支えるという意味での子ども・子育て支援の意義は、大きく3点ある。

　第1は、現に家族が抱えている問題に現実的に対処することで、問題の軽減や緩和を図ることができることである。社会福祉の援助原理の1つは、「今、目の前にある問題」に現実的に対処することである。社会的養護問題では、市町村が中心になって展開している在宅福祉サービス、一時的に親子を分離し、親の心身の不調への対応や、子どもの安全を確保する子育て短期支援事業や一時保護、児童相談所による分離ケア（家庭養護、家庭的な施設養護）はこれに対応するものである。

　第2は、親子がひとり立ちしていく過程で出会う、さまざまな問題への対処能力を身につけていくことができるということである。子育て家庭への援助は永遠に継続できるわけではない。あくまでも、親子がひとり立ちしていくための力を身につけていく過程に関わるということである。社会的養護では、親子を対象にした在宅福祉サービスだけでなく、分離ケア後の回復的支援や自立支援などが、このような意義を果たしている。

　第3は、家族と地域や社会資源を結びつけることによって、地域の一員としての家族を再認識させ、地域作りそのものに貢献できるということである。ソーシャルワークの援助技術の1つであるコミュニティワークの視点がここでは必要と

なる。これについては、市町村の果たす役割が大きく、児童相談所が実際に果たしている役割は小さい。これは、支援の特性からくるもので、実際の生活が市町村で行われていることによる。

◆子ども・子育て支援のターゲット

　子ども・子育て支援のターゲットは、図1に示す大きく以下の4つと考えている。

　第1は、子ども自身の成長・発達の支援、すなわち子育ちの支援である。子ども自身は本来自ら育つ存在であるし、年齢とともに主体的な意思を有する存在である。とりわけ、児童相談所では、「育ち直し」への支援など、一人ひとりの育ちに寄り添うだけでなく、回復的な支援も求められる。

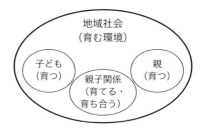

図1　子ども・子育て支援のターゲット

　第2は、親になるため、あるいは一人の社会人としての生活の支援、すなわち親育ちの支援である。ここでは、親の就労など「保育が必要である」と制度的に認定されているもののみならず、一時保育、育児リフレッシュなど、心身ともに親の生活を豊かにするサービス、あるいは経験を共有し合う仲間づくりが課題となる。また、虐待の発生予防、早期発見、深刻化の予防など、社会的養護問題との関連も意識する必要がある。

　第3は、親子の（再）関係づくりの支援である。親子の信頼および愛着関係の基礎形成が不安定な中で、親としての成熟度はますます低下し、「親になりきれていない親」が、多く見受けられる。虐待や放任が特別なことでなく、身近なところにまで忍び寄っている。

　児童相談所が関与する親の場合、心理・社会的事情や、自らの育ちの背景などから、親としての機能を十分に果たすことができていないものが少なくない。児童福祉法には、社会的養護に関わる里親や施設の長に「親子の再統合[*1]」（第48条の3）の取り組みを義務づけている。第3のターゲットは、児童相談所の子ど

も・子育て支援の取り組みの中でも最も重要な部分となる。

　第4は、これらの3つが存在する家庭および地域社会、すなわち育む環境の育成である。子どもの育ちにおいては、家庭（第一次社会化の場）、地域社会（第二次社会化の場）、専門資源（第三次社会化の場）が重要であるといわれる。育む環境の育成とは、そのような社会化の場を形成・育成し、適切な関係を構築することを意味する。このターゲットにおいて児童相談所が直接果たす役割は大きくなく、市町村が中心となる。

◆子ども・子育て支援の諸相

　子ども・子育て支援の実際は、さまざまな形で説明可能であるが、ここでは、対象者軸と、志向軸という2つの座標軸を用いて検討する。対象者軸とは、支援の主たる対象が、子ども中心か、親中心かというもので、双方をターゲットにする場合、中間部に位置づける。志向軸とは、個別あるいは小集団（当事者グループなど）を対象にして集中的なケアを提供する、あるいは、比較的共通性の高い問題に対して、社会的あるいは集団的な取り組みを行う軸である。この2つの座標で軸形成される座標面が図2である。

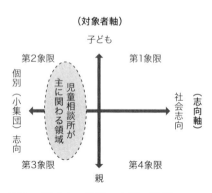

図2　子ども・子育て支援の諸相

　第1象限は子どもを対象にした社会志向性の強いもので、代表的な活動としては、放課後児童クラブ、子ども会、児童館などをあげることができる。

　第2象限は、特定の課題や背景を抱えた子どもに専門的、集約的支援を行うものである。虐待を受けた子どもを対象にした、回復的あるいは治療的支援などは典型的な取り組みで

＊1　「親子の再統合」は、実親との関係の修復による同居を最重要課題とするという意味ではない。実親との適度な関係を保ちながら生活することなども含み、むしろ「親子関係の再構築」と表現するほうが適切と考えている。状況によっては、養子縁組によって、新たな親子関係を作ることも含むと考えてよい。

ある。第2象限からスタートし、社会性志向を高め、現在では、Y軸を挟むあたりに位置づけられるものとして、社会的養護経験者による当事者活動などが重要となっている。非行少年への個別的対応あるいは発達障害児への支援なども、この象限に位置づけることができる。

第3象限は、親に対して、第2象限と同様の取り組みを行うものである。虐待をする親に対する支援は、個別支援が多いが、近年では小グループでの支援の試みも増えている。また、近年、親の自覚や変化を促すプログラムが多様に開発されており、親自身が変化の必要性を自覚するようになると、民間資源を活用することもできる状況となりつつある。

子ども家庭福祉関係者の一般的傾向として、地域子育て支援では、親あるいは親子双方に寄り添うことが多いが、とりわけ虐待事例などでは、支援者の思いは別として、子どもに寄り添うことが多く、親に対しては「問題がある人」「改善の必要な人」として、寄り添うというより、向き合う形が多い。そのことに対して不満を持つ親もいる。ここでは、親への寄り添い者としての支援が求められる。

近年では、第2象限または第3象限からスタートし、X軸を意識した取り組みの必要性が強く意識され、実践も始まっている。家族を1つのシステムとしてとらえ、関わるということである。ただし、この場合でも、全体への支援と個別の支援の双方を常に意識しておく必要がある。

第4象限は、親に対して第1象限と同様の取り組みを行うものである。具体的には、子育てサークル、地域子育て支援拠点事業、両親学級などが該当する。

◆児童相談所の特性を活かした子ども・子育て支援

前節で検討した内容からも推察できると思うが、児童相談所が主として行う子ども・子育て支援は、第2象限および第3象限に位置づけられるものが多い。これは、児童相談所の対象が、主として、少なくとも社会あるいは本人自身（子ども、親、家庭）が、何らかの問題があることを認識しているものであることによる。また、児童相談所には、それに合わせてより高い専門性と権限が付与されている。

主として第1象限および第4象限に軸を置いた取り組みは、市町村を通じて民間で展開されることが多く、市町村が直接実施するものは、全象限にまたがって

いる。このことは、子ども・子育て支援では市町村が重要であることを意味する。

　児童相談所と市町村は、独立した対等な機関ではあるが、当然のことながら、両者の連携は重要である。この場合の連携は、合同の取り組みを実施するという意味以上に、児童相談所による市町村の後方支援、双方向の事例の引き継ぎなどの意味合いが強い。

　加えて、近年では、社会的養護問題の周辺でも、子ども、親、家庭を対象とした民間の取り組みが増えている。専門性のレベルや活動内容を慎重に判断しつつも、公的機関は、これらの取り組みと連携することも重要である。

　児童相談所の子ども・子育て支援は、このような特性あるいは志向性をいかして進める必要がある。親子関係の基盤においては、その関係が、安全、安心、安定したものである必要がある。虐待を受けて育った子どもたちは、この3つの「安」が薄かったり、消えてしまったりした状況にある（図3）。

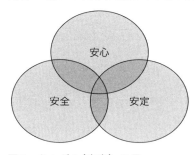

図3　あんざん（安産）の里

　児童相談所を核とした社会的養護に関する子ども・子育て支援は、長期的視点での「あんざん（安産）の里」づくりである。虐待支援は「あんざんでない里」からの回復、あるいは新たな「あんざんの里」の提供ということができる。

（山縣文治）

子どもの保護から予防的支援へ

◆児童相談所と市区町村との2層構造が生んだもの

　2000年の児童虐待防止法制定以降の大きな変化の1つは、都道府県・政令市の児童相談所（以下、児相）が担っていた要保護児童への対応に市区町村が加わるようになったことである（2004年の児童福祉法改正）。これによって、一般の子育て支援も含めて、比較的軽度なケースは主に市区町村が担い、重篤化したケースについては保護の権限を持つ児相が主に支援を担うシステムとなった。身近な地域での要保護児童への対応機関が増えたことは利点となったが、2層化した対応の構造は、それまではあらゆる子どもの相談に応じていた児相が、重症化する一定のレベルに達するまで関与しないというスタンスを生んだ。加えて、急増し続ける通告数に人的体制が追い付かない状況が生じ、ケースの重症度によって優先順位をつけて対応せざるを得なくなった。これは従来対応していたケースであっても、対応できないケースが生まれていくことを意味する。多忙化し児童福祉司の手が回らなくなるに伴って、児相が対応する境界ラインを上昇させていくのである。

　一方で市区町村、学校あるいは保育園、医療機関等は、広く支援を行っている軽度なケースから重篤な子どもを拾い上げ、児相送致の必要性を判断していく。児相は緊急度の高いケースから対応するのに対して、市区町村はボトムアップで重症度を評価していくという判断過程の差は、児相と市区町村のどちらが主にケースを担うかの境界ラインの相互認識に隔たりを生んでいく。特に虐待相談件数の多い都市部では、この傾向が顕著となっている。境界ラインの隔たりは、互いの連携や協働を妨げる要因ともなっている。

◆児相の保護機能の強化と支援の遅れ

　2000年以降のもう1つの大きな変化は、児相の保護機能の強化である。適切な保護のためには、危害の危険性や深刻度の判断、つまりリスク評価が重要とな

り、児相のリスクアセスメント重視の傾向を強めさせた。特に頭部への外傷等の身体的虐待は生命に関わる喫緊の問題として重視することとなる。一方、ネグレクトや心理的虐待は、命に関わる緊急のリスクは少ないとみなされ、後回しにされやすい。ネグレクトや心理的虐待の長期的な予後を踏まえれば、改善に向けた支援を開始すべきだが、増加する通告件数の初期対応に追われ、緊急ケースを優先する児相では、かつてしていたような支援を行う余裕をなくさせている。その結果、ネグレクト等の影響により心身の発達に問題が生じている子どもでも、命の危険の緊急性が低ければ、児相ではなく、もっぱら市区町村が抱えることとなっていく。

　ただ、こうしたケースを市区町村が担うとしても、専門職の配置等が進んでいない市区町村の支援体制では、かつての児相が行っていたような支援と同等の支援を提供することは困難である。このためネグレクトや心理的虐待の渦中にある子どもと家族への支援が遅れ、時の経過とともに事態は悪化し、そこに至ってようやく児相が関わり始めるケースも生まれてくる。

　ところが、虐待が重症化してからの保護的対応は、その後の支援をさらに困難にさせる。それは子どもの抱えた心的課題の重さ、子どもや保護者の介入的支援に対する抵抗、そこから生じる保護者との対立関係などによる。児相は立入調査権や職権保護などの強い権限が法的に認められている。しかしこの権限を行使することで対立関係が強まり、支援関係の成立はより難しくなって、十分な支援を提供できない悪循環に陥ることとなる。こうした悪循環は主に都市部から始まり、全国に拡大しているのではないだろうか。

◆世界の動向と日本

　世界の虐待防止の取り組みの歴史を俯瞰すると、多くの先進国において以下のような経過をたどるといわれている（小林 2015、鷲山 2020）。

Ⅰ　虐待の存在を無視し続ける時代が長く続く
Ⅱ　身体的虐待の存在に気づく
Ⅲ　子どもを親から保護しようと法や制度を整備する
Ⅳ　親も被虐待児であったとわかり、治療対象として見直される

Ⅴ　性的虐待の存在に気づく

Ⅵ　分離介入の法整備だけでは何も解決せず、治療も難しいとわかり、予防こそ
　　重要と気づく

　80年代までの世界における児童虐待への対応は、児童を危害から保護するこ
とに焦点をあてた「児童保護」志向と予防に焦点をあてた「家族・児童福祉サー
ビス」志向に大きく分かれていた。アメリカは前者を重視し、後者は北欧やドイ
ツ、フランス等の取り組みが該当する（田澤2017）。またイギリスは両者の間を
揺れ動きながら今日に至っている。しかし90年代に入って、「児童保護」志向で
あったアメリカでも、危害が大きくなった段階で介入し保護する対応では、その
後の適切な支援につながりにくく、経過も良好でないことに気づいていった。ま
た重症化する前の段階で、家庭訪問等を行うなど予防的な支援が効果的との認識
が支援評価のエビデンスを踏まえて高まっていった。こうした背景から1990年
以降はアメリカもイギリスも早期の予防的支援の強化に舵を切り始めている。
（Krugman 1997、鷲山2020、増沢他2021）。

　日本においても、児相の保護機能の強化に力が注がれてきた一方で、心中を除
く虐待による死亡は0歳児死亡が最も多く、リスクを抱えた妊婦であること（社
会保障審議会児童部会児童虐待等要保護事例の検証に関する専門委員会「子ども虐待に
よる死亡事例等の検証結果等について」）等を受け、周産期への支援も重視するよ
うになっている。2017年の母子保健法の改正では、市区町村に「母子健康（子
育て世代）包括支援センター」の設置を努力義務とし、市区町村の子ども家庭総
合支援拠点事業とを統合させて、妊娠期から子育て期に切れ目なく支援する施策
を打ち出している。

◆福祉と保健との協働による早期の予防的支援の推進と児相の役割

　要保護・要支援ケースとなる家族は、子育ての不十分さへの罪悪感、問題を指
摘されることの恐怖や不安、あるいは支援機関への不信感などから、支援を受け
ることに消極的または拒否的な場合が少なくない。妊娠期での支援は、母体への
ケアを通して関係が構築しやすく、その関係が継続されれば、出産後の子育て支
援への保護者の抵抗を緩和させよう。また妊娠期に十分な支援を受けることは、

子どもに対する肯定的な感情や子どもとの情緒的な結びつきを強めることに貢献する。周産期は、虐待の早期予防と世代間連鎖を食い止める非常に重要な時期と認識すべきである。

　さらに周産期の支援に止まらず、児童虐待防止法が定義する虐待状況が認められないとしても、小児期の逆境体験の長期予後に関するエビデンスを踏まえ、家庭内に親の精神疾患やアルコール・薬物問題、DV問題、親との分離体験などが認められる場合は、当該の子どもと家族とつながり、早い段階から必要な配慮と支援を届けるべきである。逆境状況は日々の生活に少なからず支障をきたし、子どもも家族も困り、悩んでいる問題である。問題が悪化し、虐待発生後の介入は対立的関係を生みやすいが、早期であれば家族も支援を受け入れ、その効果を実感しやすい。諸外国が舵を切ってきているように、保護機能の強化を重視する以上に、リスクが認められた初期段階で早期支援を開始するといった予防的支援の充実に力を注ぐべきだろう。

　早期支援には、市区町村での福祉部門と保健部門の協働が不可欠である。この意味で、「市区町村子ども家庭総合支援拠点」や「子育て世代包括支援センター」といった多機関協働による支援体制構想は重要と考える。早期支援にとって特に重要な機関は、周産期支援の核となる保健センターであり、続いて子どもにとって家庭の次に長時間を過ごす保育園、学校、学童保育などである。こうした機関が早期に問題に気づき、子どもと家族とつながり、必要な配慮と各機関ができる範囲の支援を開始、継続することである。保健センターは周産期の母子への支援等を、保育園や学校等では、子どもへの生活と学習上の必要な配慮を、市区町村担当部署は親子の支援に必要な機関の協働を促し、家族のニーズにかなった支援を届けることである。地域の多機関協働による支援を早期に開始し、重症化への道を防ぐことを虐待防止の本道にすべきである。

　児相は、この展開にどのように貢献すべきか。これについて次の点が重要と考える。まず虐待通告の啓発だけでなく、早期支援の重要性を虐待対応の専門機関として啓発することである。現状では保育園や学校など多くの機関の役割認識は、虐待の早期発見と通告に止まっている。自分たちのできる配慮や支援が、重症化の予防につながることを、専門的知見をもって伝えなくてはならない。そのうえで、当該の子どもと家族に関わる機関に出向き、子どもと家族への正しい理解を

促し、各関係機関ができる配慮と支援を促すことである。ケース会議への参加などを通してのコンサルテーションが極めて重要となる。これからの児相は、ニーズのある子どもと家族に直接支援することだけを主眼にするのではなく、こうしたアウトリーチによる機関支援がより求められよう。この展開においては、児童福祉司だけでなく、子どもの心的アセスメントを専門とする児童心理司には、これまで以上に期待したいところである。2015年に制定された公認心理師法において、公認心理師の業務として、支援を要する者のアセスメントおよび心理的支援や助言に加え、支援を要する者の関係者からの相談に応じ、コンサルテーションを行うことが明記された。児童虐待問題等の福祉分野における心理職の役割としては、特にこの点が今後ますます重要となろう。 　　　　　　　　　（増沢 高）

当事者を中心にした地域のサポートシステム
――ラップアラウンド導入の取り組み

◆**子どもの未来を見据えた支援の必要性**

　児童相談所運営指針には、その第1条に、児童相談所（以下、児相）の目的は「すべての子どもが心身ともに健やかに育ち、その持てる力を最大限に発揮することができるよう子ども及びその家庭等を援助すること」と書かれている。現在の児相は目の前の子どもの安全に集中せざるを得ない状況であるが、子どもの人生は先に続く。そのため、子どもの未来を踏まえた支援を展開する必要が求められている。

　子どもの養育に困難を抱える家族がいる。家族が子どもたちを育てることを支援し続けるのか、その家族から分離して里親や施設などの社会的養護のもとに子どもを措置するのか。もし措置するとすれば、それはどのくらいの期間を考えるのか。その判断は子どもの未来に大きな影響を及ぼす。例えば、家族の養育状況を見守るだけでは、子どもに適切な養育が提供されない可能性が高い。また家族のもとから子どもが長期間、離れて暮らすことで、子どもと家族との関係が疎遠になったり、地域との関係が断たれ、社会的養護を離れた後に子どもは居場所を失い、人生に困難を抱えることになるかもしれない。家族とのつながり、暮らしてきた地域やそこで付き合っている人々との関わりは子どもの基盤を作る。しかし、子どもを家族のもとに返すことは、再虐待を発生させるかもしれない。児相の仕事はジレンマの連続である。このような子どもの人生に関わる決定をよりよいものとするために何が大切なのだろうか。

◆**当事者が支援の道の真ん中にいるために**

　よりよい支援方針決定のために、児相や市町村・関係機関だけでは限界がある。児相が関与するのは当事者家族の生活の一部であり、期間も限定的である。家族自身で子どもの安全のイメージを持ち、それを実行するという意思がなければ、子どもに安全な暮らしと安心を与えることはできない。

　しかし、障害福祉分野に比べると子ども家庭福祉、特に虐待に関わる対応では、専門職主導のパターナリズムが強まる傾向がある。パターナリズムとは支援対象者のことを思って専門家が先導することであり、それが必要なこともある。しかし、それが強まりすぎると当事者は拒否的になったり、表面上だけの同意をしたり、自分で決める力を失ってしまうこともある。児童相談所運営指針や一時保護ガイドラインには、一時保護の決定や里親委託、施設入所措置の決定等に際して、子どもや保護者等に十分説明し、意見を聴き、意向を尊重すべきと定められている。また、里親の養育指針や各種施設の運営指針にも、子どもが自分の気持ちや意見を表明することを保障することが定められている。加えて、施設等の自立支援計画の見直しの際には、「子どもと共に生活を振り返り、子どもの意向を確認し、併せて保護者の意向を踏まえて、それらを反映させつつ、子どもの最善の利益を考慮して行う」とされている。当事者の意向を聞くところから、専門職と当事者のパートナシップを結んで支援を展開することが求められている。

　当事者を支援方針決定に組み入れるために、いくつかの児相では、サインズ・オブ・セイフティや安全パートナリングなどのアプローチを用いたり、家族応援会議等という名称で家族と専門職が集って、話し合う形を模索している。筆者自身も児童福祉司として働く中で、これらに取り組んできたが、もっと虐待が深刻化する前に家族と共に取り組めることはないのかと思うようになった。

◆ラップアラウンドにおける当事者参画

　5年前に米国のオレンジ郡の児童福祉のソーシャルワーカーから、支援のあり方を大きく変えた取り組みとしてラップアラウンドというアプローチについての話を聞き、惹きつけられた。ラップアラウンドは、その「家族の強み」に着目し、子どもとその家族を真ん中にして、地域で公式・非公式な支援者がチームを作って支援するものである。ラップアラウンドの最終目的は今の問題を解決することだけではなく、家族自らが将来どうなりたいかを考え、たとえ困難な状況に陥ったとしても自ら適切な相談につながる力をつけることである。ラップアラウンドは虐待対応に特化したものではなく、子どもの非行・障害・情緒面の対応の難しい子どもと若者を対象として1年から1年半をかけて行う集中的なチームアプローチであり、米国では50州と他の国々で1980年代から取り入れられている。

オレンジ郡ではこれを導入することで、グループホームで暮らしていた子ども約800人が、ラップアラウンドの導入の3年後には240人に、16年後には135人にまで減少させることができ、子どもたちが地域で暮らすことができるようになったということだった。

　ラップアラウンドについて調べていく中で、これまで家族が再虐待に至らないように、子どもが安全に暮らせるようにするためにはどうするかは考えてきたが、家族に対して、「どんな家族になりたいか？」という質問をしたことがなかったことに気づかされた。筆者自身が未来を見る目を失っていたことに気づいたが、はたして困難状況にいる家族が未来を語れるものだろうか、とまた疑問がわいてきた。ラップアラウンドのチーム会議にはその会議全体をファシリテートするケアコーディネーターと子どもに寄り添うユースサポーター、そして親に寄り添うファミリーサポーターという役割がある。ユースサポーターは自らが福祉や司法などの制度のもとでの支援を受けた経験のある若者が、ファミリーサポーターはかつてラップアラウンドに参加した親が担う。両者ともラップアラウンドの研修を受け、セミプロフェッショナルとして、自らの経験を活かして、当事者に寄り添い、彼らの声を引き出していくのである。つらい体験をしたからこそ、その体験を活かして同じような状況にある当事者を支援するというピアサポート、地域を基盤に展開するアプローチであること、家族の強みに注目すること、家族を中心にチームで基盤に取り組むことなどラップアラウンドには10の原則がある（図1）。この原則は今後の子ども家庭支援に必要だと感じ、日本での実装に向けて、取り組んできた。制度も文化も違う日本ではたして適応するのか試行錯誤が続いたが、ここ2年くらいで急に関心を

「ラップアラウンドの10の原則」

1. 子どもや若者・家族の声と彼らの選択を重視する
2. 子どもと家族、家族によって認められたメンバーで構成されたチームが基盤
3. インフォーマルな支援を重視
4. チームが協働して、計画作成、計画の実行、モニターを行う
5. 地域を基盤に支援を実施
6. 家族の文化や地域の独自性を重視
7. 家族に合わせたオーダーメイドの支援計画
8. 家族の強みを重視
9. ラップアラウンドが必要ないというチームの合意に達するまで持続して支援を実施
10. 支援計画の結果を重視し、調整を繰り返す

図1　ラップアラウンドの10の原則

示してくれる人が増えてきた。

◆ラップアラウンドの理念を支援に活かす

　2021年春、3ヵ所の児相・1ヵ所の市の子育て支援課・4ヵ所の民間支援団体の計17名がオンラインで米国からラップアラウンドのケアコーディネーターの養成研修を受講し、各々の現場でラップアラウンドのマインドを支援に活かす試みが始まっている。最初からピアサポーターがいるわけではない。ラップアラウンドの理念を支援に活かすというところからのスタートである。

　研修受講者は毎月、現場での実践を報告し合っている。その中で、いろいろな変化や気づきが報告されている。家族に対し、「家族がどうなりたいのか？」と聞いてみると、それまでは、「児相が決めたことに従うだけですから」と言っていた保護者の食いつきが変わってきた。子どもが自分で考えて話し出した。面接回数は以前よりかなり多く必要であるが、当事者の変化に児相職員の方のやりがいが増したなど子どもと家族の変化だけでなく、職員集団にも変化が現れている。米国のラップアラウンドの研究者もラップアラウンドが進みだすと地域に資源が増える。関わる人々はサービスがないからできないと言うのではなく、どうやったらできるだろうと考えるようになってくるという変化について話してくれた。

　虐待による死亡事例を受け、2018年7月20日に児童虐待防止対策に関する関係閣僚会議は、児童虐待防止対策の強化に向けた緊急総合対策を打ち出した。その中には、家庭への介入の強化と同時に、「子育て支援・家族支援の観点から、早い段階から家庭に寄り添い、支援することなどの取組が含まれ、暮らす場所や年齢にかかわらず、すべての子どもが、地域でのつながりを持ち、虐待予防のための早期対応から発生時の迅速な対応、虐待を受けた子どもの自立支援等に至るまで、切れ目ない支援を受けられる体制の構築を目指す」と書かれている。これらを実現するにはラップアラウンドの理念を実際の支援に活かすことが重要である。ある地域では、ラップアラウンドのケアコーディネーターを児相が担い、別のところでは、市町村が担うこともあるだろう。また児童家庭支援センター、施設、民間支援団体が担い、児相や市町村はそこに参加し、協働するなどさまざまなバリエーションが考えられる。日本における実装の仕組みづくりを進めていきたいと考えている。

（久保樹里）

第8章　これからの児童相談所を展望する

04 虐待相談のワンストップ対応の取り組み

◆世田谷区児童相談所の開設

　2016年の児童福祉法改正により、中核市に続き特別区も児童相談所設置が可能となった。このことを受けて特別区では児童相談所の設置の取り組みが動き出し、東京都との調整、特別区間の調整を経て、2020年4月に世田谷、江戸川区が児童相談所を開設した。2区に続き同年7月には荒川区、2021年4月には港区、その後も他の特別区でも児童相談所の開設を進めている。

　これまで特別区は東京都の児童相談所と連携しながら子ども家庭支援センター（子ども家庭総合支援拠点）を運営してきたが、児童虐待の発生予防や早期発見・早期対応等独自に体制整備を進める中で、専門相談、支援を担う児童相談所は東京都が設置、運営する二元対応の中で、増加する虐待相談対応について子ども家庭支援センターと児童相談所との情報共有や連携等が迅速かつ的確な取り組みが難しい状況も目立っていた。

◆世田谷区がめざす児童相談体制

　世田谷区では児童相談所を設置することで、基礎自治体として自らの地域で予防から自立支援まで一貫した取り組みが可能となり、区民生活に密着した基礎自治体として児童相談のあらゆる場面において子どもの権利が保障され、その最善の利益が優先された「みんなで子どもを守るまち・せたがや」の実現をめざすこととした。

　世田谷区は人口92万人を超え、特別区の中で一番人口が多い区である。区内には5ヵ所の子ども家庭支援センターが設置されており、子育て相談やサービス利用、母子生活支援施設への入所、保育所の利用や子どもの手当の申請窓口となっている。また、DV相談対応も担当しており、子育て支援や虐待の予防の中核機関として位置づけられている。母子保健や精神保健を担う健康づくり課とも連携しており、子ども家庭総合支援拠点と子育て世代包括支援センターが重なり合

って5ヵ所の地域の子育て支援を担う仕組みを構成している。児童相談所は中核機関を担う5ヵ所の子ども家庭支援センターをバックアップする専門支援機関としての役割を担っている。

◆児童相談所と子ども家庭支援センターの一元的運用

児童相談所内の地域担当児童福祉司を5ヵ所の子ども家庭支援センターに合わせて5地区に分け、担当地域もこれまでの東京都世田谷児童相談所と異なり、子ども家庭支援センターのワーカーの担当地域に合わせ、顔が見える担当者レベルでの相談がしやすい関係を確保した。また、子ども家庭支援センターと同じ地区を担当する児童福祉司の係が月に1回合同会議により組織レベルでの情報共有や対応連携をはかる仕組みを整えた。さらに5ヵ所の子ども家庭支援センターの業務の本課と児童相談所の本課業務を担う児童相談支援課が両機関の調整役を担う体制とした。

具体的な業務では、児童相談所と5ヵ所の子ども家庭支援センターを一元的に運用するため、両機関がチームとして日常から情報共有をはかり、必要に応じて両機関の機能を組み合わせて協働して支援や対応を行い、主担当、副担当として併走する「のりしろ型支援」を着実に推進する仕組みを導入した（図1）。このことにより、これまでの東京都児童相談所との関係のような児童相談所送致や世田谷区への逆送致、指導委託といった手続きを省略し、両機関の合意に基づき迅速かつ的確な支援を継続的に実施することが可能となった。

これまで子ども家庭支援センターでは担当ケースが重篤化しても東京都児童相談所に迅速に対応してもらえず、支援の限界やジレンマを抱えていたが、区児童相談所を設置したことで、両機関が話し合いにより役割を分担して担うことでそれぞれの機関の強みを発揮できるようになった。

◆虐待通告窓口の一本化

これまで虐待通告窓口は東京都との仕組みの中で子ども家庭支援センターが担い、「189」や警察署からの通告は児童相談所が担う仕組みとなっていた。子ども家庭支援センターが一般の区民からの通告に加えて、学校や保育所、病院などの子どもの機関からの比較的重度の事例の通告先となっており、初動対応や安全

336

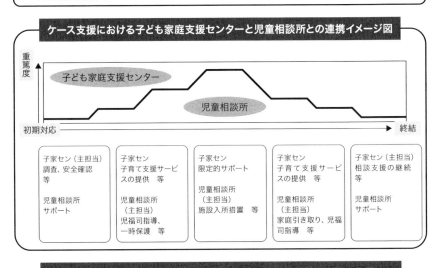

【ポイント】
1. 5ヵ所の子ども家庭支援センターを核として、児童相談所をケース支援をサポートする専門機関と位置づける
2. 一時保護所を付設した児童相談所および子ども家庭支援センターを区が運営することにより迅速・的確な対応を実現する
3. 児童相談所児童福祉司および子ども家庭支援センター虐待対策ワーカーがチームとなり、切れ目ない連携した支援を実現する

ケース支援における子ども家庭支援センターと児童相談所との連携イメージ図

重篤度

子ども家庭支援センター

児童相談所

初期対応 ──────────────────→ 終結

| 子家セン (主担当) 調査、安全確認 等 児童相談所 サポート | 子家セン 子育て支援サービスの提供 等 児童相談所 (主担当) 児福司指導、一時保護 等 | 子家セン 限定的サポート 児童相談所 (主担当) 施設入所措置 等 | 子家セン 子育て支援サービスの提供 等 児童相談所 (主担当) 家庭引き取り、児福司指導 等 | 子家セン (主担当) 相談支援の継続 等 児童相談所 サポート |

ケース支援における子ども家庭支援センターと児童相談所のチーム図

子ども家庭支援センター組織
・虐待対策ワーカー
・虐待対策コーディネーター
・支援専門員
・子ども家庭支援専門調査員
・要保護児童支援専門員

子家セン担当者 ⟷ 児相担当者

情報共有
役割分担による
連携

児童相談所組織
・児童福祉司SV、地区担当及びフリー児童福祉司
・児童心理司
・保健師、虐待対応協力員
・親子関係再統合専任児童福祉司及び児童心理司
・児童精神科医、小児科医、弁護士、警察官
・里親担当、里親委託調整員
・一時保護所スタッフ

図1　ケース支援における児童相談所と子ども家庭支援センターとの一元的な対応イメージ

確認にも迅速かつ的確性の確保が難しいケースも多かった。また、「189」へ近隣からの泣き声通告や夫婦間の言い争い等比較的軽度と思われる通告が児童相談所に入り、児童相談所が初動対応する逆転現象が見られていた。

区児童相談所の開設にあたり、通告窓口を児童相談所に1本化し、「189」に加えて世田谷区民向けに「児童虐待通告共通ダイヤル（0120-52-8343）」を設置した。虐待通告を受け付けると、住民基本情報や児童相談所の取り扱い経過、子ども家庭支援センターの取り扱い経過、健診情報等をシステムで確認、子どもの所属機関に電話にて子どもや家族の様子を確認する等基本的情報を押さえ、ある程度具体的なケースのイメージを想定して緊急受理会議を開催する仕組みとした。初動対応にあたっては、筆者も研究に参加した「日本における児童虐待ケースに対する区分け対応システムの開発的研究」（畠山他 2016）」を参考に独自の区分け対応システムを導入した（図2）。

システムの導入にあたっては、子ども家庭支援センターと児童相談所開設準備担当課から委員を選出した検討会により、両機関の立場の違いを含め共通理解や役割分担、通告受付票や区分けのためのアセスメントシートの共有化、具体的な流れや役割分担等、区が児童相談所を設置することでのメリットを最大限に活かす仕組みを作成した。作成後は、両機関の職員を対象に説明および具体的な対応のシミュレーションを行った。

アセスメントシートに基づき軽度の通告については、子ども家庭支援センターに対応を依頼、同センターの持ち味を活かし家族に寄り添いながら、安全確認とともに子育ての負担感や夫婦の葛藤等を受け止め、必要に応じて子育て相談やサービスにつなげていくこととした。重度の通告については、直接児童相談所が介入対応を行い、迅速に安全確認を行い、必要があれば一時保護をその場で実施することとした。

◆児童相談所開設後の取り組みを振り返って

児童相談所が開設し1年間が経過した中で、2020年度の児童虐待受理件数は1652件、助言指導や継続指導、児童福祉司指導や施設入所等対応件数は1525件となっており、東京都児童相談所時代より確実に増加した。通告元も警察が497件と約30％を占めるが、近隣知人からの通告が542件と約33％を占めている。

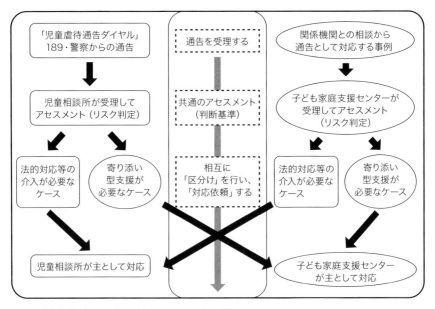

図2 「虐待通告の区分け対応システム」の流れ

「189」に加えてフリーダイヤルにより「児童虐待通告共通ダイヤル」を設置したことで、児童相談所の認知と通告しやすい環境が区民に用意できたことが大きいと思われる。また、子ども自身からの通告や子どもが自ら警察署に連絡し通告につながったケースも見られるようになってきている。

　1652件の児童虐待受理ケースのうち児童相談所に区分けしたものが932件（約56.4%）、子ども家庭支援センターに区分けしたものが720件（約43.5%）となっており、約4割を超える虐待ケースについて児童相談所が直接関与しない形で初動対応がされている。

　児童相談所は子どもの専門相談機関であるが、虐待対応については法的権限を持つ福祉警察的な機関という保護者にとってはマイナスのイメージを持ちやすい機関である。このため通告された保護者にとっては虐待者と見なされることになり、児童相談所の初動対応にも拒否的感情を持ちやすいことから、できるだけ軽度通告ケースの対応には子育て支援を担う子ども家庭支援センターが対応することで、安心して受け入れてもらうことが定着してきている。

　一方、児童相談所に区分けされた重度のケースは保育所や学校等子どもの所属機関や家庭訪問等により迅速に安全確認を行い、必要があれば一時保護を行っている。1年間に一時保護した件数は145件となっており、児童相談所の附属の一時保護所があることでスムーズな一時保護を行うことができている。確認現場での判断も躊躇なく子ども優先で対応を行っている。

　保育所や学校からの通告については、急行し安全確認を行う過程で、所属機関の取るべき対応や役割、連携について要請している。学校からは通告に躊躇する相談も入るが、通告として学校に出向き対応を協議、今取るべき対応と児童相談所が保護者の前面に出ない場合であっても今後の役割分担と連携を要請している。学校では保護者対応に悩むケースも多く、児童相談所が助言を行うことで子ども優先の対応を躊躇なく行うことができる等児童相談所への信頼関係が醸成されてきている。

　子ども家庭支援センターが継続支援を行っているケースでも親子関係の変化から虐待リスクが高まり、児童相談所に主担当を変更するケースも出てきており、児童相談所への通所や一時保護、児童福祉司指導等子ども家庭支援センターの支援と併せて行うケースも増えてきている。また、一時保護解除や施設からの家庭復帰に際して、児童相談所と子ども家庭支援センターが併走しながら同センターに主担当を移して、児童相談所が係属を終結していくケースも増えており、両機関の「のりしろ型支援」が着実に定着してきている。

　世田谷区が目指す児童相談体制の仕組みについては、着実に定着しつつあり、児童相談所と子ども家庭支援センターとの関係も日々の実践を通じて強化されてきている。

　また、実践経験や職員研修を通じて人材育成や組織の安定性も徐々に増しており、引き続き区の児童相談体制の安定に向けた着実な取り組みをはかっていく予定である。

（土橋俊彦）

第8章　これからの児童相談所を展望する

05 子ども虐待対応における 介入専門機関の設置とワンストップ対応

◆問題の所在

　近年の児童相談所は子ども虐待通告への対応に追われ、子どもと家族への虐待防止のための支援や子ども虐待以外の相談対応、また里親委託事例や児童福祉施設入所事例および在宅支援事例への継続的支援の取り組みが、必ずしも十分に行えていないというもどかしさを抱えている。

　虐待通告への48時間以内での安全確認作業は児童相談所の日々の業務における最優先事項となり、他の相談対応に優先して迅速に行うことが求められている。一時保護に伴い生じる保護者対応や一時保護後の子どもへの支援にも相当な労力を注がねばならないために時間的な余裕が奪われ、他の相談対応が遅滞することにつながることが多い。

　また、虐待事例への対応においては、虐待の重症度判定に基づくマニュアル化した対応を行うことが多く、こうした事例に日々対応している児童相談所職員は、ソーシャルワークとしての子ども家庭支援とはやや質の異なる定型的な活動に追われている面がある。

　さらに、一時保護等の権限行使を行った事例では保護者との対立関係を生じることがあり、その後の支援につなげる相談関係の構築に困難を抱えることが多い。保護者との対話が進まず、継続的な支援関係を構築できないまま、子どもが一時保護所や施設等に置かれたまま待たされざるを得ない状況も生まれるのである。こうしたことから、子ども虐待対応における介入機能と支援機能を整理して、児童相談所による継続的支援にスムーズにつなげることができるような仕組みの導入が求められてきた。

　一方で、市区町村の子ども家庭相談においても、自治体内の保育園・学校等関係機関から子ども虐待の通告を受け、児童相談所同様の初期対応を求められている。市区町村では、ネグレクトによる重層的な地域支援を長期にわたって継続しなければならない事例を児童相談所に比して多く抱え、改善になかなかつながり

にくいこれらの事例への対応には悩みを抱えている。こうした事例では児童相談所が一時保護に踏み切ることが比較的少なく、それが市区町村や関係機関と児童相談所との意見対立を生じさせることにつながる場合もある。また市区町村は、支援サービス提供によるサポーティブな支援をそのソーシャルワークの基本としてきたが、近年求められている子ども虐待の初期対応では、そうした市区町村子ども家庭相談の本来機能と質を異にする対応手法も求められている。

　従来の市区町村と児童相談所との虐待事例対応区分は、比較的軽微な事例に市区町村が対応し、児童相談所は困難事例対応や市区町村の後方支援を行うこととされてきたが、実際の対応事例はこうした枠組みをはずれていることがあり、それぞれの有する機能と対応事例とのミスマッチが指摘されてきた。こうしたことから、市区町村と児童相談所との役割分担を再整理することもまた求められてきたのである。

◆介入と支援の意義

　介入と支援のそれぞれの機能を、同じ児童相談所という同一機関が抱え込むことの矛盾が指摘され、その克服の方策が長く検討されてきた。それは対応の手法を工夫すること（例えば、サインズ・オブ・セーフティ・アプローチのような相談関係形成のためのソーシャルワークの考え方）であったり、児童相談所内の担当者やセクションを分けることでの解決方法であった。このうち児童相談所内での役割分担については、虐待専任者の業務負担の過大化や地区担当者に引き継ぐタイミングの難しさから、事例が滞留して虐待専任者の担当事例数が増大化すること、保護者等にとって担当者が交替することでかえって負担感を与えることなどが指摘されてきた。しかし自治体によっては児童相談所内での役割分担によりスムーズな対応を行えることを評価している場合もあり、各自治体がそれぞれの組織編成を工夫して対応してきた。

　ところで介入と支援の言葉の定義については、論者により異なるところがあり、定義づけが明確にあるわけではない。筆者が考えるところでは、支援的な関与は子どもと家族の意向を尊重しながら問題解決に向けて支援者が子どもや家族と協働する取り組みであり、介入的な関与は子どもや保護者に一定の枠組みを提示して改善を求める取り組みであると考えている。そうすると支援的な関与の中にも

介入的な関与は多様な形で織り込まれてくるのである。虐待対応においては、一時保護等での対立構造から始まったとしても、相談関係の形成を通じて相互に理解が進み、支援関係が構築できる事例は多く、そうした意味では介入から支援が始まるといってもよい。このように介入と支援を判然と区分することは難しい。

　ただ、子ども虐待対応における通告対応や一時保護等の権限行使などは介入的な要素が相当に強い行為であり、その後に続く継続的な支援と分けて考えることは可能であると考える。こうした初期対応や法的対応については継続的な子ども家庭相談支援と分けて考え、その機能を機関として分離していくことが有効ではないかと考えている。

◆虐待対応の機関分離とワンストップセンター

　筆者は、児童相談所がソーシャルワークとしての支援力を発揮して、子どもと家族の福祉を実現する活動を今後も維持していくべきだと考えている。そのために、上記のような子ども虐待の初期対応や法的対応部分を、児童相談所から機関分離することが有効であると考える。そして、この機関が市区町村子ども家庭相談部門や児童相談所と連動しながら三機関が協働することを構想している。

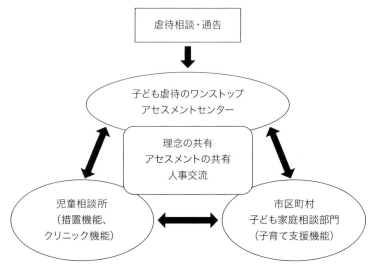

図1　子ども虐待対応におけるワンストップ機関分離モデル案

　この専門機関はワンストップセンターというべき機能を担い、市区町村と児童相談所との事例対応区分に関する振り分け機能を併せ持つ必要があると考える。例えば図1に示したような機関分離モデルを提案したい。具体的には以下のような性格を持つ機関である。

①エリア：子ども虐待の相談や通告を受け付ける窓口として、ワンストップセンターを自治体ごとに設置する。同機関のエリアは、現在の児童相談所と同数でなくとも自治体内の一定のエリアにしたがって設置する。都道府県の出先事務所等に開設することが考えられる。

②機能：虐待通告受理後に安全確認を実施し、調査を行って緊急度のアセスメントを実施する。一時保護が必要と判断した場合は一時保護を実施する。立入調査や臨検・捜索が必要と判断された場合にそれらの法的対応を行う。その後にリスクアセスメントを行い、一時保護事例を含めて児童相談所での継続的な支援が必要と判断した場合は、児童相談所に移管する。リスクアセスメント結果により地域でのサービス提供による支援が必要と判断した場合には、市区町村子ども家庭相談部門に移管する。

③職員：児童相談所や市区町村の子ども家庭相談部門職員、警察署、保健部門、学校・教育委員会等の機関と人事交流ができるとよいと考える。多職種でチームを構成し、専門的なトレーニングを受けたうえで配置する。弁護士との連携を確保する。

④業務形態：24時間、365日での対応を行う。

⑤三機関の協働：ワンストップセンター、市区町村子ども家庭相談部門、児童相談所の三機関は密接に連携協働する。理念を共有するための合同研修やアセスメントツールの共有、定期協議や三者間の人事交流を行う。

⑥その他：児童相談所や市区町村子ども家庭相談部門に直接虐待の相談や通告が入る場合もあり、また両機関が関与している事例のリスクが高まり緊急対応が求められる場合がある。こうした事例にも迅速適切に関与できるように、事例の協働対応が行われていることが必要となる。

　以上のような案を今後の方向性の1つとして検討し、児童相談所と市区町村がそれぞれの機能を有効に発揮しながら子ども家庭相談支援を行えるような体制を長期的な視点で検討していくことが必要であると考える。　　　　　　（川松 亮）

民間フォスタリング機関との協働

◆フォスタリング業務の構築と展開

　2016年児童福祉法改正により、子どもが権利の主体であること、また、家庭養育優先の理念等が規定された。この改正法の理念を具体化するために、有識者の検討会においては、家庭養育優先原則を進めるため、市区町村を中心とした支援体制の構築などを含めた取り組みを、目標年限を目指し、計画的に進めるなどの提言がとりまとめられた。そのとりまとめの中には、①遅くとも2020年度までに、全国の自治体において、フォスタリング機関事業の整備を確実に完了する、②3歳未満については概ね5年以内に、それ以外の就学前の子どもについては概ね7年以内に里親委託率を75％以上の実現、学童期以降は概ね10年以内を目途に里親委託率50％以上を実現する、などの目標があげられた。

　これにより、都道府県は、それまでの取り組みを全面的に見直し、里親委託推進および里親支援についての取り組みを明確化するように求められた。これまでも、児童相談所は、里親支援にかかる業務を行ってきていたが、里親に関する業務（フォスタリング業務）が具体的に位置づけられたことにより、里親のリクルートおよびアセスメントから、研修、子どもと里親家庭へのさまざまな支援、自立支援に至るまでの「フォスタリング業務の包括的な実施体制の構築」の全体像を明確にする必要が出たといえる。こういった流れの中、強く背中を押される状況となった「フォスタリング業務の構築」をどのように児童相談所が行っていくことが求められるのか。また、「フォスタリング機関」との協働について、民間フォスタリング機関という立場から考察し、検討したい。

◆フォスタリング機関（里親養育包括支援機関）と児童相談所

　2018年、「『フォスタリング機関（里親養育包括支援機関）及びその業務に関するガイドライン』について」が、厚生労働省より出される。2016年児童福祉法改正および、2017年の「新たな社会的養育の在り方に関する検討会」でとりま

とめられた「新しい社会的養育ビジョン」に続くガイドラインは、都道府県および児童相談所設置市等に、包括的な里親支援についての全体像を見せるとともに、「それを目指すこと」も求めている。

　フォスタリング業務は、都道府県（児童相談所）の本来業務である。ただし、その業務の全部または一部を、民間機関に委託することができる。しかし、さまざまな個人情報の取り扱いや、「里親委託の決定」という対象児童にとっては、人生も左右するような判断を行うものであるため、民間機関に包括的に丸投げできるという趣旨のものではない。ガイドラインでも、「フォスタリング業務を民間フォスタリング機関へ委託する場合であっても、フォスタリング業務全体の最終的な責任は都道府県（児童相談所）が行う」とし、児童相談所と民間フォスタリング機関との間でしっかり共有したうえで、「質の高い里親養育の実現」を「信頼関係に基づく良好なパートナーシップの構築」の中で行うとしている。

　とはいえ、児童相談所が、従来業務であるフォスタリング業務について、どのように「信頼関係に基づく良好なパートナーシップを構築」すればいいのかまでは、ガイドラインでも明記されていない。個人情報を取り扱い、慎重なケースワークが求められている児童相談所業務のどの部分をお願いすればいいのか、「包括的」というのは、どの判断まで委ねればいいのか、多くの自治体が困惑し、混乱したように感じられる。一方、民間フォスタリング機関として想定される団体としても、何を求められどのように協働すればいいのか想像できない部分も大きく、手をあげるにも躊躇が読み取れる。リクルートや広報啓発、認定登録に関するアセスメントについて、これまで担ってきた経験が全くない団体がほとんどといっていい。そんな協働に不慣れな2つの機関が、どのように「子どもと里親家庭支援、里親養育支援」という目的に向けて連携し、時にはそれぞれの強みと弱点を補足しあいながら業務にあたることができるのかというところが、このフォスタリング機関事業の要になるといえるだろう。

◆里親養育支援のこれからを担うために

　そういった状況から、最初から包括的に委託をするのではなく、一部委託からスタートする自治体も少なくない。特に多いのは、「リクルート」および「研修」の部分委託である。それぞれに、専門性やノウハウが必要であることから、部分

委託の事業としてあげられると考えられる。一方、見方を変えると、児童相談所の通常業務の範疇から離れており、得意としない分野であるからこそ、「委託したい事業」でもある。反面、受託をする民間団体からすれば、里親養育支援の柱となるマッチングや相談援助業務でなく、ともすれば、児童相談所がやりたくない業務を押しつけられたように感じてしまう場合もある。

　筆者自身が所属する乳児院も、2008年度、東京都の里親支援機関事業の担当として、当時都内1ヵ所のみの児童相談所を担当するところから始まっている。開始当初は、「モデル事業」として位置づけられ、①広報啓発、②里親委託等推進委員会事務、③相互交流事業（養子縁組成立後家庭の茶話会含む）等の事業を受託した。事業受託にあたっては、担当する乳児院職員1名が、児童相談所に机を置いて業務を担うこととなった。出向でも派遣でもない民間職員が児童相談所内に机を並べることは、児童相談所および民間機関両者ともに大きなチャレンジとなった。そして、このチャレンジは簡単に進むことができたわけではない。委託内容は、民間団体に委託しても「安全な事業」、なおかつ、準備や企画立案に時間を要し児童相談所の専門性が活かされにくいと感じられるような事業であった。これにより、里親家庭や、里親支援をこれまでも大切にとらえていた他施設からは、「下請けのような仕事ばかり受託してしまった」と言われることもあった。一方、児童相談所からは、従来取り組んできた里親支援業務を民間団体が担うことで、児童相談所本来の里親支援業務とのすみわけがどうなってしまうのか、里親家庭が混乱しないか、児童相談所が取り扱う個人情報をどこまで提供することが妥当なのかという困惑と調整の必要性の声が大きかった。こういった課題は、今も民間フォスタリング機関を導入しようとする自治体の不安材料として聞こえてくることが多い。そのような葛藤の中でも、なんとか分裂することなく進むことができたのは、お互いが、子どもと実家族、里親家庭の今を見失わなかったからだと考える。それぞれの機関が向き合って、自身の役割を詰め合うのではなく、子どもと里親家庭を中心に置いて、今起きている事柄について、誰が何をすればいいのかを一緒に考えることができたからこそ、ガイドラインが示す「信頼関係に基づく良好なパートナーシップ」を少しずつでも構築することができたといえる。

　そして、その後、徐々に相互交流や相談援助業務、里親認定にかかる書類や自

立支援計画書の素案作成などが業務にはいるようになり、ともに役割分担の工夫ができるようになってきている。

　現在も、私たちが取り組むフォスタリング機関で大切にしていることは、「子どもと家族を真ん中におくこと」「子どもと家族を見失わないこと」であり、このスタンスを忘れなければ、まだまだスタートしたばかりの児童相談所等関係機関との協働であっても、否定的にとらえることなく前へ進むことができると考えている。

◆フォスタリング機関との協働と里親養育支援の展望

　里親家庭でお願いする子どもの特別なニーズは、多様化し、地域で家庭生活を安心・安全に提供すれば安定するというものではない。また、子どもへの支援だけでなく、実家族ではない家庭が、中途養育の子育てを開始するという難しさが、重なり合い、同時進行で進んでいくところが、里親養育支援の難しさでもある。それに対応するためには、日々の子どもと家族の成長に寄り添いながら、切れ目なく支援をつないでいくことが求められる。そのためには、児童相談所がすでに積み上げて持ち得ている他機関連携やコンサルテーション力、アセスメント力などの揺るぎない強みと弱さを民間フォスタリング機関とともに補強しながら、重層的に子どもと家族を支えることが望まれている。　　　　　　　　（長田淳子）

第8章　これからの児童相談所を展望する

デジタルテクノロジーの活用の仕方

◆相談情報とデジタルテクノロジーの活用

　日本全国の児童相談所には膨大な子どもについての相談情報が保存されている。子ども虐待相談だけでもここ数年は毎年度20万件を超える相談記録が保存されているはずで、計上され始めた1999年から2020年までの21年間では、延べ159万8000件にのぼる相談が受理されてきた。その一部は保存期限を過ぎて廃棄されているが、まだ相当数の相談情報が保存されているとみられる。

　この情報の一部でもが、デジタル情報として抽出され、関係機関の間で即時に情報共有され、任意の検索・解析を加えることができるようになれば、子ども虐待問題はこれまでとはかなり違った次元からの解析や検証、データに基づく施策検討が可能となるだろう。これが児童相談所におけるデジタルテクノロジー活用の重要な可能性の1つである。

◆相談情報のデジタル化と手順の統一

　これを可能とするには、相談情報のデジタル化が必須となる。その対象群はおよそ3種類ある。1つは紙に書かれた情報群である。もう1つは自治体ごとに組まれたOAシステムに入力されている情報群で、最後はこれからの相談情報である。

　今すぐに取りかかれそうなのは3番目のこれからの相談情報だが、それが信頼性のあるデータとなるには、まず、記録される情報項目やその分類定義を整理する必要がある。例えば、虐待通告件数の数え方1つをとっても、全国各地でさまざまな手順や分類方法が流動・変遷している。この、いわば生きて動いている多様なローカル・ルールを把握し、人間的なノイズとバイアスの揺らぎの中で、経験知や状況判断によってコントロールされてきた情報を、規則的・統一的な基準に整理することが必須である。相談情報のデジタル化にあたってはまず、人の作業レベルでの手順や暗黙の調整を、規則的で明示的な定義・分類、一貫した手順

に落とし込み、かつ、それを継続的に維持管理することが必要となる。

　この手間に比べると、技術的なデジタル化の作業は、膨大で未整理な手書き文書のデータ化という大きな壁があるように見えるが、最近のテクノロジーの進歩を見ると案外、一気に事態が突破される時がそう遠くない将来に来るかもしれない。各自治体のOAシステムに入っている情報の統合は、作業は煩雑だろうが、すでにデジタル化されたデータ間の接続に過ぎない。新規相談情報の入力やネットワークでの情報共有は、プログラムを組む必要はあるが、すでに実装可能な技術である。

　残るのは法的な手続きや個人情報の取り扱いだが、厚生労働省はすでに2021年9月から、LGWANを使った児童相談所の事例情報の全国共有化を始めている。またこれとは別に乳幼児健診等母子保健情報のデジタル化の検討を進めており、さらにその学校保健情報への接続について、文部科学省でも検討委員会が作られている。そこでは子どもの転居・転校に応じた自治体間でのデータ転送も想定されており、厚生労働省は、これについて、デジタル手続き法の対応を終えたと報告している。

◆デジタルテクノロジーの特性──情報の即時共有と事務的作業の効率化

　相談情報のデジタル化の効用は、情報の即時共有が容易になり、任意の機械的計算処理が随時できるという汎用性にある。例えば、ある端末からネットワーク・サーバーに入力された情報は、そのサーバーにつながっているすべての端末で即時に閲覧・出力ができる。複数の端末がサーバーに接続されておれば、1件の情報入力に対する複数の端末からの即座な応答や追加情報の提供が直ちに共有でき、各端末から閲覧することができる。複数の関係機関の間に、十分なセキュリティが保障されたネットワークが構築されれば、文書・音声・画像に関する情報の即時共有は、電話や訪問、面談とは比べものにならない速さと確実さで可能となる。電話や面談のやりとりは、そうした素早い情報共有を前提に進めることができる。

　さらに情報のデジタル化は素早い検索や計算処理などの情報処理を可能とする。保存された情報が適切に構造化され、十分な容量のあるデータベースに格納されておれば、対象数が何十万件・何百万件になっても、検索項目が何十項目に及ん

でも、必要な指定をすれば、素早く対象データを抽出し、指示通りの集計や解析を行うことができる。刻々と変わる業務状況の動態把握や将来予測、定期的に繰り返される集計報告や任意の調査研究への回答などは、それを必要とする人がデータベースに制限つきのアクセスをすればでき、これまで、そのつど現場が負担してきた集計作業はほぼ不要となる。

　汎用性については、さまざまな定型文書がほぼ自動作成できることがあげられる。一時保護や指導措置の決定通知書、多人数のきょうだいの受理票や共通する記録など、固定的な情報項目で構成されている定型文書の作成・出力およびデータ保管は、プログラムを書けば概ね自動化できる。各端末からの安全な通信が確保されており、ばらばらに断片的に集められた調査情報も、日付や場所、統一した情報識別項目付きで入力すれば、一連の調査記録はオンラインで自動作成でき、任意に更新・修正することができる。煩雑かつ、事務所の机でしかできなかった事務的作業の半自動化は、情報入力とその処理の正確さが確保されれば、情報のデジタル化の初期段階から目に見える形で効率化が図れる領域である。そのメリットは大きく、これまで人によるしかなかった事務的作業にかかったエネルギーの多くを、直接的な対人支援活動に投入できるようになる。

◆デジタルテクノロジーの活用
──ヒト・バイアスとデジタル・アルゴリズム

　デジタルテクノロジー活用のもう1つの焦点は、データサイエンスとして発展中の情報解析技術の活用である。デジタル化された相談情報が適切に構造化されたデータベースに格納されておれば、さまざまな解析セットを組んで、随時、任意の問いについての情報解析ができる。特に、予測困難でストレスの高いリスク状況の検討において、膨大な過去情報をもとにした確率的な解析を参照することができる。

　これまで人や組織がそれぞれの経験知として扱ってきた情報量をはるかに超える膨大なデータからの複雑な解析を、機械はごく短時間で行える。またそれは、人特有のノイズやバイアス、単純化していえば人ならではの主観的・印象的・感情的、感覚的で状況依存的な偏りやバラつきの影響から距離を取った客観的な解析結果が得られるという点でも重要となる。解析の設計にもよるが、元の情報量

が多ければ多いほど、人の記憶、思考や直観による文脈的な探索では容易に届かないような事柄が、予後予測の重要因子として検出できる可能性は常にある。さらに、解析ユニットに学習型のAIを組み込めば、ある時点で実施した予測評価に対して、実際の経過情報が入力された段階で、AIは事前の予測と、事後に結果としてその事例が見せた挙動を照合し、検算と再解析を始める。これがAIの経験知となり、次の解析に反映されていく。AIは解析ユニットの中で学習し、育っていく。

◆対人援助におけるデジタルテクノロジーと人材

　対人援助におけるデジタルテクノロジーの活用は、すばやい情報共有や事案・職員の動態把握、事務的文書作業の半自動化、さらには過去情報からのデータ抽出や人が持つバイアスに左右されない解析評価の参照などで、より効果的な対人援助活動に人が集中できるようになるメリットがある。それは行政判断行為に関する説明性を強化し、合理的根拠に基づく効果的な政策の企画（EBPM）にも役立つだろう。

　ただし、人材については単にデジタルテクノロジーに強い人材を強化するだけでは児童相談は機能しない。にわか仕立ての新人にAIのサポートを実装したからといって複雑な相談援助ができるようにはならない。統計的な解析は、人の主観的な歪みを排して、ものごとの真実を解明するには素晴らしい道具だが、「ある人の信念を変えたり、ましてや誰かに何らかの行動を起こさせたりするにはほとんど無力である」ことも、統計解析は示している（Sharot 2017）。対人援助の課題は対人援助に熟達した人材を必要とする。人のノイズとバイアスから来たものは、アルゴリズムを通してヒトが持つバイアスやノイズを排した客観的なデータとしての姿を見ることができたとしても、その結果を再び人のノイズとバイアスの世界に戻して、そこにいる人の腑に落ちなければ役には立たない。そのプロセスを扱える対人援助の専門家を育てることが必須である（Rickover, H.G./ in Powell, C. 2012）。

（山本恒雄）

一時保護への司法関与に向けた課題と提言

◆**一時保護とは**

　児童相談所における一時保護とは、児童相談所長または都道府県知事（以下、児童相談所長等）が、子どもの安全の迅速な確保、適切な保護を行い、子どもの心身の状況、置かれている環境などを把握するために、子どもを親権者等から一時的に引き離し、児童相談所に付設される一時保護所（児童福祉法12条の4）において、または警察、児童福祉施設等へ委託して一時的に保護させる制度である（児童福祉法33条1項）。一時保護所は、2021年4月現在、全国で225ヵ所の児童相談所のうち145ヵ所に設置されている。

◆**一時保護の強行性と子どもおよび親の権利制限**

　一時保護は、児童福祉施設入所等の措置（児童福祉法27条1項3号）と異なり、親権者等の同意は法律上必要とされておらず、児童相談所長等の職権で強制的に親子を分離することができる制度である（同条4項参照）。

　就学年齢にある一時保護中の子どもについては、児童相談所長等は、児童福祉施設長や里親等とは異なり、就学義務を負わないことから（児童福祉法48条参照）、子どもが学校教育を受ける権利が制限され、子どもの所持物についても児童相談所がこれを保管することとされ、自由な所持、使用が制限されることになる（同法33条の2の2）。さらに、──子どもの安全の確保が図られ、かつ一時保護の目的が達成できる範囲で必要最小限とされてはいるが──子どもの外出、通学、通信、面会についても制限しうるとされている（厚生労働省 2018）。

　児童虐待の防止や子どもの保護のために必要があるときは、児童相談所長や児童福祉施設の長は、一時保護されている被虐待児の親権者等に対して、面会通信の全部または一部を制限することができ（児童虐待防止法12条1項）、場合によっては居所を知らせず（同条3項）、接近を禁止することもできる（同法12条の4第1項）。

　これに対して児童相談所長は、一時保護中の子どもに親権者等がある場合であっても、監護・教育、懲戒について必要な措置をとることができ（児童福祉法33条の2第2項）、親権者等はこの措置を不当に妨げてはならないとされ（同条3項）、一時保護により、親権者等の監護教育権（民法820条）や居所指定権（同法821条）が制限されることになる。

◆一時保護に対する司法関与検討の必要性とその経緯

　わが国が1994年に批准した「子どもの権利条約」（以下、条約）は、子どもへの虐待や放置等の場合に、司法による審査を経るときを除き、子どもは父母の意思に反して父母から分離されないことを規定し（9条1項）、「親子不分離の原則」を掲げている。これによれば、児童福祉法上の一時保護制度は、司法機関の手続によらずに子どもが親により養育される権利（条約7条1項）その他の権利が制限されることになる点で、子どもの権利条約に反する制度ということができる。

　これを受け、「児童虐待対応における司法関与及び特別養子縁組制度の利用促進の在り方に関する検討会」は、2017年1月に、一時保護について段階的な司法審査の導入等を提言し、2017年6月に成立した児童福祉法等の一部改正法により、2ヵ月を超えて親権者等の意に反して一時保護を行う場合に家庭裁判所の承認を要する制度が導入された（児童福祉法33条5項）。

　その後、国連子どもの権利委員会は、わが国の第4・5回統合定期報告書に関する総括所見（2019年2月採択）において、条約9条との関連で、親子分離に対する「義務的司法審査」の導入をわが国に求めた。これと並行して、2019年6月に成立した「児童虐待防止対策の強化を図るための児童福祉法等の一部を改正する法律」附則7条第2項では、一時保護その他の措置に関する手続のあり方について検討を加え、必要な措置を講ずることが求められた。

　この間、一時保護解除後に被虐待児が死亡する重大事件が相次ぐとともに、児童福祉法33条1項または2項に基づく一時保護決定に対する行政不服審査が、2018年の105件から2019年には144件に、取消訴訟は2件から8件へと増加した（厚生労働省 2020）。これに加えて、一時保護中の面会制限の適否が訴訟で争われるなど（宇都宮地裁 2021年）、一時保護については手続開始から解除後までの全般にわたり、さまざまな課題が生じている。

こうした状況を踏まえ2020年9月、厚生労働省に「児童相談所における一時保護の手続等の在り方に関する検討会」が設けられ、一時保護等に関する司法関与、一時保護・社会的養護措置その他児童相談所が採る措置、保護者への指導・支援等に関する検討が開始され、2021年4月に、その「とりまとめ」が公表された（厚生労働省2021）。

◆検討会の議論と方向性

このとりまとめは、一時保護の手続において、児童相談所の判断ミスにより、子どもや親の権利が不当な制約を受けることを防止し、適正な一時保護を実現する必要があることや条約9条および国連子どもの権利委員会の総括所見を踏まえ、「児童相談所による一時保護に関する判断の適正性の担保や手続の透明性の確保を図る必要がある」として、親権者等が同意しない一時保護開始について、独立性・中立性・公平性を有する司法機関が一時保護の開始の判断について審査する新たな制度の導入を提言した。

一時保護開始時の司法審査導入のメリットとして、「とりまとめ」は、

・児童相談所がより一層確信をもって一時保護やソーシャルワークに臨むことができるようになること。
・早い段階で親権者等の主張の是非を司法が判断することになるため、保護者との対立関係に伴う負担が軽減され得ること。

をあげている。

他方で、一時保護後2ヵ月超えの司法審査（児童福祉法33条5項）に比較して、開始時の司法審査では審査件数が約16倍以上になることが想定され（厚生労働省2020）、児童相談所の体制や調査権限が十分でない現状のもとでは、申立書の作成等に要する事務負担が相当加重になることが予想される。このような懸念に対して、2022年度予算では、新たに弁護士業務に関連する補助職員の配置に要する費用の補助が創設された（児童虐待・DV対策等総合支援事業）。

同検討会は結論として、審査の主体、審査の時期、一時保護開始が認められるための要件、必要となる資料、審査の対象とすべき一時保護の範囲、設定される

手続、現在の親権者等の意に反する2ヵ月を超える一時保護の承認に係る家事審判手続、行政不服審査及び行政訴訟などの既存の制度との関係の整理の必要があるとしつつ、迅速な検討により、一時保護開始における司法審査制度を早期に実現することを求めた。その後、「社会的養育専門委員会」も司法審査制度の導入を承認した。

◆2022年児童福祉法改正

　以上の検討を経て、児童福祉法等の一部を改正する法律（令和4年法律第66号）が同年6月8日に成立した。

　この改正法は、

1. 子育て世帯に対する包括的な支援のための体制強化及び事業の拡充
2. 一時保護所及び児童相談所による児童への処遇や支援、困難を抱える妊産婦等への支援の質の向上
3. 社会的養育経験者・障害児入所施設の入所児童等に対する自立支援の強化
4. 児童の意見聴取等の仕組みの整備
5. 一時保護開始時の判断に関する司法審査の導入
6. 子ども家庭福祉の実務者の専門性の向上
7. 児童をわいせつ行為から守る環境整備

を主たる柱とする大規模な改正である。

　このうちとくに「5. 一時保護開始時の判断に関する司法審査の導入」については、一時保護の適正性や透明性の確保を目的に、親権者等が一時保護に同意した場合や一時保護を開始した日から決算して7日以内に一時保護を解除した場合を除き、児童相談所は、一時保護の開始から7日以内または事前に、裁判官に「一時保護状」を請求しなければならないものとされた（改正児童福祉法33条3項）。この要件に該当する場合には、明らかに一時保護をする必要がないと認められるときを除き、裁判官は一時保護状を発付するものとし（同条4項）、かりにこの請求が却下された場合、一時保護の解除により子どもの生命及び心身に重大な危害が生じるおそれがあるときには、児童相談所長等が却下の裁判の取消しを求める

ことができるものとされた（同条7項）。反対に、親権者や子どもが一時保護状の発付に不服があるときには、既存の行政不服審査・行政訴訟によるべきものとし、開始時の司法審査手続における親権者・子どもによる不服申立手続は設けられなかった。

　この改正に併せて、「4．児童の意見聴取等の仕組みの整備」として、児童相談所等は施設入所等の措置や一時保護等の際に子どもの最善の利益を考慮しつつ、子どもの意見・意向を勘案して措置を行うため、子どもの意見聴取等の措置を講ずることとされた（33条の3の3第1項）。

◆子どもの意見表明権の保障──今後の法改正に向けて

　子どもの権利条約9条2項は、「すべての関係当事者は、〈親子分離の司法審査〉手続においても、その手続に参加しかつ自己の意見を述べる機会を有する」と規定し、当事者の参加および意見表明の機会を保障している、今回の改正では、一時保護の司法審査手続における当事者の権利は制度上保障されていないところから、児童相談所における子どもの意見聴取の措置は極めて重要な意味を持つことになる。2022年の「児童福祉法等の一部を改正する法律案に対する附帯決議」では、「児童の権利に関する条約第9条第2項の趣旨を踏まえ、行政不服審査や行政訴訟の活用実態を把握し、次期児童福祉法改正時に必要な見直しを検討すること」とされており、今後の法改正との関連で意見聴取措置の運用が注目される。

（吉田恒雄）

児童相談所の第三者評価

◆第三者評価

　社会福祉法第78条第1項により社会福祉サービス機関の第三者評価の受審は努力義務になっており、また児童福祉施設の設備及び運営に関する基準第5条第3項により、児童福祉施設の第三者評価も受審の努力義務が課せられている。

　しかし乳児院、母子生活支援施設、児童養護施設、児童心理治療施設、児童自立支援施設は、同基準で個別に第三者評価の受審と公表が義務となっている。その理由として厚生労働省（2018）は「社会的養護関係施設については、子どもが施設を選ぶ仕組みではない措置制度等であり、また、施設長による親権代行等の規定があるほか、被虐待児が増加していること等により、施設運営の質の向上が必要である」「これらにより、社会的養護関係施設の第三者評価は、子どもの最善の利益の実現のために施設運営の質の向上を図ることを趣旨として実施されるものである」としている。

　そのため全国社会福祉協議会では、社会的養護関係施設の第三者評価機関の認証を行っている。また調査員には社会的養護関係施設評価調査者養成研修、あるいは継続研修を受けなければならず、その受講の有効期限は3年とされている。

◆一時保護所の第三者評価

　これらに対して児童相談所は社会福祉法が定める児童福祉施設ではないため、直接的には上記基準には規定されていない。

　しかし児童福祉法第12条第6項で「都道府県知事は、第二項に規定する業務（注：児童相談所の業務）の質の評価を行うことその他必要な措置を講ずることにより、当該業務の質の向上に努めなければならない」と規定されている。その結果、全国の児童相談所一時保護所で第三者評価は行われている。

　現状は、2021年4月1日現在、全国で135ヵ所ある児童相談所一時保護所（以下、一時保護所）のうち、2020年中に第三者評価を実施したのは回答のあった112ヵ

所中51ヵ所45.5％で半数近くが実施されていた（三菱UFJリサーチ＆コンサルティング 2021）。

　また筆者（安部 2022）が児童相談所設置自治体の児童相談所主管課に行った調査では、2021年度に一時保護所の第三者評価を実施（予定）した15自治体の第三者評価実施機関は、NPO法人が7自治体（46.7％）、株式会社及び未定が各2自治体（各13.3％）、児童福祉審議会、社会福祉協議会、社団法人、有限会社、弁護士、弁護士・研究者が各1自治体（各6.7％）であった。

　さらに結果の公表については、自治体のホームページ上で評価報告書を全文掲載しているのが9自治体（60.0％）、ホームページ上で一部掲載しているのが1自治体（6.7％）、ホームページ上で掲載していないのは2自治体（13.3％）で、うち1自治体（6.7％）は議会に報告していた。なお3自治体（20.0％）は検討中・未定であった。

　第三者評価受審の感想については、「よかった」9自治体（60.0％）、「まあまあよかった」3自治体（20.0％）であり、残りは受審中や今後に受審の予定であった。その理由を自由記述していただいたが、「指摘を受けて振り返りができた」「改善に向け取組を進めることができた」「自分たちの支援を客観視し、改善につなげることができた」「課題を発見する貴重な機会となった」などがあった。

　一方、受審していない38自治体の課題としては、①「児童相談所の業務負担」は25自治体（65.8％）、②「評価機関がない」は23自治体（60.5％）、③「経費（予算）の確保」は20自治体（52.6％）、④「行政上の優先順位が低い」は1自治体（2.6％）であった。

　最後に受審していない38自治体に予定を聞くと、今後「実施を予定」が5自治体（13.2％）、「実施の方向で検討中」が17自治体（44.7％）、「結論が出ていない」が12自治体（31.6％）であった。なお選択肢にはなかったが、「過去に実施」が2自治体（5.3％）あった。

◆児童相談所の第三者評価

　児童相談所自体の第三者評価は、上記の一時保護所と同様に児童福祉法第12条第6項の対象である。

　しかし現状は、2021年4月1日現在、全国で225ヵ所ある児童相談所のうち、

2020年中に第三者評価を実施したのは回答のあった172ヵ所中8ヵ所4.7%であった（三菱UFJリサーチ＆コンサルティング 2021）。

　このような状況の中、厚生労働省は、「調査研究委託事業——保健福祉調査委託費」において児童相談所の第三者評価に関する調査研究を行い、2019年度は児童相談所の第三者評価票（案）を作成し、2020年はいくつかの児童相談所でモデル実施を行い、評価票（案）の妥当性と第三者評価の実施可能性を検証した。また厚生労働省は2022年の概算要求において、児童相談所の第三者評価を実施する場合の国庫補助を計上（厚生労働省2021）した。

　同じように筆者の行った先の調査（安部2022）で回答のあった53自治体のうち2021年度に児童相談所の第三者評価を行ったのは1自治体のみであった。

　また今後の予定については、「実施予定」が1自治体（1.9%）、「実施の方向で検討」が17自治体（32.7%）、「結論が出ていない」が31自治体（59.6%）、「その他」が3自治体（5.8%）で一時保護所に比べると慎重な姿勢がうかがわれた。

　そのため実施していない52自治体に受審の課題を聞くと、①「児童相談所の業務負担」が35自治体（67.3%）、②「評価機関がない」が31自治体（59.6%）、③「経費（予算）の確保」が29自治体（55.8%）、④「行政上の優先順位が低い」が3自治体（5.8%）と一時保護所と同様な課題順と割合であった。

◆日本児童相談業務評価機関（J-Oschis：ジェイ・オスチス）

　児童相談所と一時保護所の第三者評価を専門として行う一般社団法人として認可された日本児童相談業務評価機関（J-oschis）については筆者も関わりがあるので、その概要と今後の方向性について説明したい。

　厚生労働省の子ども・子育て支援推進調査研究事業を受託した三菱UFJリサーチ＆コンサルティングの「児童相談所の第三者評価に関する調査研究」で検討委員会の構成委員になった6人が報告書をまとめる会合のあと、「児童相談所第三者評価の実施機関が大切なのに、該当する機関がない。それなら自分たちでその機関を立ち上げよう」と2021年4月から自主的に月1回リモートで集まる「発起人会」を開始した。この「発起人会」を継続する中でメンバーを増やし、2021年10月に一般社団法人としての組織を確立した。

　J-Oschisはその目的を、「児童相談所・一時保護所の第三者評価を通じて課題

を可視化しつつ、また課題解決の道筋についても共有することで、児童相談所業務の質を高め、それを通じて子どもの権利擁護を推進することについての事業を行うことを目的とする」と定款で定めている。

2021年度は第三者評価機関の設立準備期間として10月に一般社団法人として認可を得て、次年度以降の児童相談所第三者評価の実施に向けて準備した。

そして2022年度は、児童相談所10ヵ所、一時保護所4ヵ所の第三者評価を、2023年度は20ヵ所、2024年度は36ヵ所の児童相談所第三者評価の実施を予定している。また全国での実施をJ-Oschisの使命と考え、全国のどこでも旅費や税込みの一律の評価費を設定している。ちなみに2022年度については、現在9ヵ所の児童相談所、4ヵ所の一時保護所の第三者評価の実施が決まっている。

それと並行して評価者の養成講座を開催し、一時保護所や児童相談所の第三者評価を担える体制を整備している。

◆おわりに

児童相談所の第三者評価については、一時保護所についてはかなり広がっており、今後は義務化されるのではないかとの話も出ている。

児童相談所の第三者評価はこれから始まる段階ではあるが、第三者評価を通して児童相談所で適切な業務が行われることで子どもの権利が守られると同時に、児童相談所に勤務する職員が正当に評価される仕組みとして定着することを祈念している。　　　　　　　　　　　　　　　　　　　　　　　　　　（安部計彦）

これからの人材育成をどう進めるのか

◆困った新人

　筆者は、行政職からの職種替えで心理職として児童相談所で働き始めた。今にして思えば、とんでもない新人で、臨床経験もなく、知識も十分でない状態でお荷物でしかなかったと思う。

　まず最初に、「児童相談所執務提要」（現在の児童相談所運営指針）を渡され、読むことから始まった。先輩に何か尋ねると、何冊かの本が机に置かれていた。陪席で先輩が実施する心理検査から保護者への助言までを体験し、意見交換。そして判定書を作成して、添削と助言。少しずつ役割を交代して、独り立ちしていく。このようなOJT（On-the-Job Training：職場の実務を通して行う教育訓練）を積み重ねていった。先輩からは、「自分の軸となる検査と技法を身につけるように」と言われており、仕事に役立つであろうと考えられる知識や技術を得るために、休みの日や仕事終わりに学べるところを探して、専門性の向上に努めてきた。頻度は減ったが、退職した現在でもこの学びは続いている。

　業務を行っていくうえで必要な基本的な知識・技術（心理診断、心理療法）を身につけつつ、いろいろな研修を受け、「自分の軸」となった家族療法に出会い、研修を終えて、実践し始めるまでに採用から10年の月日を費やしたのだった。

◆経験が必要

　2004年の児童福祉法改正に伴い、雇用均等・児童家庭局長の主宰による「今後の児童家庭相談体制のあり方に関する研究会」が開催され委員として参加した。この研究会では、児童福祉司、児童心理司などが児童相談所の職員として一人前の仕事ができるのに10年はかかると語られていた。報告書でも、「現場においては、児童福祉司に必要な専門性を確保するためには、5年から10年程度の経験が必要であり、さらに、指導的立場に立てる職員を育成するためには、より多くの経験が必要との声も多くある」とある。これはいろいろな相談に対応する経験と

いう広がりだけでなく継続的な支援により子どもや家族が発達、成長していく姿に接していくという時間軸の経験も専門性を高めていくためには必要であることを意味している。

さらに職員の専門性の向上に欠かせないOJT、スーパービジョンを担う職員となると、相談対応ができるだけでなく、育成の技術も必要となる。児童福祉司スーパーバイザーの要件として3年の実務経験という基準になってしまっているが、一人前に仕事ができることとスーパービジョンができることは同じではないことは自明の理である。

◆児童相談所職員に求めるもの

児童相談所が扱う相談は1つとして同じものはない。100人の子どもがいれば、100通りの環境があり、100通りの育ちがある。それらの中で発生してくる課題が、問題として現れ、保護者が対応の困難さを感じて相談が始まる。それに対して、まず、子どもの発達段階や性格やこれまでの体験、どのような環境（物理的・心理的）にいるのかなどを包括的に診断する。次に、子どもや家族の思いを聞いて、どのような状態を目指すのかゴールを設定し、そのためにどのような支援を行っていくのかという支援方針を定め、支援を実施していくことになる。

子どもや家族の真のニーズをくみ取り、共有し、成長・発達に向けて子どもや家族に取り組んでいただくためには、変化へのモチベーションを維持し続けられるような課題設定と、小さな変化も見逃さない丁寧な関わりが必要になる。

◆専門性の獲得に向けて

児童相談所の人員増と専門性の担保が課題となり、児童福祉司に関しては、任用後の研修が義務化されてはいる。しかし、90分×40コマの講義・演習で一人前の専門職として業務にあたれるものではなく、あくまで業務を行ううえでどんなことが必要なのかを提示するガイダンスととらえ、OJTで実際の業務に適用し、しっかり身につけていってもらうことが必要になる。その過程をサポートしていくのがスーパービジョンとなる。現状は、スタートラインのかさ上げと方向性は示されているものと考える。

したがって、スーパービジョンのあり方が専門性獲得のカギになってくる。そ

の方法に関しては、子どもの虹情報研修センターの研究で、「児童相談所における児童福祉司スーパーバイズのあり方に関する研究（第2報）」で、①継続指導型、②助言・指示型、③組織対応型、④同席面接型、⑤集団カンファレンス型、⑥ケース進行管理型、⑦その他、とまとめられている。スーパーバイザーの役割は、バイジーである児童相談所職員が自らの課題を解決していくことをサポートすることにあるのだが、漫然とバイジーの話を聞いているのではなく、担当事例に対応するのと同じように、どのような力をつけることが期待されているのかを明らかにしていくことが大切になる。

◆支援の階層構造

前述したように、スーパービジョンは、担当事例を抱えるクライエントとして支援を行っていく。検討対象となっている家族との関係だけでなく、バイジーを多くの事例を抱える人としてとらえて、これまでの経験や今の生活、今後に向けての思いなど、包括的にとらえて事例にどう対応していくかだけでなく、専門職としての育ちを支援していくことになる。

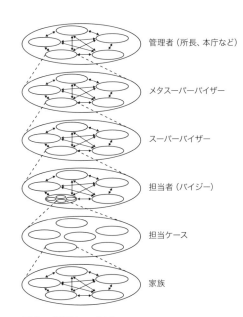

管理者（所長、本庁など）

メタスーパーバイザー

スーパーバイザー

担当者（バイジー）

担当ケース

家族

図1　機関システム

組織は右の図1のように階層構造となっており、各階層は相互に影響しあっていることから、虐待の起きている家族が持っている支配性や批判・攻撃と力によるコントロールなどが、さまざまな階層に影響を及ぼし、安全・安心に業務を行うことが難しくなってしまうことになっていると考えている。

第8章　これからの児童相談所を展望する

◆社会は、どんなシステムを目指すのか

　ここまで人材育成の実際を述べてきた。いろいろなシチュエーションで、どのように対処するのか、最善の支援を継続するために、ロールプレーで練習をして、実務に生かしていくというようにして、技量を上げていくことになる。「これから」の部分では、AIを活用した演習なども工夫されていくことと思う。

　しかし、「これから」となると別の課題がある。人材育成は、その職員が所属する機関の業務・使命を確実に果たせる能力を身につけることが目標になる。今、児童相談所は、児童虐待対応に忙殺されているが、児童家庭相談の全般に専門的で継続的な支援ができる前提で設置されている。そうすると職員には、広範囲の児童家庭相談対応ができるジェネラリストになることを求めることになる。非行、発達、性格、障害など、さまざまな課題に対して、スペシャリストが求められるようになってきている。そうすると、総合病院のように診療科を分けてそれぞれのスペシャリストを養成するのか、急務とされている児童虐待対応のスペシャリストを求めるのであれば、単科の専門機関として独立していく必要がある。

　また、専門性を高めていこうとすると分担を明確にして縦割りにしていくことになるため、効果的な支援のためにコーディネーターが必要になると考える。

　社会が子どもたちの育ちをどのように支援していこうとしているのか、そのデザイン、ゴールをどのように設定するのかによって、人材育成の道筋も決まってくるのだと思う。

◆いかに子ども家族と協働するのか

　これまでの支援は、専門職の持つ知識と経験によってアセスメントし、支援を行ってきた。子どもや家族は、十分な情報を与えられることなく、それにしたがっていればいいというパターーナリズムに陥っており、運転席に専門職が座り、子どもや家族は客席に座っている状態といえる。

　このような支援方法は、力のある者が弱い者を支配するという関係性であり、親子の関係性にも影響を与える支配モデルを提示していることになる。

　子どもや家族の考えを聞き取って、ゴールにどのようにたどりつくのかの道のりを共有して、共に歩める人材を育成していくことを目標にしてほしいと考える。

（菅野道英）

これからの児童相談所職員に期待する

◆児童福祉司は保安官たれ！上司は法の理念のみ！

　もともと児童福祉司は、独立的な機関として位置づけられていた。次第に児童相談所の一職員扱いとなるが、今でも、児童福祉司たるもの、所管エリアの子どもの福祉には「保安官」たる自分が全責任を負い、その命と権利を守り抜くという使命感と気概を持ちたいものだ。

　児童福祉司が従うのは、法の理念だけでいい。児童福祉法第1条、子どもの権利条約、権利擁護。第2条、子どもの最善の利益を最優先に、保護者とともに子どもの育ちに直接の責任を負う。第3条の2、保護者支援と家庭養育優先の原則。

　ここに我々の「ミッション（使命）」が凝縮されている。加えて、その使命を果たそうとする「パッション（情熱）」。そのための具体的な「アクション（行動）」。この「3つのション」が求められる。

　そして、3つめのアクションの中身が、自ら積極的に動く「フットワーク」、組織内多職種の「チームワーク」、多機関と協働する「ネットワーク」の「3つのワーク」である。これはケースワークの実践内容にほかならない。

　ホットな心にクールな頭、物腰つねに柔らかく、足は止めない児童福祉司！

◆必要な「構えとワザ」を身につけよう！

　児童福祉司がケースワーク上、身につけておきたいのは次の諸点。

　まず、自ら主体的に考え、判断し、行動すること。指示待ち姿勢になってはならない。組織的決定に従うのは当然だが、そこにも積極的に自らの意見を反映させたい。

　また、ケースワークの基本となる、「調査（事実＝どうある）」「アセスメント（理解＝どうみる）」「支援（方針＝どうする）」の繰り返しを意識して言語化し、常に自分の頭の中で更新しておくこと。

　特に、今日の虐待対応では、アセスメントの極意は「未来予測による未然防

止」にあること。「支援と介入の二刀流」を、個人技でも、組織内外の分担でも
使いこなすこと。

このほか、子どもの（声にならない）声を聴くこと。ぶれない軸芯を持ちつつ、
柔軟性、多様性、寛容性を養うこと。「知・情・意」のバランス、「福祉マインド
とリーガルマインド」の両立を図ること。敵は少なく味方は多く、虐待親も味方
に（罪を憎んで人を憎まず）して、独善を排し「ともに」「一緒に」の連携・協働
精神を育むこと、などである。

◆職人技をめざせ！ 自分で学び自分で育て！

いわゆる専門性には、専門的知識、専門的技術、専門的態度があるとされる。

児童福祉司に求められる各専門性の到達目標については、研修に関する国から
の通知に詳しく示されている。これを自分でチェックしてみて、自分の到達度や、
得意・不得意の分野を自覚し、今後の自己研鑽の参考にするといいだろう。

専門性の水準については、その熟達度に応じて、素人レベルから、職人技、達
人技、神技（業）に至るまであるが、せめて標準レベルとして「職人技」までは
到達したい。

私見では、このほかに、専門的「経験」が大きいと考える。児童福祉司には、
福祉専門職が増えてはきているが、一般行政職など専門資格を持たない者もまだ
多い。資格があるに越したことはないが、資格があればいいというものではない
し、資格がないからダメというわけでもない。

児童福祉司として一人前になれるかは、本人もやってみないとわからないし、
登用する側も使ってみないとわからない、というのが正直なところか。

そこで「経験」がものをいうことになる。経験の長さは、それだけで専門性が
高まる大きな要素であるのは間違いない。ただし、漫然と経験するだけでなく、
経験からいかに学び、活かすかで、その質は大きく異なってこよう。自ら学ぶ姿
勢が大事なゆえんである。

◆吾以外皆我師！ 学びの題材はそこかしこに！

自ら学び、育とうとする姿勢と意欲さえあれば、師となるもの（人、題材）は
周囲にたくさんある。まさに「吾以外皆我師」であり、自分自身も師となり得る。

　古くは「門前の小僧」「見よう見まね」に始まり、先輩に教えを請うたり、ひそかに他人の技を盗んだり、専門書を紐解いたりと。今は研修体制も整い、「学ばされる」機会も多いが、これも積極的に捉えて、できるだけ主体的に取り組みたいものだ。周囲の先輩方も、聞けば優しく教えてくれるだろう。

　また、あらゆる物事をケースワークに結びつけてみることで、役立つものも多く見つかる。例えば、飛びこみセールスのビジネス書はアウトリーチ手法に直結する。宮本武蔵の『五輪書』は「支援と介入の両刀遣い」の格好のテキストになるし、地震・噴火などの災害の予知や危機管理のノウハウは虐待対応の参考になる。

　だが、何といっても一番の師となるのは、目の前の生きた「ケース」である。一例一例に、真摯に誠実に対応し、悩み、苦しむ中で、大小の教訓を汲み取り、次に活かしていく。それを組織内で共有していく。こうして個々にも組織にも蓄積されるケースワーク実践の経験の総体が、児童相談所の組織的専門性の向上につながるものと思う。

◆「スキル・システム・スピリッツ」の三位一体！

　私自身が児童相談所に身を置いての問題意識の変遷を振り返ると、「スキル（個人技）」→「システム（組織標準化)」→「スピリッツ（組織と個人の共通精神)」、という「3つのS」をたどったように思う。

　初期にはまずは自分自身がスキルを身につけようとした。やがて組織的な人材育成へのシステムを志向し、研修の体系化・計画化をはじめ、先進自治体や県内市町への職員派遣、業務の標準化・マニュアル化などを進め、組織的にも専任SV設置などを試みてきた。

　それらは、組織的対応力の向上につながった半面、やがて形骸化・マンネリ化の弊害を生み、児童福祉司の主体性を弱め、SVや組織へ依存しがちな傾向を招いたように思う。

　そこで、これからは今一度、児童相談所の組織も職員も、「根本精神（スピリッツ)」に立ち返り、職員が組織を支え、組織は職員を支え、双方の相乗効果で人材育成が進むように望みたい。「スキル、システム、スピリッツ」の三位一体の取り組みこそが大事であろう。

　思えば、指導者の不在や力不足ゆえに、かえって職員の自主性・主体性が高まるということもある。職員への支援強化と、職員の主体性確立は、微妙なバランス関係にありそうだ。「育てる」と「育つ」の咩啄同時こそが理想であろう。

　とまれ、先輩・SV・幹部職員たちが、こぞって使命感に燃え、生き生きと楽しそうに任務を遂行する姿を見せることこそが、一番の人材育成になるのではなかろうか。

◆各地での工夫した取り組みこそ最先端！　その相互交流を！

　今、人材育成については、全国各地の児童相談所で、それぞれに工夫を凝らした実践が試みられていると思う。そうした多様な実践の1つ1つが、どれも最先端の取り組みである。今後、それらの相互交流の中から、人材確保も含め、OJTとOff-JTの適切なバランスに配慮した研修など、さらに新たな実践が生まれてくることを期待する。

　自分たちの狭い枠内にとどまらず、広く全国に見聞を拡げたい。研修会等で交流を図るのはもちろん、随時情報を交換し合い、職員の相互派遣などにも取り組みたい。

　何ごとも惰性化・固定化せず、常に新風を吹き込むことが肝要であろう。

　後輩たちに温かい眼差しを。貴重な人材を大切に。「活かす、任す、祈る」。

（後藤慎司）

第8章 引用・参考文献

安部計彦（2022）「子どもの権利保障としての児童相談所の第三者評価」『西南学院大学人間科学論集』17（2）、35〜59頁

ターリ・シャーロット著、上原直子訳（2017）『事実はなぜ人の意見を変えられないのか──説得力と影響力の科学』白揚社

畠山由佳子他（2016）『日本における児童虐待ケースに対する区分け対応システムの開発的研究』

小林美智子（2015）「過去から学び、未来に向けて行動しよう──虐待された子どもと親をケアする社会に向けて」『子ども虐待とネグレクト』vol.17.No.2、142〜152頁

厚生労働省雇用均等・児童家庭局（2017）「市町村子ども家庭総合支援拠点の設置運営等について」（平成29年3月31日付厚生労働省雇用均等・児童家庭局通知）

厚生労働省（2018）「一時保護ガイドライン」https://www.mhlw.go.jp/content/000477825.pdf

厚生労働省（2018）「社会的養護関係施設における第三者評価及び自己評価の実施について」厚生労働省子ども家庭局長等通知

厚生労働省（2020）「実態把握調査の結果（追補）について」https://www.mhlw.go.jp/content/11907000/000692075.pdf

厚生労働省（2021）「児童相談所における一時保護の手続等の在り方に関する検討会とりまとめ」https://www.mhlw.go.jp/content/000771368.pdf

厚生労働省（2021）「令和4年度予算概算要求の概要（子ども家庭局）」https://www.mhlw.go.jp/wp/yosan/yosan/22syokan/dl/gaiyo-09.pdf（2021年11月12日取得）

増沢高（2020）「子ども虐待対応の変遷とその国際比較」滝川一廣・内海新祐編『子ども虐待を考えるために知っておくべきこと』日本評論社、69〜86頁

増沢高・田中恵子・趙正佑（2021）「海外の児童虐待防止の取り組みに関する調査研究」『子どもの虹情報研修センター令和2年度研究報告』

三菱UFJリサーチ＆コンサルティング（2021）「児童相談所の第三者評価に関する調査研究報告書」

Nakazawa, Donna Jackson（2015）Childhood Disrupted（＝清水由紀子訳（2018）『小児期のトラウマがもたらす病』パンローリング）

コリン・パウエル著、井口耕二訳（2012）『リーダーを目指す人の心得』飛鳥新社

塩崎恭久（2021）「やすひさの独り言」https://www.y-shiozaki.or.jp/oneself/index.php?start=10&id=1354

田澤あけみ（2017）「イギリス福祉政策にみる『児童保護』制度の軌跡と課題」『社会保障研究』vol.2 No2・3、202〜214頁

宇都宮地判令和3年3月3日、判例地方自治476号、57頁

鷲山拓男（2020）「虐待の世代間伝達の理解」『子どもの虹情報研修センター紀要』No.17、34〜53頁

おわりに

　「児童相談所を網羅的に把握することができる本を作ろう」という企画が立ち上がってから、編者たちで何度も語り合いました。すると本の中に加えたいテーマがどんどん出てきました。絞りに絞りましたが、執筆者は総勢61名に及びました。現役の児童相談所職員、児童相談所OB、児童相談所と密に関わってきた医師や弁護士や研究者などの方々、そして社会的養護経験者の当事者の方にも書いていただきました。たくさんの方々の思いが詰まっています。ご協力いただいた皆さまに深くお礼を申し上げます。

　集まった原稿を読ませていただく中で、改めて児童相談所とはユニークで奥深い機関だということがわかりました。児童相談所の業務は多岐にわたっており、簡単に正解が出るものではありません。それは子どもと家族の人生に深く携わる仕事だからであり、だからこそ面白いのだと思います。「子どもの発達」を促し、「子どもの最善の利益」をめざしてきた児童相談所への理解を本書で深めていただけることを期待しています。

　加えて、社会の関心は児童相談所の虐待対応のハードな面に当たりがちですが、執筆者が大切にしていることは、「当事者の理解と協働」「事後対応から予防へ」「子どもの声を聴く」だとわかります。今の児童相談所の形が完成形ではありません。児童相談所は変化を遂げてきました。これからの児童相談所が向かうべき方向についても思いを馳せていただけたらと思います。

編者を代表して　久保樹里

＊児童相談所は日本の子どもと家族にとってなくてはならない支援機関だと思う。その児童相談所の支援に関するソーシャルワーク力が近年低下していることを懸念している。とりわけ虐待対応におけるマニュアルに従った対応が進行していることには危惧を感じる。1つ1つの事例が皆異なり、そこには子どもと家族のさまざまな思いが絡んでいる。そして支援者との間の関係性も織り込まれてくる。1つ1つの事例で、親子と一緒にじっくりと考えながら取り組みを進めていきたい。あの児童相談所職員と出会えて良かった、そう言ってもらえるような関わりができることが理想である。そう思いながらこの本を編んだ。児童相談所の職員が元気にやりがいを持って取り組むことが、子どもと家族の幸せにつながることを願っている。　　　　　　　　　川松 亮

＊児童相談所は生き物である。この本の編集に携わって、「児相の宝」がいっぱい埋まっていることに感動している。刻々と変化する社会情勢に合わせて、子どもたちの育ちを応援するために工夫を重ねて取り組んでいる職員の奮闘に頭が下がる。社会的に課題とされる事象に呼応して打ち出されてくる政策に、理念だけでなく、実効性のある方法を探し、試し、改良し、広めていく。職員は、日々立ち止まることなく、工夫を重ねている。その中で効果的な支援を拾い上げ、拡散していくことのできる組織が児童相談所だと思う。この工夫と拡散のサイクルが、現場の専門性の向上につながっていくのではないだろうか。決して生やさしい職場ではないが、そこで働く職員の工夫でこれからも子どもたちの安全・安心な育ちを応援してほしいと思う。　　菅野道英

＊児童相談所は日々刻刻変化しています。児童相談所で働く人たちは日々何をすべきか考え、協議し、汗を流して懸命に子どものために働いています。子どものために、これから私たちは何を大切にしていけばよいか、どう変わっていけばよいか、考えることができるヒントや情報を与えてくれる書籍ができました。私も日々職員と共に考え、変化し、前進して行きたい！　　田﨑みどり

＊児童精神科医として、児相と関わりながら仕事をしていると、いつも他の機関との関わりでは抱くことがない「思い」がつきまとう。この度、本書の編集に関わり、その「思い」は、児相という所が働き手に「人である」ことを深く求める機関であることに由来することが判ってきた。そのことゆえの難しさも可能性も、限界も面白さもあり、だからこそ人の大切な時期の重要な局面に、代替のきかない機関として関わ

りうるのだろう。その役割の多様さを魅力として提示できたら、児相と、そして本書とに関わった者としてこれにまさる幸せはない。　　　　　田中 哲

＊学生の頃、「児童相談所」は、「勇者」であり「最後の砦」のような存在でした。児相に入ってみると、子どもと家族のためにただただ奮闘する「人」であることに気づきます。「児相」という役割として見えてくる「仕事」ではなく、この本を通して、「とても古臭く地道で、人情味が活かされる仕事と人」で成り立っていると知っていただけたらと思います。この20年ほどの里親制度および里親子支援に関する制度の変遷はめまぐるしい状況です。どれだけの人がしっかり把握して十分に理解し利用しているのかわからなくなることもあります。どんな時でも、子どもと家族にベストな支援が何かを一緒に考えることのできる場所であってほしいと思います。　　　　長田淳子

＊児童相談所は、子どもたちの人生に大きな影響を与える重要な機関であると改めて感じています。子どもたちは、真摯に耳を傾けてくれる大人を必要としています。そして、困難な時ほど、子どもも大人もつながれる存在や場所が大切です。本書でも、多様な視点から"つながり"を感じていただけると思います。子どもの気持ちに耳を傾け、寄り添い、つながりを創り出してくれる大人が1人でも増えることを願っています。　　　　　中村みどり

＊この本の編集に関与して、児童相談所業務の幅の広さ、奥の深さを改めて感じました。法律上も実務上も、法的観点を踏まえた対応が求められる場面が増えてきている昨今ですが、他方で、法律家の意見ばかりが重視されることは適切とは思えません。多様な専門職がそれぞれの専門性や経験を基にしっかり議論して、真に子どものためになる支援が提供されていくことを願っています。　　　　　浜田真樹

執筆者一覧

安部計彦（あべ・かずひこ）
西南学院大学教授。22年間児童相談所で心理判定員、判定係長、相談第一係長として勤務。専門はネグレクト、市区町村と児童相談所の連携等。

安孫子健輔（あびこ・けんすけ）
社会福祉士・弁護士。NPO法人そだちの樹スタッフ。アフターケア事業全国ネットワーク（えんじゅ）理事。NPO法人全国子どもアドボカシー協議会事務局長。

荒井康志（あらい・やすゆき）
富山県富山児童相談所次長。1995年に富山県に入庁。2022年度より現職。本稿執筆時（2021年度）は高岡児童相談所に在籍（相談判定課長）。

藤林武史（ふじばやし・たけし）
西日本こども研修センターあかしセンター長。福岡市の児童相談所所長の18年間の勤務を経て現職。精神科医。

藤井常文（ふじい・つねふみ）
東京都児童相談センター児童福祉相談業務指導員（会計年度任用職員）。社会福祉士。

後藤慎司（ごとう・しんじ）
大分県の行政職で児童相談所の児童福祉司、スーパーバイザー、所長を経験。現在「豊の子ども福祉考房 SHIN」房主（フリースーパーバイザー）。社会福祉士。里親。

橋本健太（はしもと・けんた）
練馬区子ども家庭支援センター所長。東京都児童相談センター相談援助担当課長を経て現職。社会福祉士。

橋本達昌（はしもと・たつまさ）
全国児童家庭支援センター協議会会長。児童家庭支援センター・児童養護施設一陽 統括所長。

畑山敦子（はたやま・あつこ）
朝日新聞くらし報道部記者。介護やヤングケアラー、子どもの福祉などを取材。社会福祉士。

衣斐哲臣（いび・てつおみ）
和歌山大学教職大学院教授。和歌山県の病院心理士および児童相談所職員を経て現職。臨床心理士、公認心理師。

市原眞記（いちはら・まき）
静岡県東部児童相談所長。静岡県に心理判定員として奉職。児童相談所、児童自立支援施設、児童心理治療施設等を経て現職。

一宮里枝子（いちみや・りえこ）
福岡県福岡児童相談所常勤弁護士（福岡県弁護士会）。

井濱容子（いはま・ようこ）
横浜市立大学医学部法医学教室教授。弘前大学、琉球大学、ミュンヘン大学特別研究員を経て現職。

今井 薫（いまい・かおる）
練馬区こども家庭支援センター前所長。東京都児童相談センター相談援助担当課長を経て、現在、練馬区障害者施策推進課長。社会福祉士。

影山 孝（かげやま・たかし）
東京都児童相談センター児童相談専門員。児童福祉司、児童相談所長を歴任し、現在は困難ケース等スーパーバイズを行っている。

河野洋子（かわの・ようこ）
大分県こども・女性相談支援センター長（中央児童相談所長）。2000年の児童福祉司着任をきっかけに、その後も児童相談所や本庁で里親など社会的養護業務に従事。社会福祉士。

川﨑二三彦（かわさき・ふみひこ）
子どもの虹情報研修センター センター長。京都府の各児童相談所で約30年あまり相談業務に従事。子どもの虹情報研修センター研究部長を経て、2015年より現職。

北村 充（きたむら・まこと）
豊橋市こども未来部こども若者総合相談支援センター副センター長。

小林幸恵（こばやし・ゆきえ）
横須賀市職員。2006年から横須賀市児童相談所にて児童福祉司として地区担当、里親担当等に従事。保健師、社会福祉士。2021年度より横須賀市保健所にて勤務。

小堀明美（こぼり・あけみ）
荒川区子ども家庭部子育て支援担当部長。子ども家庭総合センター副所長を経て現職。社会福祉士。

小平かやの（こだいら・かやの）
東京都児童相談センター治療指導課長。専門は児童精神医学。

米澤克徳（まいさわ・かつのり）
岩手県保健福祉部子ども子育て支援室主任主査。児童自立支援施設・児童相談所等の勤務を経て現職。東日本大震災発災時、児童福祉司として被災児童等への支援に従事。

増井香名子（ますい・かなこ）
日本福祉大学社会福祉学部准教授。博士（社会福祉学）。大阪府社会福祉職を経て現職。社会福祉士、精神保健福祉士、公認心理師。

増沢 高（ますざわ・たかし）
子どもの虹情報研修センター副センター長・研究部長。児童心理治療施設「横浜いずみ学園」副園長等を経て現職。専門は、臨床心理学、福祉心理学。

宮島 清（みやじま・きよし）
埼玉県東松山市子育て支援課家庭児童相談員。埼玉県福祉職、日本社会事業大学専門職大学院教授等を経て現職。社会福祉士。

森田修平（もりた・しゅうへい）
沖縄県職員。児童自立支援施設・児童相談所で勤務し、業務の傍ら任意団体「沖縄の子どもと家族・支援者の未来を明るくする会（OCFS）」を立ち上げ代表。

茂木健司（もてぎ・けんじ）
埼玉県で児童福祉司、児童指導員や各部門のスーパーバイザーを歴任し、現在、江戸川区児童相談所一時保護課長。専門は子ども家庭福祉。

永山静香（ながやま・しずか）
東京都足立児童相談所・児童福祉相談専門課長。

中垣真通（なかがき・まさみち）
子どもの虹情報研修センター研修部長。臨床心理士、公認心理師。専門は児童福祉と災害支援。

中板育美（なかいた・いくみ）
武蔵野大学看護学部教授。東京都に保健師として入都後、国立保健医療科学院にて実践現場の人材育成に携わる。日本看護協会常任理事を経て、2019年より現職。

緒方裕子（おがた・ゆうこ）
大阪府中央子ども家庭センター育成支援第一課長。2001年大阪府に社会福祉職として入庁し、以後、子ども家庭センターで児童福祉司として勤務。

小川衛子（おがわ・えいこ）
大阪府東大阪子ども家庭センター。大阪府に社会福祉職として入庁。救護施設、婦人相談所を経て児童相談所に配属。

奥野哲也（おくの・てつや）
弁護士。岡山県児童相談所・岡山市こども総合相談所非常勤。

小野寺芳真（おのでら・よしまさ）
児童福祉司。東京都を経て、現在、港区児童相談所にて勤務。臨床心理士、公認心理師。

大原天青（おおはら・たかはる）
国立武蔵野学院・厚生労働技官。社会福祉士、臨床心理士、公認心理師。

齋藤美江子（さいとう・みえこ）
社会福祉法人 共生会 希望の家・江戸川つむぎの家統括施設長。都内の児童相談所勤務を経て現職。

笹川宏樹（ささかわ・ひろき）
同志社大学心理臨床センター特任指導員。奈良県の児童や障害福祉の現場等を経て現職。社会福祉士、臨床心理士、公認心理師。

佐藤和宏（さとう・かずひろ）
神奈川県入庁後、知的障害児者施設、児童相談所相談員、児童福祉司等経て、現在、厚木児童相談所子ども支援第二課長。

佐山恵子（さやま・けいこ）
児童相談所児童福祉司、こども政策課児童家庭支援・虐待対策担当を経て、現在、栃木県 県南児童相談所所長。

島 ゆみ（しま・ゆみ）
大阪府東大阪子ども家庭センター育成支援第二課長。児童心理司。

鈴木浩之（すずき・ひろゆき）
立正大学社会福祉学部准教授（2019 年まで、神奈川県中央児童相談所）。サインズ・オブ・セーフティ認定トレイナー。

髙橋 温（たかはし・あつし）
弁護士。認定 NPO 法人子どもセンターてんぽ理事長。

瀧本康二（たきもと・こうじ）
神奈川県入庁後、知的障害者施設、県庁、児童相談所児童福祉司を経て、現在、中央児童相談所子ども支援第二課長。

土橋俊彦（つちはし・としひこ）
世田谷区児童相談所開設にあたり中心的存在として準備に携わり、2020 年 4 月の開設時から児童相談所長。認定社会福祉士。

津崎哲郎（つざき・てつろう）
認定 NPO 法人 児童虐待防止協会理事長。1969 年から 35 年間、大阪市中央児童相談所に勤める。花園大学社会福祉学部教授を経て、現在は児童虐待防止協会等、民間児童福祉団体で活動している。

渡邊 忍（わたなべ・しのぶ）
名古屋市児童相談所児童福祉司、非行専任児童福祉司など 28 年間勤める。その後、日本福祉大学社会福祉学部教授を経て、現在は市役所等のスーパーバイザーを務める。

渡邉 直（わたなべ・ただし）
千葉県中央児童相談所長。1988 年千葉県に入庁。健康福祉部児童家庭課等を経て、2022 年から現職。臨床心理士、公認心理師。

薬師寺順子（やくしじ・じゅんこ）
大阪府中央子ども家庭センター所長。児童相談所児童福祉司として長年勤務。社会福祉士。

山縣文治（やまがた・ふみはる）
関西大学人間健康学部教授。専門は子ども家庭福祉。社会保障審議会児童虐待等よい保護事例の検証に関する専門委員会委員長、同社会的養育専門員会委員会委員長等を務める。

山本恒雄（やまもと・つねお）
愛育研究所客員研究員。1975 年から 33 年間、大阪府こども家庭センターに勤務。その後、日本子ども家庭総合研究所を経て現職。臨床心理士。

山野良一（やまの・りょういち）
沖縄大学人文学部福祉文化学科教授。専門は子ども福祉、子ども虐待、子どもの貧困。元神奈川県児童相談所・児童福祉司。

吉田恒雄（よしだ・つねお）
認定 NPO 法人児童虐待防止全国ネットワーク理事長、駿河台大学名誉教授。専門は、民法（家族法）、児童福祉法。

編者一覧

川松 亮（かわまつ・あきら）
明星大学人文学部福祉実践学科常勤教授。東京都の福祉職として、児童養護施設等で勤務の後、児童相談所で児童福祉司として勤務。その後、厚生労働省児童福祉専門官、子どもの虹情報研修センター研究部長を経て、現職。社会福祉士。著作として『市区町村子ども家庭相談の挑戦』（編著、明石書店、2019年）、『ジソウのお仕事』（共著、フェミックス、2020年）、『子どものための児童相談所』（共著、自治体研究社、2021年）など。

久保樹里（くぼ・じゅり）
花園大学社会福祉学部准教授。社会福祉士、公認心理師。大阪市の児童相談所に長年勤務した後、スクールソーシャルワーカーを経て、大学教員となる。児童相談所、市町村、施設のアドバイザーや研修講師として活動。著作として『子どもを支える家庭養護のための里親ソーシャルワーク』（共著、ミネルヴァ書房、2020年）、『すき間の子ども　すき間の支援』（共著、明石書店、2021年）など。

菅野道英（すがの・みちひで）
そだちと臨床研究会。臨床心理士。滋賀県の児童相談所に38年間勤務し、定年退職後、スクールカウンセラー、専門性向上のための研修などに取り組んでいる。著作として『子ども・家族支援に役立つ面接の技とコツ』（共著、明石書店、2012年）、『発達相談と新版K式発達検査』（共著、明石書店、2013年）など。

田﨑みどり（たさき・みどり）
東京都港区児童相談所長。精神科医。横浜市児童相談所に常勤医師として14年間勤務後、現職。専門は子ども虐待医学。著作として「AHT/SBS対応に苦慮している児童相談所の現状について」『子どもの虐待とネグレクト』18巻1号（2016年）など。

田中 哲（たなか・さとし）
子どもと家族のメンタルクリニックやまねこ院長。都立梅ケ丘病院と都立小児総合両センターの副院長を経て現職。児童精神科医。

長田淳子（ちょうだ・じゅんこ）
社会福祉法人二葉保育園二葉乳児院 副施設長。フォスタリングチーム統括責任者。臨床心理士・精神保健福祉士。著作として『ネットワークによるフォスタリング』（シリーズみんなで育てる家庭養護〔里親・ファミリーホーム・養子縁組②〕）（編集、明石書店、2021年）、『それでも児童相談所は前へ』（共著、都政新報社、2021年）など。

中村みとり（なかむら・みとり）
Children's Views & Voices 副代表。乳児院・児童養護施設を経験、2001年社会的養護経験者の居場所活動CVVの立ち上げに携わり、現在、副代表を務める。

浜田真樹（はまだ・まさき）
弁護士（大阪弁護士会）。大阪府内の児童相談所や市町村（子ども家庭相談部門）からの相談対応業務等に従事。日本弁護士連合会子どもの権利委員会副委員長。

日本の児童相談所
──子ども家庭支援の現在・過去・未来

2022年9月5日　初版第1刷発行
2022年11月10日　初版第2刷発行

編著者	川　松　　　亮
	久　保　樹　里
	菅　野　道　英
	田　﨑　み　ど　り
	田　中　　　哲
	長　田　淳　子
	中　村　み　ど　り
	浜　田　真　樹
発行者	大　江　道　雅
発行所	株式会社　明石書店

〒101-0021　東京都千代田区外神田6-9-5
電　話　　03 (5818) 1171
ＦＡＸ　　03 (5818) 1174
振　替　　00100-7-24505
https://www.akashi.co.jp

装丁　　　那珂隆之（SHIMAUMA DESIGN）
組版　　　朝日メディアインターナショナル株式会社
印刷　　　株式会社文化カラー印刷
製本　　　協栄製本株式会社

（定価はカバーに表示してあります）　　　　　　ISBN978-4-7503-5449-1

〈価格は本体価格です〉

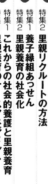
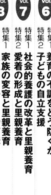

〈価格は本体価格です〉

〈価格は本体価格です〉

シリーズ

みんなで育てる家庭養護
里親・ファミリーホーム・養子縁組

相澤仁 [編集代表]

これまでの子どものケアワーク中心の個人的養育から、親子の関係調整など多職種・多機関との連携によるソーシャルワーク実践への転換をはかる、里親・ファミリーホームとそれを支援する関係機関に向けた、画期的かつ総合的な研修テキスト。

◎B5判／並製／◎各巻 2,600円

① **家庭養護のしくみと権利擁護**
澁谷昌史、伊藤嘉余子 [編]

② **ネットワークによるフォスタリング**
渡邊守、長田淳子 [編]

③ **アセスメントと養育・家庭復帰プランニング**
酒井厚、舟橋敬一 [編]

④ **中途からの養育・支援の実際**
　　──子どもの行動の理解と対応
上鹿渡和宏、御園生直美 [編]

⑤ **家族支援・自立支援・地域支援と当事者参画**
千賀則史、野口啓示 [編]

〈価格は本体価格です〉